教育部人文社会科学研究2008年度一般项目
——战后日本财产税改革及对中国的启示
08JA810006

战后日本
财产税改革及其效应

裴桂芬　王曼　等著

人民出版社

策划编辑:郑海燕
责任编辑:张　燕
封面设计:徐　晖
责任校对:吕　飞

图书在版编目(CIP)数据

战后日本财产税改革及其效应/裴桂芬 等 著. -北京:人民出版社,2015.8
ISBN 978－7－01－015120－5

Ⅰ.①战…　Ⅱ.①裴…　Ⅲ.①财产税-税制改革-研究-日本-现代
　Ⅳ.①F813.133.2

中国版本图书馆 CIP 数据核字(2015)第 178172 号

战后日本财产税改革及其效应
ZHANHOU RIBEN CAICHANSHUI GAIGE JIQI XIAOYING

裴桂芬　王　曼　等　著

人民出版社 出版发行
(100706　北京市东城区隆福寺街99号)

北京市大兴县新魏印刷厂印刷　新华书店经销

2015 年 8 月第 1 版　2015 年 8 月北京第 1 次印刷
开本:710 毫米×1000 毫米 1/16　印张:20.25
字数:270 千字

ISBN 978－7－01－015120－5　定价:60.00 元

邮购地址 100706　北京市东城区隆福寺街 99 号
人民东方图书销售中心　电话 (010)65250042　65289539

目　　录

表图索引

表索引

图索引

导　　论

　　2008 年中国开启了财产税的改革进程,向着完善的税制体系迈出了重要一步。战后日本财产税改革具有较强的典型性,在长期的实践中,既积累了许多成功的经验,也有不少失败的教训,系统研究战后日本财产税改革的历程及其效应,有助于中国建立完善的财产税体系,加快财产税改革步伐。

一、税制体系和财产税的简单介绍

　　完整的税制结构包括所得课税、消费课税和财产课税。三者既有交集,也有并集,所得税和财产税属于直接税,即不能转嫁税收负担的税收,具有调节收入分配和资源配置的功能,所得税是对收入流量的征税,财产税是对收入存量或社会财富征税,基于财产数量或价值征税;消费税属于间接税,是可以将税收负担转嫁给消费者的税收,包括商品流转阶段的所有税收,我国将包括消费税在内的增值税、营业税、关税等在内统称为流转税,消费税与所得税相同,也是对流量征税,它是对商品流通过程中的流量征税,具有调节产品结构、引导消费方向的作用。

　　财产税(Property Tax)是对纳税人拥有或支配财产课征的税收,是人类历史上最早出现的税种,曾经是奴隶社会重要的财政收入,也是封建社会最主要的收入来源。到近代社会,财产税的地位和作用大大降低,但仍是许多国家和地方政府的重要财源。完善的财产税收体系包括三个方面:一是财产取得阶段税收,包括遗产税、印花税、有价证券交易税及不动产取得税等;二是财产保有阶段税收,包括土地税、房屋税、房地产税等;三是财产转让阶段的税收,如土地增值税、资本利得税等。

根据划分标准的不同,财产税可以分为三个主要类型:

第一,根据课征方式不同,划分为综合财产税和分类财产税。综合财产税也称为个别财产税,是对个人拥有的一切财产所得与其他应税所得合并计算课征的税收,执行累进税率;分类财产税也称为特别财产税,是对个人拥有的土地、房屋、无形资本或其他财产单独征税,执行固定的税率。

第二,根据课征对象不同,分为静态财产税和动态财产税。静态财产税是针对静态财产而言,对于所有权不发生转移情况下的财产征税,如房屋保有阶段或使用中的税收,一般称为房产税或固定资产税;动态财产税是对财产的转移、变动(如继承、赠与、交易等过程)过程中产生的税收,也称为财产转让税。完整的财产税体系包括财产取得、财产持有和财产转让阶段的税收。

第三,根据课征标准不同,分为财产价值税和财产增值税。财产价值税是按财产价值征收的,如在房产税或固定资产税中,房屋的评估价值是纳税的依据;财产增值税是按财产的增值部分征税,这实际是对财产的所得或收益征税。

根据国际货币基金组织对世界有代表性国家和地区的统计分析,对不动产开征税收的国家和地区占 71.4%,没有对财产实施分类征税的国家仅为 17 个,占 17.4%。

二、日本财产税改革的典型性

日本在第二次世界大战后进行了一系列财产税改革,其典型性主要表现在以下三个方面。

（一）完整的财产税体系和调控资产市场的政策意图

日本的财产税种覆盖了财产取得、保有和转让三个阶段，到 20世纪 90 年代形成了完整的财产税体系，根据经济景气和资产市场发展状况，强化或弱化财产税制成为战后日本财产税改革的典型特征。

在财产取得阶段，包括遗产税、赠与税、登记许可税、印花税、证券交易税、不动产取得税等。其中，现行的日本遗产税和赠与税体系形成于 1953 年，在 1953 年到 2014 年的六十多年中，日本一直处于弱化遗产税和赠与税的时期，表现为增加基础扣除额、降低遗产税税率，随着日本社会老龄化的加速带来的社会保障需求的增加和政府财政赤字压力的加大，2015 年开始通过扩大税基、适度提高税率来强化遗产税和赠与税；证券交易税是调节证券市场价格的重要手段，根据证券种类的不同和场内场外的差异设置不同税率，一般来说股票的税率高于债券，场外交易的税率高于场内交易。

在财产保有阶段，主要包括固定资产税、地价税、特别土地保有税、城市规划税等。固定资产税是财产保有阶段的重要税收，是以土地、房屋及折旧资产等固定资产作为征税对象。固定资产税实行台账征税原则，登记台账上登记的所有人均为固定资产税的纳税人，计税依据是土地、房屋的评估价值，评估每三年进行一次，标准税率为评估价值的 1.4%，各地政府可以指定高于标准税率的税率。由于固定资产税的税率始终较低，对于房地产价格没有产生明显的影响。

在财产转让阶段，包括土地、股票等转让性收益课税、利息课税和分红课税等等。土地等转让阶段的差别税率政策意在调控资产市场价格，即根据实际持有时间的长短，设立差别税率，实际上是区分正常的土地交易与投机性土地交易的差异，对于投机性的土地交易实施较高税率，增加投机性需求交易成本；从 1953 年日本废除股票等转让所得税到 1988 年的恢复征税，均是基于证券市场的态势而作出的政策安排。1953 年开始的免税政策意在避开利得税征收的一些技术障碍，扶植证券市场的发展。经历了 20 世纪 80 年代后期的资本市场泡沫膨胀之后，日本试图运用股票等转让所得课税抑制资产价格的上升，1989 年恢复了股票等转让所得的课税制度。遗憾的是，日本的股票等转让所得税出台之时，资本市场上的泡沫开始崩溃。

（二）规范的财产登记和评估制度满足了财产税的充分必要条件

不动产登记是征收财产税的充分条件，只有明晰不动产产权归属和不动产分布状况，才能实现对其相关税种的征收，而对不动产价值的科学合理评价或评估，是征收财产税的必要条件。日本在长期的财产税改革实践中，根据经济社会发展和环境的变化，不断完善和修订不动产的登记制度和评估体系。如日本的《不动产登记法》出台于 1899 年，经历数次修订，最近的一次修订是在 2004 年，引进了电子登记制度，为了有序推进不动产登记，还制定了《不动产登记法实施令》和《国土调查法》（1951 年），规范了不动产的登记行为。

日本现行的不动产评估法律依据是 1963 年出台的《不动产鉴定评估法》，规定了不动产鉴定的目的、不动产鉴定师的资格考试和登记、不动产鉴定业的登记、对不动产鉴定师和不动产鉴定业者的监督处分行为、对不动产鉴定师或不动产鉴定业者不当行为的处罚等。在具体评估实践中，根据不动产的特点选择适当的评估方法，土地资产评估中的相互依存和联系的五种价格体系为各地方科学合理地评估具体地价和房价提供了现实政策依据，尤其是国土交通厅制定的公示价格及其公示制度，实现了各地方不动产评估的统一性，并成为固定资产评估的重要基础。

（三）有效的财产税征管制度和机制保障了财产税制度的顺利运行

财产税的征收不同于所得税和消费税的征收，后者是对已有的收入流或现金流征收,而前者的征收并不伴随收入流或现金流,相当于"裸收"或"强收",也成为最难征收的税收,如果没有一个强有力的财产税征管制度,难以实现财产税制度的可持续发展。在日本长期的税收征管改革中,高效的征管机构、健全而缜密的征管法律体系以及创新的征管制度成为税收征收率较高的重要因素。

三、财产税问题的研究现状

(一) 关于财产税属性的研究

对于财产税属性的研究在不同的时期有不同的结论。最早对财产税进行系统论述的是重商主义的代表人物威廉·配第,这也是对财产税研究的启蒙阶段①。在 1662 年出版的《赋税论》中,威廉·配第认为一切经济剩余来源于土地与劳动的结合,土地税收应该来源于经济剩余中地主所分得的那部分地租,而且明确以地租作为土地税的计税依据,这对保障政府财政收入至关重要。重农学派代表人物魁奈在此基础上发展了单一土地税的思想,其出发点是只有从事农业收入的人才是财富创造者,其他行业的人只是改变了财富的形态而已,并不直接创造价值。魁奈主张由地主承担税赋,税收负担为纯产品的1/7。

古典经济学家形成了财产税的基本思想。亚当·斯密认为对地租征税不会对任何产业产生不良影响,土地税作为一种直接税,不管它以什么形式出现,最终承担者都是土地所有者,土地税不会改变土地上劳动的产出,即不会影响人们的真实财富和收入状况。但对财产转移的征税会影响财产的价值,一般来说,在获得财产时,如果征

---

① 胡洪曙:《财产税理论的演进历程——回顾、辨正及启示》,《中南财经政法大学学报》2010 年第 5 期,第 44—50 页。

税越多,财产的价值越低,因为财产的购买者都认为他所支付的价格包括地价和税收两个部分。这是税收资本化问题的雏形。税收资本化是探讨税收征收与资本价值关系的问题,指纳税人在购买不动产或有价证券时,将以后应纳税款从购买价格中扣除,将财产所有者应缴纳的税收转嫁给卖方,意味着税收可折入资本,冲抵资本价格的一部分。同时,亚当·斯密还从土地租金上涨的原因入手分析了土地租金与财产价值之间的关系,认为周边公共设施的改善往往会带来租金的上涨,这成为梯布特模型的研究出发点。

新古典经济学家马歇尔对于土地税问题的研究主要集中在税收归宿和土地税与土地价值的关系方面,认为应税的土地价值包括土地价值和改良价值两部分,土地税收是由土地所有者承担,这是由于当政府的公共支出增加提高了土地价值时,土地所有者是主要的受益者,而对于土地改良物征税,该部分税收将由租户或消费者承担,如果房屋市场属于卖方市场,房地产业主会将税收以提高房租的形式转嫁给租房者。但如果对于土地改良物的税收全部用于当地的公共支出,则不会增加业主的租税负担,这类似于使用者收费,从效率角度来说是良税,因此可以说土地税征收应该能够提高土地价值,并可以体现税收公平原则。

现代财产税问题研究主要集中在财产税的"受益论""新论"和"限制论"三个方面。

1. 财产税的"受益论"

"受益论"是财产税的传统观点,是由美国经济学家查尔斯·梯布特(Tiebout,1965)在《地方支出的纯理论》中首次提出的观点,称为梯布特假说或梯布特模型①,认为在解决公共物品"搭便车"问题

---

① Tiebout, CM, "A Pure Theory of Local Expenditures", *Journal of Political Economy*, 1965, (64), pp.416–424.

中存在着非政治手段的解决思路,这一观点主要是针对理查德·马斯格雷夫(Richard Musgrave)而提出的,后者认为"搭便车"问题必须依靠政治手段解决。

梯布特在研究地方公共产品需求与供给之间的关系时作出了以下假设:一是公共产品的消费者或业主可以自由流动,且不存在流动成本;二是信息是完全的,关于各个社区公用产品的供给信息是公开透明的,不存在任何不对称信息;三是存在许多社区或辖区,不同社区提供不同的公共服务;四是不管选择在哪个社区,乘公交车上下班都没有差异;五是公共产品的福利或成本不会从一个社区溢出到另一个社区;六是存在最佳的城市规模,即存在规模经济;七是每个社区都是理性的、可以驱除有不良动机的消费者。

消费者自由选择社区,享受完全流动和完全信息,这意味着他们可以无成本地从一个社区转移到另一个社区,而且他们还准确知道各社区提供服务的质量和税收负担状况;存在多个社区意味着存在社区之间的竞争,各社区可以提供不同类型的公共物品供业主选择;消费者自由流动意味着可以自由选择良好的社区和优质的服务,且无成本地进入所选择的社区。这就是所谓的"以脚投票"方式。

按照梯布特的观点,"以脚投票"方式迫使地方政府在提供公共服务时要充分考虑到消费者的消费偏好和诉求,同时,地方政府还要密切关注辖区内的人口流动状况,将其作为调整公共收入和支出的重要依据。通过居民的自由选择,辖区管理者和居民之间形成一种均衡,公共物品的供应正好满足了辖区居民的偏好。这一观点经过汉密尔顿(Hamilton,1976)[1]的扩展演化为财产税是受益税,是一种"良税"。因此,梯布特假说成为很多国家征收财产税的理论依据。

---

[1] Bw,Hamilton, "The Effects of Property Taxes and Local Public Spending on Property Values: A Theoretical Comment", *Journal of Political Economy*, Vol. 84, No. 3 (Jun., 1976), pp.647-650.

美国马里兰大学经济学教授华莱士·欧特斯（Wallace Oates，1969）①发表在《政治经济学期刊》上的文章验证了梯布特模型，并进一步分析了财产税对地方财产价值的影响。他认为在"梯布特的世界中，居民作为消费者在提供不同服务的社区'购物'，然后选择一个税收支出项目最适合的社区居住"。在现实中，以下几个问题是梯布特假说中作为假定不变的因素排除在外的，首先是消费者在不同社区之间可以随意转移，而且不存在转移成本，这在现实中是不可能的，有时转移成本非常巨大；其次，随着城市化的进展，很多在中心城市工作的人选择在郊区居住，这样，不同居住地的通勤成本差异是非常大的；最后，在选择社区时，不同社区学校的质量和规模等也是居民考虑的重要因素。如果上述现象存在，公共服务的提供不仅会影响潜在居民的选择，还会影响地方财产价值。

为说明这一问题，欧特斯分析了财产税和辖区支出项目对财产价值的影响，并选择了新泽西州的 53 个社区进行验证，发现财产税和公共服务的差别能够反映在辖区的财产价值上，财产税征收负担越高的社区，财产价值越高，财产税已经资本化到财产价值中。"理性消费者在选择居住辖区时，将会对地方公共服务的收益和税收负担的成本进行权衡（至少在某种程度上）。"

在"受益论"框架下分析税收归宿，引发了对财产税公平性的争论，实际上是讨论财产税是累进税还是累退税问题。纳泽（Netzer，1966）②是财产税累退论的代表人物。他利用局部均衡方法，将财产税分为对房产征税和对土地征税，假定房产的供应具有完全弹性，而土地供应则具有完全刚性。如果政府对房产征税或提高房产税率，

---

① Oates, Wallace E., "The Effects of Property Taxes and Local Public Spending on Property Values: An Empirical Study of Tax Capitalization and the Tiebout Hypothesis", *Journal of Political Economy*, 1969, (77), pp.957-971.

② D. Netzer, "Economics of the Property Tax", *Washington: Blockings Inst.*, 1966.

为保持税后房产收益,房产价格将上升,房产需求量将减少。因此,课征房产税会像对商品课征消费税一样,提升房产价格,且与消费的数量成比例地将负担施加于住房消费上;如果政府对刚性的土地征税或提高税率,结果是土地收益因征税而降低,而土地的供给量保持不变。由于低收入者相较于高收入者而言住房支出占其收入的比重更高,因此财产税占低收入者收入的比重比高收入者的比重要更大,从而使得财产税呈现累退性特征。而且根据美国税收和经济政策研究所(ITEP)于 2002 年在美国各地所作的调查,财产税似乎在各类家庭中都呈累退性的分布特征。

这里有一点需要澄清的,财产税并不完全类似于消费税,这是因为住房财产和一般的消费品不同,它在某种程度上也具有资本品的性质,即税收资本化的存在,这也是受益论的基本命题之一。如果政府把财产税收入用来改善住房的周边环境,则住房的价值肯定会上升,但消费税却并不具有这样的对应关系。

米兹寇斯戗(Mieszkowski)作为资本税的代表人物,认为财产税是累进的或至少是按比例分配的,具体内容将在财产税“新论”中论述。

2. 财产税“新论”

财产税的“新论”是由米兹寇斯戗(1983)首次提出,后经乔治等的完善成为一个完整的理论体系。这是在一般均衡模型基础上分析地方财产税问题,认为财产税属于资本税。假定整个国家的资本供给完全没有弹性,将行政区域分为高税区域和低税区域两大类,结果表明,资本所有者作为一个整体承担了全国财产税的平均税负。这是由于财产税对全部土地及房屋建筑征税的情况下,财产税可看作是对来自资本价值收入的征税,而资本作为生产要素之一,意味着财产税是对生产或生产要素的课税,而不是对消费或消费品的课税。因此,如果在全国范围内征收平均的财产税,其负担会成比例地分摊在资本所有者身上,由于大部分的资本集中在高收入者手中,财产税的负担是累进或者是成比例的,有利于收入的公平分配。

还有的学者将资本税的观点进一步延伸到利润税,哈伯格(Harberger,1962)[1]通过税收归宿的一般均衡模型分析认为,如果在全国范围内征收的财产税的平均负担由资本所有者承担,那么可以将财产税看作是利润税。利润税效应意味着相较于每年的所得而言,财产税是相对累进的。在完善的"新论"模型中,佐乔(Zodrow)和米兹寇斯魁(1983)分析了财产税对资本流动的影响,显示财产税具有一定的消费税效应。这是由于在高税收辖区,资本流出增加,降低了要素的生产率,最终会提高房屋价格,同时带来工资与土地价格下降;而在低税收辖区,会出现相反的趋势。因此,财产税的消费税效应的作用并不很大,而利润税效应是影响税收负担分配的主要因素。

3. 财产税"限制论"

由于财产税征收不是对一定的现金流征收,而是对税后收入形成的财富征税,当一国经济经历危机时,伴随失业者上升和工资收入的下降,会出现财产税的征收困难,因此,众多观点认为财产税是"最坏的税"。这种观点成为美国 20 世纪 30 年代以来出现的数次财产税限制运动(Tax and Expenditure Limits,简称 TELs)的理论依据。第一次是 20 世纪 30 年代,大危机爆发后,失业率达到了 25%,居民收入下降幅度超过了 30%,很多居民因收入流的断裂而没有能力支付房屋的税收,抗税现象此起彼伏,当时有 16 个州通过了限制财产税法案,或者降低财产税率,或者设置新的财产税优惠政策。第二次是 20 世纪 70 年代后半期,两次石油危机对美国高能源消耗经济产生了重大影响,抗税高潮再次出现,几乎每个州都加强了财产税

---

① AC Harberger, "The Incidence of the Corporation Income Tax", *Journal of Political Economy*, 1962.

限制,加利福尼亚州通过了"宪法 13A 条款",主要包括:限制财产税税率和评估价值的提升、禁止收取不动产销售税或交易税等。第三次是在次贷危机后,随着房屋价格的下降和失业率的提升,财产税不降反增,一方面是财产评估价值没有及时反映市场价值的变化,另一方面是税率的提高,增加了财产税在家庭收入中的比重,致使抗税运动升级。目前,取消财产税甚至成为印第安纳州议会的主题,许多州也通过了财产税改革方案,如佛罗里达州、乔治亚州、印第安那州等州再次限制财产税,印第安那州是将财产税的征收权由地方政府上移至州政府,防止地方支出的膨胀带来财产税的增加。

关于财产税限制的动机,海伦·拉德和朱莉·威尔森(Helen F. Ladd 和 Julie Wilson,1982)①归纳了财产税限制的动机,主要有公共服务水平、地方政府的无效率和浪费、支出和税收、税制改革、相关财政状况以及公共部门的就业状况。他们随机调查了马萨诸塞州 58 个城市 1561 户家庭投票支持限制论的动机,结果显示,支持者中 28.4% 的动机在于限制政府的无效率和浪费,期望获得低税收的支持者占 19%,而期望得到较低公共服务的仅有 1%。可见,支持财产税限制的最重要原因在于限制政府的无效率和浪费,他们投票试图获得低税收和政府的高效率,而不是减少服务水平或用其他收入来替代。石子印(2009)②总结了美国财产税限制的动机和影响:一是居民试图约束地方政府的利维坦行为。利维坦(Leviathan)是《圣经》中的怪兽,地方政府的利维坦行为是指地方政府是一个追求自身政治利益最大化的主体,如财产支出规模无限扩大,政府雇员无限增加,同时带来服务效率的低下(Helen F. Ladd 和 Julie Wilson,

---

① Helen F. Ladd and Julie Wilson, "Why Voters Support Tax Limitations: Evidence from Massachusetts' Proposition", *National Tax Journal*, 1982.

② 石子印:《美国财产税限制理论研究综述》,《税务研究》2009 年第 10 期,第 86—90 页。

1982）；二是居民期望将公共服务支出责任转向州政府，由于州政府推行的教育均等化政策的实施，税收水平与辖区的教育支出的关系淡化，财产税演化为福利净损失，居民将学校财政负担推向了州政府（William Fischel, 1989）；三是居民出于风险防范意识而采取的理性行为，由于居民的财产税与户均税收收入、家庭财产占辖区平均财产的比例和辖区总财产中家庭财产占的比例有关，即使税收收入总额不变，由于个人财产在总应税价值中所占比例变化，个人负担的财产税也会发生变化，当个人税收负担发生变化时，也会产生限制财产税的愿望（Nathan Anderson, 2006）。裴桂芬（2012）①分析了财产税限制的三个原因：一是美国财产税设计中存在很多不公平因素，既存在横向不公平也存在纵向不公平，现实中累退性的特征明显。二是美国财产税中的不动产评估体系不合理，评估员为获得连任有意低估房屋价值的现象时有发生，当不存在完善的资本市场时，评估员客观上没有能力作出相对准确的价值估算。评估周期的长短不一，有的是一年一次，有的是五年一次，不能客观反映房屋价值的实际变化。三是财产税加剧了地区差异，严重影响了教育机会的公平，由于财产税主要提供各地方从小学到中学的教育费用，不同地域的经济基础决定不同的教育环境和资源，形成了教育机会的不公平，这与教育作为公共物品的性质是相互矛盾的。

（二）国内外关于财产税经济效应及效果的研究

财产税的经济效应集中在对地价或资产价格的影响、对地方财政收入的影响和对整个经济的影响等三个方面。

1. 财产税对地价、资产价格和出租用住宅投资的影响

关于财产税经济影响的理论分析已经贯穿在前面的财产税属性

---

① 裴桂芬：《美国财产税由盛转衰的原因及其启示》，文章载于中国美国经济学会丛书——《后金融危机时期：美国经济走势与中美经贸关系》，上海社会科学院出版社 2012 年版，第 401—409 页。

综述中,这里只介绍实证方面的研究成果。

关于日本财产税对资产价格的影响,日本学者进行了深入和广泛的研究。野口悠纪雄(Noguchi Yukio,1994)[1]分析了 20 世纪 80 年代日本土地税对日本地价和房地产价格的影响。他指出,由于 20 世纪 80 年代日本土地税制在土地取得、保有和转让环节征税相对较少,同时由于长期宽松货币政策带来了国内过剩的流动性,推动了国民收入的增加,从而大量资金投入土地交易,以短期获利为目的的投机性土地交易日益严重,推高了日本的地价和房价。

山崎福寿(2009)[2]运用计量经济模型分析了日本固定资产税和土地转让所得税对地价水平及其变动的影响,还特别利用模型分析了土地转让所得税和遗产税对东京都市区土地价格的影响。第一个结论是日本的固定资产税具有降低地价的效果,而且降低了地价变动的幅度,有助于地价的稳定,但由于营业用固定资产的实际税率偏低,现实的稳定效果并不显著。第二个结论是土地转让所得税会提高地价,并增加地价变动的幅度。这是由于在日本的土地转让所得税中,规定只要不转让资产就可以推迟缴纳转让所得税,惜售现象成为理性选择,这在一定程度上形成房地产的"冻结效果",减少房地产的供应,改变土地及房产市场的供求状况。第三个结论是土地转让所得税和遗产税的改革对于 20 世纪 70 年代以后的日本地价上升或下降起到了不可忽视的作用,也成为地价剧烈波动的原因之一,这是由于在 20 世纪 50—60 年代期间,日本农地和宅地所有者存在低价出售土地的动机,而到 70 年代,政府出台了"长期持续营农制度",即如果是长期营农的土地转让可以获得相当大的税收优惠,后

①　Noguchi Yukio, "Land Prices and House Prices in Japan", *Housing Markets in the US and Japan*, 1994.

②　山崎福寿:《土地税制と地価の変動》,池尾和人编《不良債権と金融危機》,慶応大学出版社 2009 年版,第 37—74 页。

来这一制度又进一步发展为"城市内生产绿地制度",即如果是城市内从事绿化的土地转让也可以获得优惠的税收。在这种制度安排下,市区内农地的遗产税和转让所得税几乎为零,提升了持有农地的积极性,阻碍了农地供应,自然会抬升土地价格。

罗伯特·福特(Robert S. Ford,1951)[1]分析了用于出租用途的住宅投资与财产税的关系,认为二者的关系非常密切,财产税会减少住宅投资,进而带来住宅价格的上升。沃尔特·莫顿(Walter A. Morton,1956)[2]分析了美国财产税征收与住房短缺之间的关系,认为房产税减少了20世纪30年代以来的房屋供给,造成了第二次世界大战后美国房屋的短缺,还证实了财产税的累退性质,即低收入人群缴纳财产税的比重高于高收入人群。约翰·麦克唐纳(John F. Mcdonald,1993)[3]运用计量经济模型分析了芝加哥的税收转嫁问题,研究显示,1991年,芝加哥有45%的财产税转嫁到了承租户,这意味着只有55%的财产税由土地和建筑物的所有者承担。

2. 财产税对地方政府行为和财政收入的影响

由于财产税具有较强的收益税特征,相当于对享受地方公共服务的用户收费,类似地方公共服务的税收价格,标志着地方公共服务的成本信息,因此,财产税一般由地方政府征收,而且集中在基层地方政府,如在美国,与州政府相比,地方政府对财产和纳税人情况比较熟悉,市政府往往是财产税的征收者(Wallis,2000)[4]。

关于财产税在地方政府收入中的地位,国外均出现了一个从上

---

① Rober S. Ford, "Property Taxation in Relation to Investment in Urban Area: Discussion", *The Journal of Finance*, 1951, 6(2).

② Rolf A. Weil, "Review Works: Housing Taxation by Walter A. Morton", *Journal of Political Economy*, 1956, 64(3), p.269.

③ John F. McDonald, "Incidence of the Property Tax on Commercial Real Estate: The Case of Downtown Chicago", *National Tax Journal*, 1993, 46(2), pp.109-120.

④ 转引自杨晶坤:《财产税研究综述》,中央财经大学硕士学位论文,2008年。

升到下降的趋势。如美国在 20 世纪 30 年代前,财产税占地方政府收入的比重一直维持在 70% 左右,之后开始下降,到 70 年代,政府转移支付的比重超过财产税,二者呈现了剪刀态势。2000 年,财产税比重降至 30% 左右,而转移支付占比接近 40%。这是美国 70 年代以来财产税限制运动的必然结果,也标志着财产税在地方财政收入中的作用不断降低,这也是财产税相对完善的国家出现的一个共同现象(裴桂芬,2012)①。

关于财产税对地方政府行为的影响,一般认为财产税会滋生地方政府的无效率,助长地方政府的利维坦行为。根据美国普查局关于地方政府雇佣情况的统计,2000 年到 2007 年间,美国地方政府共增加了 141 万人,人头费增加了 129 亿美元。为了消除美国财产税对地方政府行为的影响,一方面出现了限制财产税的政策,另一方面还出现了以支定收的政策,即以支出的规模确定税收规模,限制地方政府雇员的增加和薪金的提高。

3. 财产税对经济的影响

任何一种税种都会在某种程度上影响消费、投资、储蓄以及资源的分配,进而影响到整个经济活动。巴里·布卢斯通和蔡斯·比林厄姆(Barry Bluestone 和 Chase Billingham,2008)②分析了财产税对区域经济发展的影响,他们使用两组样本进行比较,一组是财产较多的,另一组是财产较少的,1987—2007 年间,12 个老工业化城市中有 7 个城市提高了住宅税率,只有一个富裕地区提高税率,说明贫困地区有通过提高住宅税率增加财产税收入的倾向。另一方面,财产评

---

① 裴桂芬:《美国财产税由盛转衰的原因及其启示》,文章载于中国美国经济学会丛书——《后金融危机时期:美国经济走势与中美经贸关系》,上海社会科学院出版社 2012 年版,第 401—409 页。

② Bluestone, B. and Billingham, C., "The Property Tax and the Fortunes of Older Industrial Cities", *Lincoln Institute of Land Policy*, 2008.

估价值的差异也加剧地区之间不平衡,在美国的财产评估实践中发现,财产税的评估率(评估价值/市场价值)与财产价值负相关,财产价值越低,评估率越高,因此,穷人会面临更高的实际税率。

四、研究内容和主要观点

全书包括导论和9章内容。导论包括中国财产税改革的紧迫性和日本财产税改革的典型性,并围绕财产税属性及财产税的经济效应介绍了国内外的研究成果,为后面的分析奠定了基础。

正文部分的九章包括五个方面问题。

第一个问题是日本的税制体系和财产税特征,这是第一章的内容。从日本国税和地方税体系及其地方交付税制度,明确了日本的税制特征;日本财产税分布在财产取得、财产保有和财产转让阶段,长期以来呈现出重不动产税收而轻金融资产税收的特征;从少子高龄化现象入手,研究了日本财产税改革的趋势。

第二个问题是日本主要财产税的改革历程及其效应,包括第二章至第六章。第二章分析日本土地税制结构及其改革历程,结果表明在新世纪之前,土地税制作为调控资本市场的重要手段,改革的典型特征是在经济繁荣时期强化土地税制,在经济萧条时期弱化土地税制,新世纪以来,土地税制的改革重心从土地市场调控转向降低土地税收负担、提高土地流动性、促进土地的有效利用等方面。

第三章分析日本土地税制的改革效应,运用实证分析方法分析土地税改革与地价、房价之间的关系,发现日本土地税与地价、房价存在长期稳定的关系,土地税对地价的影响程度大于其对房价的影响程度。同时也证实,在短期内强化土地税抑制了地价和房价的上涨,但从长期来看效果并不显著;运用统计数据分析日本地方政府土地税收入的变化轨迹,发现日本土地税是地方政府财政收入的长期稳定来源,即使在泡沫经济崩溃后的长期萧条时期,土地税仍然是地方财政的重要财源。

第四章分析日本证券税制的结构及其改革历程,重点分析了证券税制改革的三个阶段特征,总结出证券税制改革与经济增长和证券市场发展的规律性,即在战后日本证券市场起步时期,日本采取了相对缓和的证券税制,在 20 世纪 70 年代开始的证券市场繁荣之后,采取了强化或超强化的证券税制,在泡沫经济崩溃后的长期萧条时期,则采取了弱化的证券税制。

第五章分析日本证券税制的改革效应,通过对证券税制与日本股市泡沫相关性的直观考察,发现长期缓和的证券税制突出了股市投资的优越性,在一定程度上加速了泡沫经济的形成,强化和超强化的证券税制出台之时,泡沫经济开始崩溃,进一步加速了泡沫的破灭;通过实证分析日本泡沫经济时期和长期萧条时期两次证券交易税的变动对股票市场波动性的影响,发现二者没有显著的相关性。

第六章分析日本战后遗产税和赠与税改革及其经济效应,日本战后以来一直采取宽松的遗产税和赠与税政策,表现为不断降低利率和提高免税额度,直到 2015 年,日本开始强化遗产税和赠与税改革,通过扩大税基和适度提高税率达到增税目的,意在缓解日益严重的日本财政危机;从遗产税和赠与税的效应来看,两税税收收入稳定,但对财政收入的贡献度不断降低,虽然遗产税和赠与税的租税负担率较高,但由于实施了大量减税政策,导致纳税人比例偏低,在一定程度上限制了遗产税和赠与税的收入分配功能。

第三个问题是日本不动产登记和评估制度,这是第七章分析的内容。日本不动产登记制度开始于 16 世纪末期,现行的《不动产登记法》出台于 1899 年,根据经济社会发展的变化,进行了数次修订,相关配套法律法规保障了不动产登记制度的有序进行;在战后形成的现行不动产评估制度中,系列不动产评估的法律法规奠定了不动产评估的基础,规范的不动产鉴定师资格考试和不动产鉴定业登记制度保障了从业人员和机构的素质,灵活的不动产鉴定评估方法保证了评估的效率,系统的不动产价格体系有助于评估的统一性和公平性,固定资产评估的负担调整制度有效防止了居民固定资产负担的增加。

第四个问题是日本财产税的征收及其效率,这是第八章分析的内容。由于财产税分布在国税和地方税,根据应纳税额的确定方式形成了不同的缴付方式和征管模式;通过对日本国税和地方税的征收效率分析,发现了日本国税和地方税的效率差异,即日本国税征收效率高于地方税,国税中财产税的征收率低于地方税中财产税的征收率,地方税中道府县税收的征收率高于市町村,在固定资产税层面,道府县的征收率高于市町村,在市町村的固定资产税征收中,土地税的征收率高于房产税;通过对 2009—2012 年期间日本 47 个行政区(都道府县)的财产税征收情况的分析发现,滞纳结转的存在是影响税收征收效率的重要因素。

第五个问题是对中国房地产改革的启示,这是第九章的内容。基于上海、重庆的房地产改革试点分析了中国征收房产税的政策目标;从日本固定资产税法、固定资产税收征管法、不动产登记法和不动产评估法的完善和修订入手,提出中国房产税改革应该立法先行;在中国房产税改革的制度设计中,提出应该根据房产的存量结构设定房产税的课税范围,从调节收入分配的角度选择累进税率,建立不动产评估机构,完善房产评估价格的形成机制。

第一章　日本税制体系特征及
财产税结构

战后日本税制是在"夏普劝告"基础上发展而来的,其特征是直接税为主、间接税为辅,长期以来的税制改革集中在所得税和消费税方面,从税收负担看,日本在发达国家属于偏低的水平。在财产税结构中,拥有完整的财产取得、财产保有、财产转让等环节的财产税种,在长期的财产税改革中,日本呈现了重不动产税轻动产税的特征,即重视对土地等不动产的税制改革,对于金融证券税制的改革相对滞后,而在少子高龄化时代,随着社会保障支出和政府财政赤字的不断增加,财产税中的遗产税、固定资产税和金融证券税收必然进行相应的改革。

第一节　日本的税制体系及其特征

根据征税对象的性质不同,日本税收分为所得税、消费税和财产税,以税收管理和税款使用为标准,日本税收分为国税和地方税。夏普税制奠定了以所得税为主的直接税体系,而后的改革是不断降低所得税的比重,随着日本一般消费税的引入,消费税在整个税收中的比重提高,而财产税在税收中的比重经历20世纪60年代到80年代的上升后,至今保持稳定的态势。从国际比较看,日本的租税负担率相对较低,这为少子高龄化时代增税提供了政策依据。

一、日本国税、地方税体系及地方交付税制度

日本的行政机构分为中央、都道府县和市町村三级,相对应的也是三级财政体制,中央财政为第一级,收入来源是国税;第二级是 47 个都道府县①,收入来源是都道府县税;第三级是市町村,县以下设 3253 个市町村,收入来源是市町村税。表 1-1 是基于 2014 年日本财务省官方网站发布的国税、地方税、中央地方共享税和主要税种、税目情况,表 1-2 显示了三级财政中各自主要税种的税收结构,据此可以了解日本国税和地方税的税制特征。

表 1-1　日本现行国税和地方税税种

	国税	地方税	国税	地方税
所得税	所得税 法人税 地方法人特别税ª 复兴特别所得税 复兴特别法人税	都道府县税 个人居民税 个人事业税 法人居民税 法人事业税 不动产取得税 都道府县民利息税 都道府县民分红税 都道府县民股票等转让所得税	一般消费税 酒税 香烟税 香烟特别税 汽车燃油税 石油天然气税 汽车重量税 航空燃油税 石油煤炭税 电力开发促进税 关税 碳税 特别吨位税	市町村税 地方消费税 地方香烟税 轻油交易税 汽车购置税 高尔夫场利用税 温泉浴税 汽车税 小排量汽车和摩托车税 矿产税 狩猎税 矿区税
财产税	遗产税和赠与税 登记许可税 印花税	市町村税 市町村民税 固定资产税 城市规划税 事业所税 水利地益税 特别土地保有税 法定外普通税 法定外目的税	消费税	

注:a 由于地方事业税在不同的都道府县存在严重的不平衡性,2008 年开始的税制改革提出要构筑平衡的地方税体系,作为临时性措施,将原来由国税征收的部分法人事业税,以人口和就业人数为标准,分配给都道府县,称为地方法人特别税。
资料来源:日本财务省官方网站,https://www.mof.go.jp/tax_policy/summary/condition/001.htm。

___

① 包括一都(东京都)、一道(北海道)、二府(大阪府、京都府)、43 个县。

表 1-2　日本主体税种的收入构成

	税种	占本级政府税收的比重（%）
国税	个人所得税	25.1
	法人所得税	25.6
	消费税	20.7
	合计	71.4
都道府县税	都道府县居民税	23.5
	事业税	30.0
	地方消费税	18.0
	合计	71.5
市町村税	市町村居民税	40.3
	固定资产税	46.2
	合计	86.5

注：国税收入是 2006 财年的预算数据，地方税是 2006 财年的实际数据。

资料来源："Japan Statistical Yearbook 2008"，http://www.stat.go.jp/english/data/nenkan/index.htm。

（一）日本国税的基本特征

日本国税是中央政府征收的税收，包括直接税和间接税，直接税是指税收负担不能转嫁的税收，纳税人就是税收负担人，如所得税和财产税等，间接税是税收负担可以转嫁的税收，如消费税、增值税等。直接税为主的税制体系是夏普税制的核心，之后税制结构经过了长期的改革历程，主要包括降低所得税税率和减少所得税档次、增加税前扣除等措施，1985 年直接税比重达到 73% 以后开始下降，1993 年降至 69%，根据 2014 年日本税收预算，所得税占 51.3%，财产税占 14.9%，消费税占 33.9%，直接税的比重仍达 66.2%。现行的主要税种包括个人及法人所得税、遗产税、赠与税、印花税、登记许可税、一般消费税、酒税、石油天然气税、航空燃油税、香烟税等。在税收收入分配上，国税占全部税收收入的约 60%。根据表 1-2 的统计，2006 年，在中央税收中，个人所得税占比 25.1%，法人所得税占比

25.6%,消费税占比 20.7%,三项税收占全部国税收入的比重超过 70%。

在日本的租税体系中,还有普通税和目的税的区分,普通税是没有规定收入的特定用途,作为一般经费课征的税收,目的税是为达到特定目的而课征的税收。在上述的国税税种中,所得税、遗产税、印花税、消费税等都属于普通税,而复兴特别所得税和复兴特别法人税属于目的税,这是 2011 年 12 月 2 日公布的《东日本大地震复兴政策特别措施法》(2011 年法律第 117 号)中设立的,目的是筹集震灾恢复所需的资金,期限是 2013 年到 2037 年,计划在 24 年间运用复兴特别所得税和法人税筹集资金。纳税义务人是纳税基准额超过 15 万元以上的纳税人,税率为纳税基准额的 2.1%。

(二) 日本地方税的基本特征

日本地方税也包括普通税和目的税两种,并下分为法定普通税、法定外普通税、法定目的税和法定外目的税四种类型。法定普通税和目的税是基于地方税法而课征的税收,法定外普通税和目的税是在地方税法之外,满足一定的程序和条件,由地方公共团体临时课征的税收。如拥有核电的地方政府,对从事核电的企业征收核燃料税,冲绳县对汽油征收石油价格调整税。在市町村层面,由于东日本大地震后增大了对河沙的需求,很多市町村设置了采砂税,有的城市还对停车者征收环境税,对机场路桥征收使用税等。京都市政府计划对寺院参拜者征收古都保护税,但由于寺院的反对而破产。

都道府县税的普通税包括都道府县居民税、事业税、不动产取得税等,还包括中央政府分类征收的财产税中下拨都道府县的部分,即都道府县利息税、都道府县分红税、都道府县股票等转让所得税,如在利息税、分红税和转让所得税中,都道府县分别获得 5% 的份额,下拨部分一般占该税收的四分之一到三分之一左右。都道府县目的税包括事业税、狩猎税、水利受益税、都道府县法定外目的税等。地方消费税是都道府县征收的税收,既包括表1-1所列的消费税收入,也包括一般消费税的地方分成部分,一般消费税是1989年引入的对所有商品征收的消费税,税额分别进入国税和地方税,税率5%时国税和地方税的分成比例为4∶1,税率为8%时的分成比例为6.3∶1.7。根据表1-2所列的主要税种收入构成情况,在都道府县税收中,事业税占比最高,达30.0%;其次为都道府县民税,占比23.5%;排在第三位的是地方消费税,占比18.0%,三项合计达到都道府县税收收入的71.5%。

市町村普通税包括市町村居民税、固定资产税、市町村香烟税、矿产税、特别土地保有税、市町村法定外普通税等,市町村目的税包括城市规划税、事业所税、水利地益税、公共设施税、国民健康保险税和市町村法定外目的税等。在市町村税收中,最主要的是固定资产税和市町村居民税。固定资产税是日本财产税中的主要税种,2006年固定资产税税收收入占市町村财政的46.2%,市町村居民税占40.3%,二者合计占市町村税收收入的86.5%。

（三）日本地方交付税制度的沿革

地方交付税制度的前身是始于20世纪20年代的地方财政调整制度。由于地方政府行政事务量的增加,一些税收收入低下的市町村面临严重的财政困难,不得不增课税收,加重居民的税收负担,1932年提出了旨在调整地方政府间财源不均衡,特别是救助财政状况不佳的农村与偏僻山村地方政府的《地方财政调整交付金制度方案》,交付金的1/3给都道府县政府,2/3给市町村政府。由于该法案没有获得立法通过,1940年,地方分配制度取代了地方财政调整交付金制度,这成为永久性的中央向地方政府分配税收的制度,包括返还税和分配税两种。返还税是将一部分地方税以国税形式进行征收并返还地方政府,分配税是将所得税、法人税等税收以一定比例分配给地方政府。

　　"夏普劝告"将地方分配制度改为地方财政平衡交付金制度。这是由于在原有的地方分配制度下,分配总额是按照特定国税的一定比例来确定,由于财源分布的不均衡,财源均衡的效果并不明显,因此将其改为地方政府平衡交付金制度。在交付金制度中,引入了地方政府标准收入与标准支出需求的概念,制度的初衷从调节地方政府间财源不均衡过渡到保障地方政府的行政能力方面。1952 年改为现行的地方交付税制度。根据地方交付税法,国税征收的所得税和酒税的 32%、法人税的 34%、消费税的 29.5% 和香烟税的 25%支付给地方,包括普通交付税和特别交付税两种,普通交付税占交付税总额的 96%,特别交付税占交付总额的 4%。普通交付税的计算公式为:各团体的普通交付额=基准财政需求−基准财政收入=财源不足额,基准财政需求=单位费用(法定)×测定单位(国家调查的人口数量等)×系数,基准财政收入=预估的税收收入×基准税率(75%)。根据上述公式计算的没有财政资金不足的地方公共团体将不会获得地方交付税,2013 年没有获得地方交付税的是东京都、爱知县和 169 个市町村,没有获得地方交付税的数量与上年相比略有增加。

　　2003 年日本中央政府为发挥地方政府的积极性,实施了三位一体的改革,即缩小并废除国库支出金、改革地方交付税制度、向地方政府转移税源。国库支出金是日本中央政府向地方政府下拨的转移支付款,用于社会保障、公共事业和文教、科技振兴等支出;地方交付税正如前面分析的那样,此项转移支付款是对地方政府收入不足的补充性财政拨款,由地方政府自由支配,此项拨款对于缩小地方政府的财力差距起到重要作用,具体包括地方交付税和地方让与税两种;向地方政府转移税源即把中央政府的一部分税源转移给地方政府,改革的具体内容包括:降低中央政府征收的个人所得税税率,减少税率档次,按 20%、30%、37% 三档累进税率征收,同时把地方居民税

5%、10%、13%的三档比例税率统一改为10%。改革后,中央政府的税收收入将相应减少,地方政府税收增加,整体税负不发生变化。详细内容将在第八章分析。

二、日本税制结构特征

（一）从**2014**财年预算看日本的税制结构

根据日本财务省官方网站的统计,如图1-1所示,2014年度国税和地方税预算合计为89.3万亿日元,比上一年度预算增加了8万亿日元,在税收收入中,所得税占比为51.3%,比上年度减少了1.4

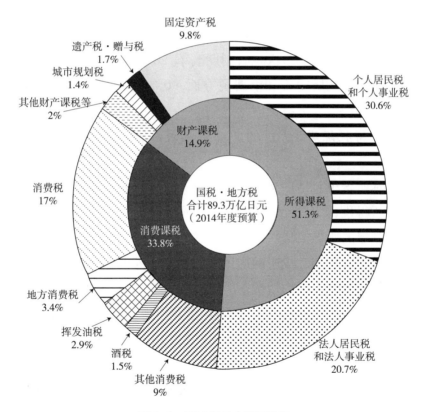

图1-1　2014年日本税制结构

资料来源:日本财务省官方网站,http://www.mof.go.jp/tax_policy/summary/condition/index.htm。

个百分点,消费税占比 33.8%,比上年增加 1.4 个百分点,财产税占比 14.9%,比上年下降 1.2 个百分点。在所得税中,个人居民税和个人事业税为 30.6%,比上年下降 1.7 个百分点,法人居民税和法人事业税为 20.7%,基本与上年持平;在消费税中,由于 2014 年 4 月开始将一般消费税由 5% 提高到 8%,预算中一般消费税占比增加了 4 个百分点,达到 17%,其他的地方消费税、挥发油税、酒税和其他消费税没有大的变化,分别为 3.4%、2.9%、1.5% 和 9%;在财产税中,固定资产税占比为 9.8%,比上年减少 0.8 个百分点,遗产税、赠与税占比为 1.7%,基本与上年持平,城市规划税和其他财产税也基本维持了上年水平。

(二) 日本税制结构的演变特征

战后日本进行了多次税收制度改革,20 世纪 90 年代之前,税制改革主要集中在所得税和消费税方面,90 年代进行了财产税改革,税制结构呈现出以下特征。

1. 所得税经历了从上升到下降的过程,依然占据税收总额的一半以上

日本所得税包括广义所得税和狭义所得税两种。狭义所得税是指个人所得税,即对个人在一年内收入征收的税收,依据的是 1965 年 3 月制定的所得税法。广义所得税在个人所得税基础上,增加了国税中的法人税和地税中的居民税和事业税等内容。这里主要分析个人所得税和法人税的情况。

日本个人所得税包括工资所得、事业所得、利息所得、其他所得。其他所得包括不动产所得、综合转让所得、一次性所得、山林所得、退休所得、分类计算的转让所得、股票等的转让所得等。个人所得税在所得税中占有很大比重,1985 年个人所得税占全部税收收入的 39.5%,这意味着将近 40% 的税收来源于个人所得税,并表现为税率高、等级多的特征。如 20 世纪 70 年代,日本的个人所得税实行超额累进税率,从 10% 起,分 19 档,最高税率为 75%,之后,所得税改革的方向是降低最高税率和减少累进税率的档次。1984 年累进税率档次降为 15 档,最高税率降为 70%;1987 年的税制改革中,累进税率档次降为 10 档,最高税率降为 60%(5000 万日元以上);1989 年累进税率再次降为 4 档,最高税率降为 50%(2000 万日元以上);1999 年的持久减税改革中,累进税率的档次维持 4 档不变,最高税率从 50% 降到 37%,税率依次为 10%(330 万日元以下)、20%(330 万至 900 万日元)、30%(900 万至 1800 万日元)、37%(1800 万日元以上);2007 年,累进税率的档次增加到 6 档,税率从 5% 到 40%,依次为 5%(195 万日元以下)、10%(195 万至 330 万日元)、20%(330 万至 695 万日元)、23%(695 万至 900 万日元)、33%(900 万至 1800 万日元)、40%(1800 万日元以上),这一税率和税率基准一直持续到 2014 年。

从所得税占整个税收的比重看,呈现出先升后降的特征。1955 年,所得税占比 50.7%,其中个人所得税占比 29.9%,法人所得税占比 20.8%;到 1985 年,所得税占比提升到 70.1%,个人所得税占比为 39.4%,法人所得税占比为 30.7%,成为战后以来的最高点,意味着税收的 7 成来自所得税,近 4 成来自个人所得税。1986 年后的所得税变化情况详见图 1-2。1986 年所得税的占比为 65.2%,其中个人所得税占比 35.7%,法人所得税占比 29.5%,1987 年开始的税制改革,意在改变夏普税制以来的所得税为主的税制体系,建立所得税和消费税并存的税制体系,因此出现了个人所得税和法人所得税的减税,1988 年个人所得税占比降至 32.2%,法人所得税占比提高到 34.3%,1990 年个人所得税和法人所得税的占比均出现增长趋势,这是由于日本泡沫经济膨胀时期个人收入和法人收入增加的结果。1993 年后所得税地位的降低是泡沫经济崩溃后经济萧条的结果,也是 1987 年税制改革的效果显现。1997 年的持久减税改革后,所得税的占比基本稳定,回归到 20 世纪 50 年代的水平,1997 年占比为 56.3%,2014 年进一步降至 51.3%。

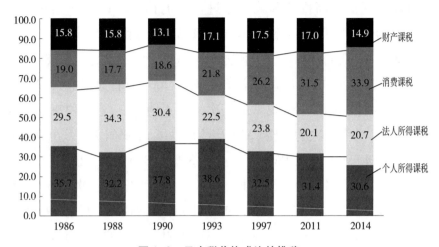

图1-2 日本税收构成比的推移

注：a. 截至2011年的数据为决算额,2014年数据中的国税为年初预算额,地方税为预测额;

b. 所得课税中包含对资产性所得的课税。

数据来源：日本财务省国税厅。

2. 消费税率经历了先降后升的过程,在税收总额中排第二位

日本消费税包括直接消费税和间接消费税两种,直接消费税特指高尔夫球场使用税等的税收,间接消费税包括个别消费税和一般消费税。个别消费税是对个别商品征收的税收,如酒税、香烟税、燃油税等;一般消费税是对所有消费品和消费行为的流转额普遍征税,1978年大平内阁第一次提出了一般消费税设想,1986年中曾根内阁提出了销售税的构想,均因国民反对而搁浅,1988年竹下内阁通过了消费税法,决定自1989年4月1日起对所有商品征收3%的消费税。1997年一般消费税率由3%提升为5%,2014年4月1日,一般消费税率由5%提升到8%,原计划2015年提高到10%,2014年11月,鉴于日本经济复苏乏力的现状,日本首相安倍晋三宣布推迟2015年提高消费税到10%的计划。

战后日本消费税的变化经历了先降后升的过程。基于夏普税制的1955年税制体系中,消费课税占比曾达到46%,之后开始下降,直

到 1988 年降至 17.7%,此后的路径变化与一般消费税的引入和税率调整密切相关。1989 年引入一般消费税后,当年消费税收入达到3.3 万亿日元,占中央财政收入的 6.2%,1990 年消费税占比提升到18.6%;1997 年消费税率提高到 5%后,当年消费税收入达到 9.3 万亿日元,占中央财政收入的比重达到 17.8%,致使消费税的比重比1993 年提升了 4.2 个百分点,2013 年达到 31.2%,2014 年升至33.9%,在税收总额中排第二位。据日本政府的一份研究报告估计,消费税率如果提高到 10%,会使中央政府和地方政府的消费税收入增加 13.5 万亿日元,但可能会降低整个税收总额,如 1989 年引进消费税后,当年消费税增加到 3.3 万亿日元,但整个税收减少了 2.6 万亿日元。

3.战后日本财产税呈现增长态势,之后在税制体系中的地位比较稳定

20 世纪 50—60 年代财产税仅占税收收入的 10%左右,70 年代以来上升到 15%左右,主要是遗产税、印花税和固定资产税的增加提高了财产税收入。随着 80 年代中期以来的日本泡沫经济的膨胀,财产税收入持续增加,1988 年升至 15.8%。随着泡沫经济的崩溃,1990 年财产税收入的比重已经下降到 13.1%,而经过 1991—1993年日本政府采取的强化土地税制改革措施,短期内提升了财产税比重,1997 年提升到 17.5%。此后,在所谓的"失去的 10 年"和"失去的 20 年"期间,日本的财富缩水,财产税收入相应降低,2013 年降至16.1%,2014 年降至 14.9%。

三、日本国民负担率的变化历程

(一) 日本国民负担率的国际比较

国际上,通常有两种统计宏观税负水平的方法:一是含社会保障的宏观税负,称为国民负担率,是考察政府财政负担轻重程度的指标,指一个国家在一定时期(通常为一年)内的税收总额和社会保障

负担占国内生产总值(GDP)的比例,社会保障负担率是社会保险
费负担在国内生产总值中的比重;二是不含社会保障的宏观税负,
称为租税负担率,这是政府各类税收占国内生产总值(GDP)的比
例,以衡量一国国民的租税负担程度,比例越高表示国民缴纳给政
府的税收越多,政府规模也越大,提供服务的质或量也更高。图
1-3 给出了日本与其他主要 OECD 国家两种方法下的税负水平的
直观比较。

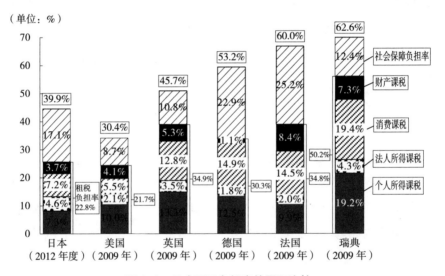

图 1-3 日本国民负担率的国际比较

资料来源:日本 2012 年的数据来源于日本财务省国税厅。日本以外的数据来自 Revenue Statistics
1965-2010(OECD),National Accounts of OECD Countries, Volume 2011 Issue 2 (OECD)。

相对于其他发达国家而言,日本的宏观税负水平处于较低水准。
第一,从国民负担率来看,2012 年度日本为 39.9%,高于美国 9 个多
百分点,而与最高的瑞典(62.6%)相比,约有 22 个百分点的差距,与
英国、德国和法国的差距也分别达到 5.9%、13.3%和 20.2%。

第二,日本 2012 年的租税负担率为 22.8%,略高于 2009 年美国
租税负担率,与 2009 年租税负担水平最高的瑞典差距高达 27.4%,

与英国、法国和德国的差距分别为 12.1%、12% 和 7.5%。

第三,从租税结构来看,日本所得税负担为 11.9%,占租税负担的 52%,与主要发达国家相比,所得税在税收总额中的比重较高,仅低于美国 4 个百分点,均高于其他国家,法国的所得税在税收总额中的比重仅为 34%;日本的消费税负担在 2012 年为 7.2%,在发达国家的占比仅高于美国的 5.5%,其他国家的比例都在两位数以上,2009 年瑞典的消费税比重接近 20%,达到 19.4%;从财产课税来看,日本 2012 年财产税比重为 3.7%,仅高于德国 2009 年的 1.1%,远低于法国的 8.4% 和瑞典的 7.3%。

第四,从社会保障负担率来看,日本 2012 年为 17.1%,高于美国的 8.7%,英国的 10.8% 和瑞典的 12.4%,低于德国的 22.9% 和法国的 25.2%,在发达国家中属于偏高的水平,这与日本少子高龄化的现实是密不可分的。

(二) 日本国民负担率的变化轨迹

图 1-4 显示了 1970 年以来的日本国税、地方税的比重及各种税收负担率的变化轨迹。

首先,从租税负担率来看,日本的租税负担率从 20 世纪 70 年代开始上升,1975 年为 18.3%,1980 年后出现了稳步增长的趋势,1989 年达到 27.7%,此后进入了下降通道,2003 年降至 21.2%,2013 年提升到 22.2%。

其次,从社会保障负担率来看,1970 年日本的社会保障负担率仅为 5.4%,80 年代开始稳步上升,1986 年超过 10%,即使是在泡沫经济崩溃之后,社会保障负担率只在 2003 年和 2004 年出现过些许下降,到 2013 年达到 17.3%,这反映了日本少子高龄化加重了社会保障的负担。

最后,从国民负担率来看,20 世纪 70 年代,日本的国民负担率尚不及 25%,此后开始上升,1990 年达到 38.3%,此后的 15 年间国

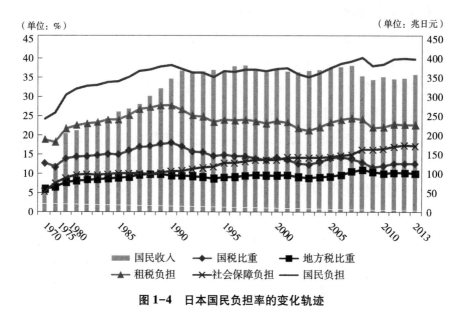

（单位：%） （单位：兆日元）

图1-4 日本国民负担率的变化轨迹

注：a. 截至2011年为实际值，2012数据为推定值，2013年数据为当初预算额及地方财政计划额；

　　b. 截至1980年国税中含有"日本专卖公社纳付金"；

　　c. 2009年以后（含2009）的国税中不包含地方法人特别税，而地方税中则加算了地方法人特别
　　让与税。

数据来源：日本财务省国税厅。

民负担率保持低位运行，2008年一度达到40%，2011年后连续三年
超过40%。泡沫经济崩溃后国民负担率的低位运行主要是源于租
税负担率的降低，而近年来的负担加重主要是源于老龄化所带来的
社会保障相关支出的迅速增加。

第二节　日本现行财产税结构及其特征

　　战后日本建立了完整的财产税体系，包括财产取得税、财产保有
税和财产所得税。财产取得税和财产所得税大部分进入中央财政，
部分让渡给地方政府，财产保有税由地方政府征收，主要是市町村征
收和使用。1993年之前的财产税改革展示了泡沫经济时期财产税

的特点,揭示了财产税的典型特征,主要财产税收入的变化显示了日本财产税的变化趋势。

一、日本财产税的主要税目

日本税法规定,财产包括土地、房屋等不动产及股票、公司债券、存款等的金融资产。财产税体系包括财产取得税、财产保有税和财产所得税,具体内容详见表1-3。

表1-3　日本主要的财产税目

	税目	归属		税目	归属		税目	归属
财产取得税	遗产税、赠与税	国税	财产保有税	固定资产税	市町村税	财产所得税	土地、股票等转让性收益课税	共享税
	登记许可税	国税		富裕税（1950—1953）	国税		利息课税	共享税
	印花税	国税		地价税（1991—1998）	国税		分红课税	共享税
	有价证券交易税（1953—1999）	国税		特别土地保有税（1950—2003）	市町村税			
	不动产取得税	都道府县税		城市规划税	市町村税			
				事业所税	市町村税			

注:在日本税收统计中,财产利得计入所得税,没有作为财产税单列。本表基于广义的财产税制成。

资料来源:根据日本财产税目整理而成。

(一) 财产取得税

财产取得税是对个人或法人在购买、接受捐赠或继承财产时课征的税赋,既包括遗产税或赠与税等无偿取得财产的课税,也包括不动产取得税、有价证券交易税等有偿取得财产的税收,还包括在证券发行阶段征收的登记许可税、印花税等。

日本的遗产税、赠与税的课税是对遗产或财产取得者征税,课税标准是取得财产的评估额,课税主体是国家,其中,土地财产的遗产税占有很大比重,如 1993 年日本遗产税中,77.8% 的与土地财产相关。

不动产取得税是对土地、房屋等不动产取得(包括有偿或无偿)所征收的税赋,课税主体是都道府县,法定纳税人是无偿或有偿取得不动产所有权的法人或个人,课税标准是固定资产评估额,标准税率为 3%。在土地税制中,不动产取得税的作用相对低下。

有价证券交易税是 1953 年引进的,是废除有价证券转让所得税后的替代税种,不同证券和不同的交易场所使用不同的税率。1999年为活跃个人股票交易,取消了有价证券交易税。取消有价证券交易税后,个人股票交易活跃,根据东京证券交易所公布的《不同投资部门股票买卖金额》的统计,个人买卖额在 1998 年 12 月间,月买卖额超过 1 万亿日元的只有 7 月一个月,1999 年 3 月到 12 月间,买卖额在 1 万亿日元以内的只有一次,其他的都超过了 2 万亿日元,12月达到了 5 万亿日元。个人交易的活跃带来了股票利得税的增加,1999 年达到 4300 亿日元,超过了 1998 年股票利得税和有价证券交易税之和。

登记许可税是基于登记许可税法,对于登记、登录、特许、许可、认可、认定、制定及技能证明等征收的流转税,课税范围包括不动产权利的登记,船舶、飞机的登记,资格认定和证明等,税收归属于国税。对于不动产权利登记的税基是固定资产征税台账上的价格,2012 年税率是 15‰,2013 年税率提升到 20‰,对于土地以外的不动产,2006 年以后是 20‰,对于所有权保存登记和抵押权的登记,税率为 4‰,对于权利变更、抵押权取消等的登记,每一项不动产缴纳定额 1000 日元的登记许可税。

印花税是基于 1967 年制定的印花税法,对于一定的文书课税的税收,税收归属于国税。包括不动产等的转让合同、土地租赁等的合同、消费信贷合同、各种收益证券等文书,税率根据文书中所列价格确定,对于没有明确标价的文书,执行 200 日元的定额印花税。

（二）　财产保有税

在日本现行的财产保有税体系中,只有固定资产税、城市规划税、事业所税,以前还包括富裕税、地价税和特别土地保有税。

固定资产税是将土地、房屋及折旧资产作为课税对象,由市町村征收的地方税收。固定资产税是由课税标准和税率决定税收负担,课税标准是指市町村固定资产账户中登记的固定资产评估额。评估每三年进行一次。固定资产税率一般为课税标准的 1.4%。

城市规划税是基于地方税法,由市町村对属于该区域内的土地和建设物征收的税收。为筹集城市建设资金,日本在第二次世界大战之前就征收了城市规划税,"夏普劝告"一度被废除,1956 年再次作为目的税引入,税基是固定资产税的评估值,当初税率为 0.2%,1978 年提升到 0.3%。

事业所税是 1975 年征收的目的税,是对一定规模以上从事事业活动的业主征收的税收,主要为城市环境改造和完善而筹集资金,有两种征收方式,一是根据业主使用面积征收,二是根据从业人员的工资总额征收,东京都在 23 个城区内作为特例征收。此外,武藏野市、三鹰市、八王子市、町田市也征收事业所税。

在夏普税制的影响下,日本曾于 1950 年征收富裕税,这是对土地、股票等未实现的资本收益课税,而且对持有者的纯资产实施 4 档累进课税,对于超过 500 万日元的纯资产征收 0.5% 的税收,对于超过 5000 万日元的纯资产征收 3% 的税收。但在 1953 年税制改革中,取消了富裕税。

地价税是对拥有一定土地的个人或法人征收的税收,这是 1991 年基于地价税法而引入的,目的是为了阻止 20 世纪 80 年代中期开始的土地价格飙升、抑制土地的投机行为,对于超过 1000 平方米的住宅用地,在定额扣除后缴纳 0.15% 的地价税。1996 年之前定额扣除为 10 亿或 15 亿日元,1997 年后定额扣除为 5 亿日元、8 亿日元或 10 亿日元,1998 年废除地价税。

特别土地保有税是根据 1950 年制定的地方税法,由土地所在的市町村对土地所有者或取得者征收的税收,一般是在取得土地的十年内征税,很多城市设定了免征点,如对于不满 2000 平方米的土地一般免征该税收。2003 年取消了特别土地保有税。

(三) 财产所得税

财产所得税是对土地、股票等的让渡性收益课税和利息、分红等持有金融资产产生的收益课税,也称为财产收益税。具体内容将在第四章分析,这里简单介绍上述税收制度的演变过程。

关于土地转让收益课税,美国和英国是在综合所得税中统一征收,德国除投机性买卖之外采取非课税制度,日本在 1950 年基于夏普税制的改革,将土地转让收益和有价证券销售收益加总到总收入中,实施综合所得税制度。1953 年取消了有价证券收益税,对土地转让收益也采取了弱化的政策,增加了 15 万日元的扣除,扣除后的 50%作为纳税税基。现行的土地转让所得税是对于家庭持有年限超过 5 年的长期转让所得,对于扣除 100 万日元后收入低于 4000 万日元以下的部分,征收 25%的所得税,超过 4000 万日元的执行 30%的所得税。对于持有年限在 5 年以下的转让所得,扣除购买成本后执行 40%的所得税率。对于法人的土地转让收益,分为 5 年以上的长期持有、5 年以下的短期持有及 2 年以下的超短期持有三类,税率分别为 10%、20%和 30%。

关于股票转让利得税,1947 年从免税到一般转让所得合并执行综合缴纳所得税制度,之后在夏普税制中,有价证券转让收益纳入综合所得税,对于法人的留存收益征收 1%的公积金利息附加税,1953 年废除了公积金利息附加税,有价证券转让所得原则上免税,这是有助于资本积累和促进企业利润留存的税制改革。1989 年恢复了转让课税制度,可以选择申报分类纳税,税率为 26%(其中所得税20%,居民税 6%),也可以选择源泉分类纳税,税率为 20%。2001年,对于持有一年以上股票的交易所得,可以有 100 万日元的特别扣除,2003 年实施申报分类纳税制度,税率为 20%(其中所得税 15%,居民税 5%),2005—2007 年降低税率至 10%(其中所得税 7%,居民税 3%)。

关于利息课税,从奖励储蓄的角度出发,1953 年采取了分类征税方式,执行 10% 的税率,1955 年和 1956 年执行了两年的免税,1965 年恢复到 10%,1967 年再次提高到 15%,直到 1977 年提高到20%。1988 年再次明确了分类课税方式,废除了小额储蓄免税制度,取而代之的是老人等小额储蓄免税制度,2002 年改为残疾人小额储蓄免税制度。

关于分红课税,1947 年以来基本采取综合课税方式,当时实施源泉征收方式或代扣代缴方式,税率在 5%—20% 之间,1971 年提高到 20%。现行的分红课税是对于上市公司等的分红,可以选择源泉征收方式,税率为 20%,也可以选择综合课税,有一定的分红扣除,按照收入等级缴纳所得税,对于非上市公司的分红,采取综合课税方式,对于支付分红在 10 万日元以下的,执行源泉征收方式,税率为 20%。

二、泡沫经济崩溃后日本财产税结构

由于日本财产税分别进入国税和地方税,没有一个完整的财产税统计数据。国税是由日本国税厅发布统计数据;关于地方税,是在总务省"地方行政财政"下设"地方税制度"中公布详细的地方税税种的收入变动情况。表 1-4 是基于松井吉三的资料对日本 1993 年财产税的分布情况进行了整理,形成一个完整的包括财产取得、保有和所得的统计或估计的信息,可以充分反映日本泡沫经济时期的财产税状况。

表 1-4　1993 年日本财产课税结构　　（单位:亿日元）

主要税种及税目		国税	地方税	与土地相关税额
1	财产取得税	50363	6140	
	遗产税	29377		22855
	印花税	15991		1364
	有价证券交易税	4995		
	不动产取得税(都道府县税)		6140	6140
2	财产保有税	6053	107714	
	地价税	6053		6035
	固定资产税(土地房屋)		75305	75305
	固定资产税(折旧财产)		15921	
	城市规划税		11698	11698
	特别土地保有税		1472	1472
	事业所税		3318	
3	财产所得税	31025	12769	
	源泉利息所得税和地方税	34777	7622	
	源泉分红所得税及地方税	8534	413	
	股票等转让所得税(源泉征收)	1935		
	股票等转让所得税(申报分类)	920	276	
	短期土地转让所得税	289	87	376
	长期土地转让所得税	14570	4371	18941

注:a.财产取得税、财产保有税和利息及分红的源泉所得税额来源于大藏省《金融财政统计月报》
　　第 156 号、17、6、1 的第 96 页;
　b.土地、股票等的税收额是根据笹冈浩著《平成 6 年度市町村的课税状况》(地方税)1995 年 6
　　月号的市町村课税业绩中推算出的国税和县税税额。
资料来源:www.sinfonia.or.jp/~matsui/shuyozei.htm。

　　第一,如果按照广义财产税概念,国税与地方税的比例为 48:
52。在日本的财产税统计中,一般是只统计遗产税、不动产取得税、
固定资产税、城市规划税、事业所税等,称为狭义财产税,而广义财产
税是在狭义财产税基础上,还包括从所得税中分离出来的利息、分红
和财产转让所得税。从狭义财产税的角度来说,基于 2012 年决算额

计算的国税和地方税的比例为 19.7∶80.3,其中在地方税比例中,
道府县税和市町村的比例分别为 2.8% 和 77.5%。① 而从广义财产
税的角度来看,国税和地方税几乎平分天下。实际上,在财产取得、
保有和转让的三个环节中,只有保有阶段的税收完全属于地方税,而
且日本财产取得税中的遗产税和源泉征收的分红和利息所得税、股
票等转让所得税均是进入日本国税,因此提升了国税在广义财产税
收入中的比重。

第二,财产保有阶段的税收基本属于地方税,主要是固定资产税
(土地房屋和折旧资产之和)和城市规划税,二者占全部财产税的比
重分别为 37% 和 5%。因此,财产税也成为地方政府提供公共服务
的主要财源。

第三,日本财产税主要是针对不动产征收。在 1993 年全部财产
税中,与土地相关的财产税收入达到 14.4 万亿日元,占比达到 59%。
这充分反映了日本在泡沫经济之前或过程中重视不动产税收而轻视
金融证券课税的现象。

三、日本主要财产税收入的变化历程

由于日本财产税分别进入中央财政、都道府县财政和市町村财
政,本部分从财产税的归属角度分析财产税收入的变化历程。

(一) 日本国税中的财产税

1. 日本国税统计中的财产税

如前所述,日本没有一个完整的财产税统计数据,表 1-5 从日
本国税的税目统计中抽取了主要财产税收入数据,包括遗产税、地价
税、交易所税、有价证券交易税、印花税等,据此可以明确财产税在国
税中的变化轨迹。

---

① 见日本总务省网站:http://www.soumu.go.jp/main_content/000309879.pdf。

表 1-5　日本国税统计中的财产税　　（单位:亿日元,%）

		遗产税	地价税	交易所税	有价证券交易税	印花税
1955 年	金额	56	—	2	8	233
	比例	0.6	—	0.0	0.1	2.5
1965 年	金额	440	—	25	82	827
	比例	1.3	—	0.1	0.3	2.5
1975 年	金额	3104	—	97	668	4798
	比例	2.1	—	0.1	0.5	3.3
1985 年	金额	10613	—	111	6709	14126
	比例	2.7	—	0.0	1.7	3.6
1995 年	金额	26903	4063	438	4791	19413
	比例	4.9	0.7	0.1	0.9	3.5
2005 年	金额	15657	2	—	0	11688
	比例	3.0	0.0	—	0.0	2.2
2010 年	金额	12504	1	—	—	10240
	比例	2.9	0.0	—	—	2.3
2012 年	金额	14300	—	—	—	10320
	比例	3.2	—	—	—	2.3

资料来源:根据日本国税厅统计数据整理而成。

　　从上表可以看出,日本国税中的财产税呈现以下特征:

　　第一,国税中的财产税在战后经历了一个不断上升的过程,1995 年达到顶峰,之后基本保持稳定。1955 年日本国税中财产税比重仅占 3.2%,1985 年占比达到 8%,到 1995 年达到 10.1%,这是由于地价税的开征、遗产税和印花税的快速增加提升了财产税在国税中的地位。之后,财产税的占比开始下降,进入新世纪以来,随着地价税、交易所税、有价证券交易税的停征,财产税的占比维持在 5% 左右。

第二,遗产税成为日本国税中财产税的最大税源。战后到 20 世纪 90 年代中期之前,日本遗产税收入额和占比都处于上升趋势,如遗产税收入在 1955 年仅为 56 亿日元,在国税中的比重仅占 0.6%,1965 年遗产税额快速增加到 440 亿日元,占比也提升到 1.3%,1975 年,遗产税收入比 1965 年增长了 6 倍,达到 3104 亿日元,之后进入平稳增长阶段,到 1995 年遗产税收入达到 26903 亿日元,占比也达到创纪录的 4.9%。进入新世纪以来,遗产税收入和占比进入缓慢下降阶段,2005 年占比为 3%,2010 年降为 2.9%,而 2012 年遗产税收入再次出现回升态势,税收收入达到 14300 亿日元,占比也提升到 3.2%。

第三,印花税是日本国税中财产税的稳定税种。战后以来,印花税一直是国税中的重要财产税税源。1955 年,印花税收入为 233 亿日元,占到当年国税中财产税收入的 78%,在 20 世纪 80 年代中期之前,印花税收入基本处于稳步提升阶段。伴随着日本泡沫经济的形成,印花税的收入快速增加,1985 年印花税收入达到 14126 亿日元,占比提高到 3.6%,随着泡沫经济的崩溃,印花税的收入开始下降,1995 年占比下降到 3.5%,进入 21 世纪以来,占比基本维持在 2.3% 左右。

2. 日本所得税中的财产所得税

在日本所得税规模中,排在第一位的是工资所得税,第二位的是其他申报所得,包括分红所得、不动产所得、山林所得、股票等转让所得、一次性所得等,第三位的是利息所得。

在日本,利息所得税、分红所得税和股票等的转让所得税采取源泉征收或申报征收的方式。表 1-6 是从日本所得税统计中选取了 1980 年以来利息所得、分红所得和股票等转让所得的税收额及其在源泉所得税中的比重变化情况。

表 1-6　日本源泉所得税中的财产所得税额及其比重变化轨迹

（单位：亿日元，%）

区分	利息所得			分红所得			转让所得			财产所得税比重 (a+b+c/d)	源泉所得税总额(d)
	税收额(a)	占源泉所得税比重	占财产所得税比重	税收额(b)	占源泉所得税比重	占财产所得税比重	税收额(c)	占源泉所得税比重	占财产所得税比重		
1980	13737.14	16.3	73.96	4835.99	5.7	26.04	0	0	0	22.0	84343.24
1985	18842.05	15.0	74.98	6288.03	5.0	25.02	0	0	0	20.1	125305.38
1990	48915.51	25.5	75.64	11088.86	5.8	17.15	4662.29	2.4	7.21	33.7	192047.78
1995	30782.29	18.0	76.58	7733.82	4.5	19.24	1677.62	1.0	4.17	23.5	171372.41
2000	31615.55	19.2	69.24	10188	6.2	22.31	3854.6	2.3	8.44	27.7	164972.01
2005	6150.73	4.0	18.77	24069.81	15.7	73.46	2546.72	1.7	7.77	21.4	153308.60
2010	5482.31	4.4	24.52	16410.5	13.2	73.39	468.17	0.4	2.09	18.0	124164.32
2011	4679.25	3.6	21.50	16700.59	13.0	76.72	388.95	0.3	1.79	16.9	128590.28

资料来源：日本国税厅统计资料，见 http://www.nta.go.jp/kohyo/tokei/kokuzeicho/jikeiretsu/01.htm。

从上表可以看出，源泉征收中的财产所得税在 20 世纪 80 年代以来表现出以下特征：

第一，80 年代以来，源泉所得税额在 90 年代之前出现快速增长，但源泉所得税中的比重变化不大。如表 1-6 所示，1980 年日本的源泉所得税达到 84343.24 亿日元，1990 年升至 192047.78 亿日元，此后开始下降，2010 年一度降至 124164.32 亿日元，相当于 1985 年的水平。但源泉所得税中财产税的比重相对稳定，除 1990 年达到创纪录的 33.7%，其他年份均在 16% 到 28% 之间。

第二，利息所得税经历了 80 年代以来的迅速上升，进入 21 世纪以来，利息所得税额和比重均出现了快速下降的现象。80 年代，日本利息所得税基本稳定，占比在六分之一左右，1990 年占比曾高达四分之一，进入 21 世纪以来，利息所得税收入急剧下降，2000 年占比约五分之一，到 2005 年急剧下降到 4%。

利息所得税下降的原因不是利息所得税制度的改革，在 1987 年之后没有显著的利息所得税改革措施,其原因在于日本金融资产结构变化。众所周知,日本家庭有较强的风险厌恶意识,对于存款或信托等安全资产具有很强的偏好,1946 年第二次世界大战结束时,日本家庭以存款和定期存款形式保有的金融资产比重一度超过 70%,到 20 世纪 80 年代之前该比例一直维持在 70% 左右,即使在 80 年代泡沫经济膨胀之时,家庭安全资产的比重还是高达 62%,在法人企业的金融资产中,各类存款的比重更高,60 年代后半期曾高达 78.5%,泡沫经济最高峰时还高达 64%。① 但进入 21 世纪以来,家庭金融资产中各类存款的比重出现了很大变化,如图 1-5 所示,各类存款在家庭金融资产中的比重从 21 世纪初的 55% 左右降至 2007 年的接近 48%,2008 年后有一定提升,但直到 2012 年还是维持在

图 1-5　日本金融资产中存款及活期存款比重的变化轨迹

注:定期存款包括邮储的存款。
资料来源:根据日本银行的《现金流量表》和野村资本市场研究所统计的邮政储蓄银行的数据制成。

---

① ［日］中山片桐:《日本の家庭金融资产の选择行動》,1999 年日银调查月报 11 月号。

54%左右。另一个值得注意的现象是活期存款在各类存款中的比重增加,2000 年活期存款的比重在 18%左右,2003 年提升到 35%左右,2006 年该比重接近 40%。各类存款比重下降和活期存款比重的上升,自然会降低利息所得税的税额及其比例。

第三,分红所得税比重的变化与利息所得税正好相反,2000 年之前一直保持个位数,维持在 4%—6%之间,2000 年之后比重提高到两位数,2005 年分红所得税在源泉所得税中的比重达到 15.7%。分红所得是股东或出资者从法人处获得的分红收入,包括剩余金的分红和分配、利益的分红、基金利息和特定投资法人的投资账户的分红等。分红所得税比重的增加有两方面的原因:一是分红所得税率的不断提高,自 1965 年引进 15%的源泉分类选择课税以来,税率不断上升,1967 年提升到 20%,1973 年提升到 25%,1976 年提升到 30%,1978 年提升到 35%,至今仍保持 35%的税率。① 二是分红的增

（单位:10 亿日元）

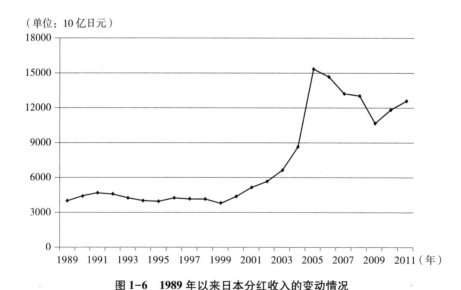

图 1-6　1989 年以来日本分红收入的变动情况

资料来源:日本国税厅,见 https://www.nta.go.jp/kohyo/tokei/kokuzeicho/tokei.htm。

---

① 数据详见表 4-3。

加,图 1-6 显示了 1989 年以来日本分红收入的变动情况。2003 年之前,日本的分红一直保持稳定增长态势,2004 年由前一年的 66000 亿日元增长到 86000 亿日元,2005 年再次增加到 153500 亿日元,之后有一定下降,但都是在 10 万亿日元以上。

（二）地方税中的财产税

日本的地方税体系包括都道府县税和市町村税两种。值得注意的是,在许多统计中,都道府县税一般表示为道府县税,不包括东京都的地方税,这是由于东京都征收了本应该由 23 个区征收的市町村税,也就意味着东京都征收的税种与普通道府县征收的财产税的税种不同,因此,东京都的财产税一般不计入地方财产税统计。

根据 2013 年总务省发布的地方财政计划书显示,当年地方财政共计 357941 亿日元,其中道府县税 156644 亿日元,占比 43.8%,市町村税收 201297 亿日元,占比 56.2%。表 1-7 是根据历年的地方财政计划书中主要财产税收入的数据制成,据此可以明晰主要财产税收入的变化轨迹。

表 1-7　地方税收中财产税收入的变化轨迹

（单位:亿日元,%）

税种		番号	1955		1965		1975		1985		1995		2005		2010		2011		2012	
			金额	比例	金额	比例	金额	比例	金额	比例	金额	比例	金额	比例	金额	比例	金额	比例	金额	比例
道府县税	利息税分成	8	—	—	—	—	—	—	—	—	9919	7.1	1774	1.2	1502	1.1	1432	1.1	1246	0.9
	分红税分成	9	—	—	—	—	—	—	—	—	—	—	786	0.5	581	0.4	544	0.4	602	0.4
	股票等转让所得分成	10	—	—	—	—	—	—	—	—	—	—	1091	0.7	200	0.1	210	0.2	197	0.1
	事业税	11	806	54.8	3299	42.2	15016	38.8	39370	38.6	44856	32.2	49142	32.3	24371	17.4	23356	17.3	24527	17.7
	不动产取得税	15	52	3.5	414	5.3	1813	4.7	4346	4.3	7876	5.7	4767	3.1	3789	2.7	3345	2.5	3265	2.4
	固定资产税（特例）	24	22	1.5	39	0.5	21	0.1	123	0.1	100	0.1	164	0.1	52	0.0	30	0.0	20	0.0
	法定外普通税其他	25	3	0.2	6	0.1	2	0.0	253	0.2	213	0.2	453	0.3	404	0.3	—	—	—	—
	汽车购置税	27	—	—	—	—	1750	4.5	3471	3.4	6112	4.4	4528	3.0	—	—	—	—	—	—
	法定外目的税其他	30	0	0.0	3	0.0	15	0.0	20	0.0	14	0.0	60	0.0	80	0.1	—	—	—	—

续表

税种		番号	1955		1965		1975		1985		1995		2005		2010		2011		2012	
			金额	比例	金额	比例	金额	比例	金额	比例	金额	比例	金额	比例	金额	比例	金额	比例	金额	比例
市町村税	固定资产税	38	1104	47.1	2773	36.1	14900	34.8	41747	31.8	83627	42.3	87547	44.7	88650	43.7	88792	44.6	84635	42.7
	土地	39	433	18.5	655	8.5	6539	15.3	17898	13.6	34892	17.7	34058	17.4	34762	17.1	34230	17.2	33677	17.0
	房屋	40	465	19.8	1210	15.8	5068	11.8	16028	12.2	32218	16.3	37651	19.2	37816	18.6	38658	19.4	35278	17.8
	折旧资产	41	206	8.8	908	11.8	3293	7.7	7821	6.0	16517	8.4	15839	8.1	16072	7.9	15904	8.0	15680	7.9
	特别土地保有税	47	—	—	—	—	1028	2.4	552	0.4	1208	0.6	43	0.0	29	0.0	19	0.0	20	0.0
	事业所税	51	—	—	—	—	152	0.4	1972	1.5	3067	1.6	2970	1.5	3295	1.6	3377	1.7	3479	1.8
	城市规划税	52	—	—	190	2.5	1955	4.6	7201	5.5	13045	6.6	12330	6.3	12555	6.2	12367	6.2	11851	6.0
	法定外目的税其他	53	3	0.1	3	0.0	3	0.0	3	0.0	2	0.0	15	0.0	18	0.0	—	—	—	—

资料来源:根据日本总务省地方税收统计数据整理而成。

1. 道府县税收中的财产税

根据日本地方财政计划书,2013 年道府县税收主要来源于个人及法人的居民税和事业税,占比超过当年税收的 25%,地方消费税排在第二位,占比 7.4%,财产税在道府县税收中主要是不动产取得税和固定资产税(特例)。固定资产税(特例)是根据《地方税法》第 349 条第 4、5 款,第 740 条和第 742 条规定,纳税义务者拥有的折旧资产价额总量超过一定限度的情况下,超出部分由都道府县来征收相应的固定资产税。由于数额小、比重低,这里仅分析不动产取得税在道府县财政中的作用。

道府县的不动产取得税是在取得不动产,或者新建、改建或增建不动产时征收的税收,这里的不动产并不区分有偿或无偿,也不管登记与否,对于个人和法人的买卖、赠与、交换、建筑等环节征收的税收。纳税义务人一般是在不动产取得后 6 个月至 1 年半期间,凭据从各道府县收到的"纳税通知书",在金融机构缴纳。不动产取得税的税基是固定资产评估额,标准税率是 4%,存在一些特例,如在现阶段,2015 年 3 月 31 日之前,对于土地及住宅执行 3%的优惠税率,住宅以外的房屋仍维持 4%的税率。对于 10 万日元以下的土地、23万日元以下的新建、改建或增建不动产、12 万日元以下的其他买卖交易等可以免征不动产取得税。此外,其税前扣除额不断提高,变化轨迹如下:1954—1963 年,100 万日元;1964—1972 年,150 万日元;1973—1975 年,230 万日元;1976—1981 年,350 万日元;1981—1985年,420 万日元;1985—1989 年,450 万日元;1989—1997 年,1000 万日元;1997 年之后扣除额为 1200 万日元。从扣除额的变化轨迹看,泡沫经济时期的出发点是基于房地产价格的增加,意在降低不动产取得税的税收负担,而泡沫经济崩溃后的大幅度提升的依据是房地产价格的下降,也是降低经济长期萧条时期不动产取得税的税收负担。

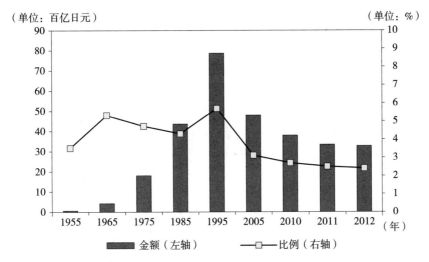

（单位：百亿日元）　　　　　　　　　　　　　　　　（单位：%）

图 1-7 日本不动产取得税在地方税中的金额和比例变化轨迹

资料来源:根据表 1-7 制成。

从图 1-7 和表 1-7 可以看出,在 1955—1965 年的 10 年间,日本不动产取得税由 1955 年的 52 亿日元迅速增长到 1965 年的 414 亿日元,比重也从 3.5%提升到 5.3%。1965 年之后的 20 年间,虽然不动产取得税收入在 1975 年增长到 1813 亿日元,1985 年增长到 4346亿日元,但由于日本经济起飞时期和稳定增长时期道府县税收收入的增加,该税收在道府县税收中的地位下降。20 世纪 80 年代中期开始的泡沫经济推高了房地产价格,致使不动产取得税在 1995 年达到了 7876 亿日元,比重也占到了道府县税收收入的 5.7%。泡沫经济崩溃后,一方面是房地产价格的不断降低,另一方面是该税收税前扣除额的增加,出现了税收收入和税收占比双下降的局面,进入新世纪以来,税收占比降至 3%以下,始终维持在 2.5%左右。

2. 市町村税收中的财产税

根据日本地方财政计划书,2013 年市町村税收中,排在第一位的是个人及法人的市町村居民税,占比 24.6%;排在第二位的是固定资产税,占比 23.8%;排在第三位的是城市规划税,占比 3.3%;香烟税排在第四,占比 2.7%。这里仅分析固定资产税在地方税中的金额和比例变化轨迹。

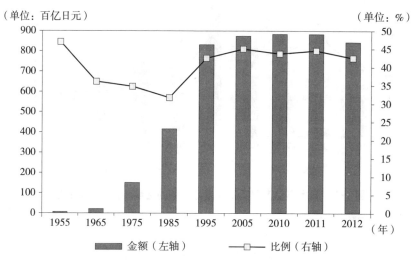

图 1-8　日本固定资产税在地方税收入中的金额和比例变化轨迹

资料来源:根据表 1-7 制成。

从图 1-8 和表 1-7 可以看出,1955 年日本的固定资产税收入为 1104 亿日元,占地方税的比重达 47.1%。此后,在 1965—1985 年的

20 年间,虽然固定资产税收入由 1965 年的 2773 亿日元迅速增长到
1985 年的 41747 亿日元,但税收占比一直呈下降趋势,到 1985 年,固
定资产税占比降低到 31.8%,为图 1-8 中的最低点。1995 年,日本
固定资产税收入为 83267 亿日元,占比再次上升到 42.3%。2005—
2011 年期间,固定资产税收入稳步增长,占比一直维持在 40% 以上。
与前一年相比,2012 年日本的固定资产税收入为 84635 亿日元,税
收占比为 42.7%,有小幅下降。从以上分析可以看出,虽然日本固
定资产税的地位有所下降,但仍是地方税中的主要税种,关于固定资
产税的详细分析将在第二章展开。

第三节　少子高龄化时代日本的财产税改革趋势

日本少子高龄化带来的劳动人口的减少和储蓄率的降低阻碍了
经济增长率的提升,影响了日本的税收结构和税收规模。21 世纪以
来数次重大税制改革方案,勾勒了少子高龄化时代税制改革的思路,
增税已经成为日本财产税改革的主旋律。

一、21 世纪以来日本的重大税制改革思路

(一) 2003 年日本税制调查会报告

政府税制调查会是内阁府的审议机构之一,接受内阁总理大臣
的委托,调查和审议有关税收制度的基本事项,法律依据是内阁府组
织令第 31 条和 33 条。与政府税制调查会并存的还有政党的税制调
查会,在自民党执政时期,自民党的税制调查会报告在每年度的税制
改革中发挥重大作用。

2003 年,以日本一桥大学校长石泓光为会长的政府税制调查
会,基于小泉内阁总理的委托,从长远的角度研究少子高龄化时代日
本税制改革的思路,2003 年 6 月,出台了《少子高龄化社会日本税制

的应有态势》。改革的出发点有两个:一是日本经济正面临严重的人口老龄化;二是不断增加的政府财政赤字。

少子高龄化增加了社会保障的需求。日本在21世纪迎来了少子高龄化时代。1975年,65岁以上人口与劳动人口(20岁到64岁)的比例为1:7.7,2000年为1:6,到2025年将提升到1:1.9,这意味着平均1.9个劳动人口就要赡养一个老人,这在OECD国家中是老龄化程度最高的。显然,老年人口比例的增长将增大医疗体系和护理等的需求,相应增加非老年人口的社会保障负担。

20世纪90年代以来日本财政赤字有增无减。泡沫经济崩溃后,日本长期采取了刺激经济的扩张性财政政策,致使财政赤字迅速增加。1991年,日本中央政府的财政支出为70.5万亿日元,税收收入为59.8万亿日元,国债发行量为6.7万亿日元。到2002年,中央政府的财政支出增加到81.2万亿日元,税收收入下降到46.8万亿日元,国债发行量增加到30万亿日元。2002年国债发行量比1991年增长了3.5倍,而税收下降了21.7%,2002年中央政府的财政收入与税收的差额已经达到34.4万亿日元。由于税收收入的下降和国债发行的增加,日本政府债务占GDP的比重经历了持续上升(见图1-9),20世纪80年代仅为50%,还是资本主义世界的"优等生",90年代中期超过100%,2010年超过200%,2013年达到244%。

基于上述社会经济状况,日本政府税制调查会认为,人口结构的变化已经对经济社会产生了重大影响,出于对社会保障负担增加的担心,很多人对于少子高龄化社会表现出了极大的忧虑,为此,税制调查会在调查报告中提出了以下三个思路:

第一,建立让国民安心的税制。高龄化所带来的社会保障等的公共服务负担的增加是不可避免的,在国家和地方财政状况极为紧张的条件下,为消除国民的担忧,必须完善和加固社会保障制度,构建一个未来可持续的社会保障制度和财政制度,这是少子高龄化社

（单位：%）

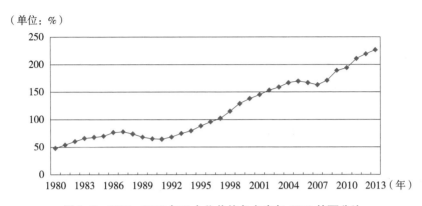

图 1-9　1980—2013 年日本公共债务占当年 GDP 的百分比

资料来源：根据 EIU 数据库中 1980—2013 年日本公共债务和 GDP 相关数据整理而成。

会中不可或缺的安全网体系，既要考虑社会保障支出方面的彻底改革，还要在税制方面综合考虑所得税、消费税和财产税之间的协调，建立适应少子高龄化时代社会保障服务需求增加大背景下的收入结构体系。

第二，构建年轻人和高龄者共同支撑的税制。传统的日本税制体系是年轻人支撑的税制，对于老年人采取了种种优惠措施降低税负。而新世纪以来，日本的老龄者积极参与经济社会活动，以多种方式在经济社会中发挥着不逊于年轻人的作用。事实上，日本年轻人在经济长期萧条的背景下面临着严重的失业和收入降低的风险，而老年人的收入相对稳定。因此，在税收负担方面，应该改变过去单一以年龄为标准的税收优惠政策，建立以能力和贡献为标准的税制体系，实现代际之间的公平。

第三，建立善于激发个人和企业活力的税制。在高龄化和成熟化的经济社会中，激发个人和企业潜在活力至关重要，为此，需要让有能力和有欲望的老年人及女性劳动者积极参与社会经济活动。在税制方面，要建立中立和简洁的税制体系，具体到税种上，发挥个人所得税的基础税收作用，同时提高消费税的地位。

（二）2007 年日本税制调查会报告

2007 年 11 月，以伊藤元重为会长的税制调查会出台了《彻底税制改革的基本思考》，从中长期的角度勾画了税制改革的思路。改革的出发点之一还是少子高龄化的现实，随着战后出身的"团块一族"①相继进入退休阶段并开始领取退休年金，而出生率持续降低，2004 年日本人口总量达到顶峰后开始下降。另一个出发点是全球化的进展，全球化扩大了世界市场的范围，人力和资本不断跨越国境在全球范围流动，企业面临的竞争更加激烈，资产的积累、资产效率的提高和资产价格的变化对经济社会的影响在加大。因此，需要构筑一个能够发挥城市和地方、大企业和中小企业活力的税制体系。基本思路包括三个方面：

第一，与 2003 年税制调查会的思路相同，仍是建立让国民安心的税制。2007 年预算中，社会保障支出为 93.6 万亿日元，其中社会保险费收入为 55.4 万亿日元，财政资金 30.1 万亿日元（国库负担 21.9 万亿日元，地方负担 8.2 万亿日元）。② 为建立让国民安心的税制，提出要大幅度提高财政资金在社会保障支出中的比重，由现行的三分之一提高到二分之一，使之成为社会保障体系中稳定的收入来源，同时，努力探讨社会保障支出合理化和高效化的途径，实现社会保障制度的可持续发展。

第二，建立促进经济社会发展和地方活力的税制。经济社会活力和财政健全化是经济财政运营的两个车轮，二者缺一不可。经济社会活力在全球化背景下显得更加重要，此前，日本已经采取了一些应对全球化战略的税收政策，如在税率上，降低法人实际有效税率，

---

① 日本战后第一次生育高峰出生的一批人，人口超过 800 万人，具有相似的进取精神、价值取向和合作意向。

② 日本税制调查会报告：抜本的な税制改革に向けた基本的な考え方税制，平成 19 年 11 月，第 4 页。

在税制上,推行促进企业重组的税制,在税制优惠方面,采取促进企业研究开发和创新的税制改革等。但上述改革没有考虑个人和企业的实际状况,如伴随个人生活方式的多样化,在个人所得税的设计中,应该建立一个中立的、不妨碍个人生活方式选择的税制体系。高龄化的进展对日本的储蓄和投资活动产生了很大影响,储蓄率的降低和家庭金融资产中风险资产比重的提高①,会改变日本的金融证券课税结构,从这个角度来说,应该推进金融所得课税的一体化。为激发企业活力,应该采取一些促进企业提高生产率的税收优惠,如对尖端技术的开发、支撑日本未来产业和技术的培育项目,改善"天使税制"②,对风险投资企业提供税收优惠等措施。由于各个地方公共团体存在较大的财政收入差距,必须纠正地方之间税源分配的不均衡现象,为此需要切实推进和强化地方税制的改革。

第三,建立国民和纳税者信赖的公正税制。公正的税制就是站在国民和纳税者角度的简洁和便利的税制,消除各种不必要的烦琐手续,提高缴税效率。

(三)2011年日本工会联合总会提出的《第三次税制改革基本大纲》

日本工会联合总会迄今为止出台了三个税制改革基本大纲:第一次是1994年,中心议题是从劳动者的角度纠正税制的不公平;第二次是2003年,探讨中长期的税制改革思路;第三次是2011年,出台了两个纲领性文件,即《新21世纪社会保障展望》和《第三次税制改革基本大纲》,这是针对日本社会经济所面临的少子高龄化的加重、经济的长期衰退、正式就业人员的减少、贫富差距的扩大等一系

---

① 详见图1-10和图1-11。根据过去10年间日本不同年龄层家庭持有风险资产和安全资产的比例变化,可以推断未来20年日本的风险资产持有率将提高10%,安全资产持有率降低5%。

② 天使税制也称"风险企业投资促进税制",是激励风险投资行为的政策之一。

列问题而提出的对策。要克服上述问题,需要推进"积极的就业政策"和"积极的社会保障政策",需要有一个稳定的财源,通过再分配机能的强化,实现中产阶级的再生和经济社会的良性循环。为此,工会提出了社会保障与税收的一体化改革,"建立以劳动为核心的稳定社会",支撑稳定社会的是"社会保障与税制的一体化改革"。

工会联合会提出改革思路的原因在于国民对未来的担忧。根据日本联合会2010年12月的调查,在受访者中,回答对现在和将来生活感到不安的受访者达到93%。主要原因在于日本就业结构的变化和收入所得的降低。日本的经济增长是建立在稳定的就业基础上的,泡沫经济崩溃后,企业强化了股东利益优先战略,为了确保企业的短期利益,不断压缩人工费(包括工资、津贴等),降低正式用工的比例,增大非正式用工的比例,目前,非正式用工的比例已经占到就业者的三分之一;日本平均工资所得在1997年达到顶峰后开始下降,年收入200万日元以下的贫困劳动者已经超过了1000万人,支撑日本社会的中间层出现了两极分化,差距的扩大和贫困的加重,增加了日本社会的不安和忧虑。

以劳动为核心的稳定社会是指任何人都可以在公平的劳动环境下以多样化形式参与经济活动,构建相互支撑和提携的参与型社会。实现这一目标的手段就是社会保障和税收的一体化。具体来说,改变现行的财源和社会资源等集中在人生后半期的社会保障制度,建立"全社会共享的社会保障体系",让年轻人能够享受到育儿体系和就业支持的优惠。在税制上,建立所得税、财产税和消费税的均衡体系,而不仅仅是片面强化消费税的作用;建立以所得税为核心的收入再分配体系;构筑稳定的地方税体系,强化地方分权,充实地方社会保障体系。

在税制体系上,建立公平、连带和可接受的税制体系。公平,即维持社会运行的经费应该由全民负担,通过税收和社会保障实现收入再分配,缩小社会的贫富差距;连带,是指在少子高龄化时代,不只是年轻人,老年人也是支撑现行社会保障的重要力量,理想的税制是既要考虑到不同年龄层之间的公平,同时实现水平的公平;可接受,是指国民既要纳税,也要明白税收的用途,因此应该建立一个国民容易理解的税制,并让国民感到纳税有助于社会福祉的提升。具体的税制改革包括7个方面:一是建立让纳税者容易理解的税制;二是协同税制与社会保障,强化收入再分配机能;三是建立符合少子高龄化特征的税制;四是进行与地方分权相协调的地方财政改革;五是建立经济与环境相互协调的税制;六是建立适应经济全球化的税制;七是建立经济增长和可持续发展并存的税制。

二、少子高龄化时代日本财产税改革措施

(一) 遗产税和赠与税改革

20世纪80年代后期开始的泡沫经济带来的地价上涨,使遗产税的课税件数大幅度上升,增大了中间收入阶层的税收负担,改革的措施就是提高课税的免征点,减少课税件数。但在泡沫经济崩溃后的地价下降时期,并没有相应下调免征点,致使只有很小的一部分家庭需要缴纳遗产税。随着少子高龄化的进展,遗产数量会不断增加,如果不改变现行税制,可能会带来财富差距的扩大,要纠正这种差距,必须改革遗产税和赠与税,即在存量上争取实现平等,在流量上强化竞争,发挥整个社会的活力。

关于日本遗产税和赠与税的具体内容,本书将在第六章进行分析,这里只分析少子高龄化时代遗产税和赠与税改革的原因及其改革措施。

遗产税和赠与税改革在日本一直是一个非常敏感的问题,长期以来也是税制调查会进行的咨询、中期答辩[①]和报告中始终关注的问题,近年来涉及的文件包括2000年的《日本税制的现状与课

---

① 中期答辩是税制调查会进行的三年一次的为首相准备的有关税收制度的国会答辩材料。

题——21 世纪国民的参与与选择》,2002 年的《构建理想税制的基本方针》,2003 年的《税制改革答辩——面向理想税制》和《少子高龄化社会日本税制的应有态势》,2007 年的《彻底税制改革的基本思考》,2008 年度税制改革纲要,2009 年税制改革答辩,2008 年制定、2009 年部分修订的《中期计划》,2010 年税制改革大纲,2012 年税制改革大纲,2012 年民主党、自民党和公明党形成的《税制问题协议结果》等。由于很多文件中都涉及遗产税和赠与税问题,因此将遗产税和赠与税改革的背景、方向和改革措施归入表 1-8。

表 1-8 历次税制调查会中的遗产税和赠与税改革内容

经济社会结构等的背景	改革方向	改革措施
少子高龄化与人口减少 ——继承人高龄化,难以形成资本积累 ——继承取得的资产额在增加	发挥遗产税和赠与税的资产再分配功能	扩大税基
经济的存量化 ——高龄者持有金融资产增加 ——高龄者纳税能力的稳定	将继承财产的一部分回馈社会	扩大税基
充实公共社会保障体系,推行赡养的社会化	继承财产的社会化,意味着将部分资产回馈社会	扩大税基
限制"富二代"财富积累,防止收入差距的扩大化	发挥财产再分配效果	扩大税基; 调整税率结构; 防止收入差距的扩大
建立稳定的财政收入体系	发挥遗产税和赠与税的收入筹措功能	扩大税基
消费扩大与刺激经济活力	促进财产在不同年龄间转移; 税制设计不应该影响财产转移的时机选择; 促进地区经济活力,对增加就业机会的中小企业采取一定优惠措施	实现遗产税和赠与税的一体化; 强化遗产税促进消费; 鼓励中小企业的事业继承税制

资料来源:税制调查会:《わが国税制の现状と课题— 21 世纪に向けた国民の参加と选择—》,2000 年,见 http://www.cao.go.jp/zeicho/tosin/zeichof/zeicho.html。

从表1-8可以看出日本遗产税和赠与税改革的基本思路：

第一，社会经济环境的变化成为遗产税和赠与税改革的背景。在涉及社会经济环境变化中，几乎所有文件均提到的第一个问题几乎都是日本社会高龄化的进展，高龄人口的增加增大了社会保障需求，已经非常严峻的财政赤字难以满足社会保障支出的迅速增长，同时，高龄人去世后，继承人也已经进入老龄化，继承资产难以进行新的投资或形成新的产业，因此，遗产税和赠与税的增税已经不可避免；第二个问题是日本金融资产的分布结构，根据5年一次的全国消费调查，2009年全部家庭的金融资产总额为699万亿日元，其中428万亿日元，占比61.3%的资产集中在60岁以上的家庭。[①] 高龄者的金融资产增加的同时，高龄者的纳税能力也在不断加强，而年轻人受日本经济长期萧条的影响，失业增加或收入增长的缓慢已经严重影响到年轻人的纳税能力，因此需要构建一个不同年龄层共同支撑财源的税制体系，因此，增加遗产税和赠与税势在必行。

第二，改革的方向是发挥遗产税和赠与税的财产再分配、筹集财政收入功能。遗产税和赠与税的一个主要功能是调节收入分配功能。随着泡沫经济时期和泡沫经济崩溃初期的地价高企，日本采取了多次缓和遗产税和赠与税措施，1987年、1992年和1994年连续三次提高基础扣除额、降低税率。随着日本地价的不断降低，2012年的地价水平已经降至1958年之前的水平，这极大降低了日本土地资产的价值，致使很小一部分人需要缴纳遗产税。如根据国税厅的统计，在2011年去世的125万人中，只有51409人缴纳了遗产税，占死亡人数的4.1%，基本丧失了遗产税的财产再分配功能。在近年的日本税制改革中，所得税减税和消费税增税已经成为改革的重心，由于消费税增税的巨大

---

① 总务省网站：http://www.e-stat.go.jp/SG1/estat/List.do? bid = 000001028139&cy code=0。

负作用,在筹集财政资金中的作用难以持续,需要通过财产税改革,特别是遗产税和赠与税的改革,提升其筹集财政收入的地位。

第三,扩大税基,提高税率。几乎所有文件中都提到扩大税基和提高税率问题,即降低遗产税和赠与税的基础扣除额,提高遗产税和赠与税税率。同时,为促使高龄者尽早将财产转移到下一代,应该降低赠与税,实现遗产税和赠与税的一体化改革。

(二) 固定资产税存在的问题及改革趋势

第一,现行的固定资产评估不适应老龄化时代的特点。日本现行的固定资产评估体系形成于 1994 年,这是基于日本《土地基本法》而制定的,明确固定资产评估额为公示价格①的 70%。这是由于在泡沫经济时期,日本的土地价格、土地评估值和课税标准之间存在巨大差距,土地价格远远高于后两者,为了改变这一现象,出台了评估价格为公示价格 70% 的规定。随着泡沫经济崩溃后日本地价的不断降低,1997 年引进了负担调整机制,确定了负担水平,即以上年度的课税标准/当年度的评估额作为负担水平,据此判断当年的评估额与上年度课税标准的差距,对于负担水平低的土地缓慢提高课税标准,对于负担水平高的土地适度降低课税标准,另外,对于地价下降程度过大的地区,即使不是例行固定资产评估年份,也可以对评估额进行一定的调整。

根据现行的固定资产评估方法,各地的固定资产税收在很大程度上受地价变动的影响。据统计,在商业土地中,60% 以上土地的固定资产税负担水平在 1997—2009 年度保持了稳定或者下降,从这点来说,根据土地公示价格的一定比例确定评估价格,基本可以实现税收的公平性。但这里最大的问题是区域间地价变动差异带来的区域间固定资产税负担水平的差异。根据 1997 年、1998 年和 2010 年三个年度的负担水平情况看,在 1997 年和 1998 年度负担水平最低的

---

① 这是日本国土交通厅确定的价格,详细内容在第七章分析。

冲绳县在此期间上升最大,负担水平提高达到120%,德岛县、鸟取县、石川县、群马县、长野县等的负担水平提高均在80%—100%,而本来负担水平很高的东京都由于地价下降的幅度大,不仅没有出现负担水平的降低,反而还出现了降低,1998年到2010年间,负担水平下降了4%,大阪府仅出现了20%或10%的上升。① 这是由于地价的不断降低,使土地评估值和课税标准已经非常接近公示价格,从而使日本固定资产税严重受到地价变动的影响,而作为市町村基准税收来源的固定资产税,尤其在高龄化时代满足日益增长的社会保障需求,日本地方税应该追求税收的稳定性和地域的普适性。以爱知县为例,市民人均的基准财政需求额为148400日元,假如地价水平代表固定资产税水平,居住用地地价水平最高的市町村与最低的市町村的差距为4.6倍,商业用地的差距为7.6倍,市民人均基准财政需要的差距仅为1.5倍。这意味着对于地价水平过低的市町村,过低的固定资产税收难以维持高龄化时代的财政需求。

第二,随着固定资产税缴纳者的老龄化,受高龄者现金收入流的制约,如果今后地价上升,高龄者能否承担与地价联动的固定资产税负担是一个必须要面对的问题。目前,日本老龄化人口拥有房屋的比重很高,根据2009年统计,以户主拥有房屋的年龄计算,不满30岁的拥有比例为20%,30岁的为50%,40岁的为70%,50岁的为85%,60岁以上的接近90%。高龄房主一般是早期购入的房屋,平均面积较大,资产价值也较高。根据总务省统计局的统计,日本固定资产税占不同年龄人群年收入的比重,即固定资产税的平均负担率为5.6%,不满30岁家庭的负担率为2%,60—69岁的负担率为7.9%,70岁以上的负担率为9.9%。② 从中可以看出,60岁以上高

① 前田高志:《高齢社会における固定資産税の負担構造と課題》,経済学論究,2011—03—25,64(4):21—44。见 http://hdl.handle.net/10236/8206。

② 总务省统计局:《2004年全国消费状况调查报告》。

龄者的固定资产税负担是全年龄平均的 1.4 倍,70 岁以上高龄者税收负担达到 1.8 倍。

随着高龄化的进展,高龄纳税者还会增加,这些高龄者收入是以年金为中心,而与地价联动的固定资产评估的制度安排,在地价下降的通道中还能维持,一旦地价上升,高龄纳税者会难以承担增加的固定资产税负担。这可以从高龄者的所得和收入流状况得到验证。根据总务省统计局 2004 年进行的全国消费状况调查报告,日本全部家庭的平均年收入分别为 20—24 岁:278.2 万日元;25—29 岁:400.6 万日元;30—34 岁:501 万日元;35—39 岁:599.5 万日元;40—44 岁:680.7 万日元;45—49 岁:768.7 万日元;50—54 岁:799.9 万日元;55—59 岁:770.1 万日元;60—64 岁:587.7 万日元;65—69 岁:477.6 日元;70—74 岁:443.4 万日元;75 岁以上:387.7 万日元。全年龄的年平均收入为 588.7 万日元,高龄者的收入水平随着年龄的增加而降低,65 岁以上的家庭收入低于平均收入的 20%,75 岁以上的家庭收入低于平均收入的 35%。

针对上述问题,日本政府正在探索改革路径。关于第一个问题,主要是通过地方交付税制度的改革,弥补各地方自治体财源的不足,尤其是 2003 年推行的三位一体的改革,在一定程度上解决了地方自治体的资金不足问题。关于第二个问题,学术界的研究集中在如何借鉴美国财产税改革中对老龄家庭的税收优惠措施,缓解日本老龄家庭的固定资产税负担,谨防收入流断裂或地价上升带来的固定资产税收负担增加的现象,免除老龄家庭对未来的担忧。

(三) 金融证券所得税制改革

金融证券所得税制是针对金融资产的所得征税。日本家庭的金融资产规模一直保持高位运行,而家庭金融资产中,现金和存款等的安全性资产一直占据半壁江山,曾经成为日本间接金融体制的根基和经济高速增长的源泉之一。但日本社会高龄化的进展,在一定程度上改变了日本金融资产的分布和金融资产持有模式。根据2004年日本总务省进行的《全国消费状况调查》分析,日本金融资产存量集中在老龄化人口,而老龄者金融资产选择行为正在改变着日本的金融资产持有模式。

　　图1-10显示了日本不同年龄层家庭持有金融资产的规模。日本家庭平均持有金融资产的规模为1500万日元,55岁以上日本居民的金融资产持有额超过平均规模,60岁以上家庭持有的金融资产在2000万日元左右,75岁以上居民的金融资产持有额接近2500万日元,很显然,日本的金融资产存量主要集中在高龄者手中。图1-11显示了日本不同年龄组家庭持有股票和基金规模与比例。日本家庭平均持有股票、基金等风险资产的规模为100万日元,占全部金融资产的比重为10%,60岁以上家庭持有风险资产的规模超过150万日元,65—69岁年龄段和75岁以上家庭的风险资产规模达到200万日元,持有比例达到20%。

（单位：万日元）

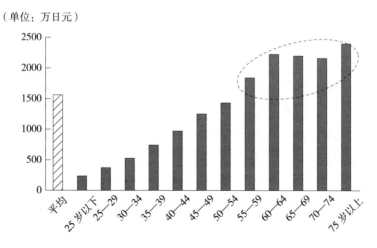

图1-10　日本不同年龄层家庭持有金融资产的规模

资料来源:日本总务省:《全国消费状况调查》,2004年。

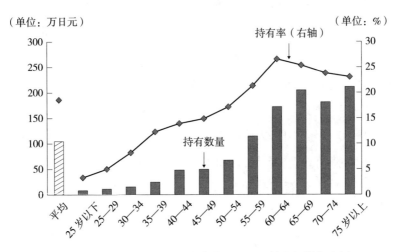

（单位：万日元）　　　　　　　　　　　　　　持有率（右轴）　　　　（单位：%）

图1-11　日本不同年龄层家庭持有股票和基金规模与比例

资料来源：日本总务省：《全国消费状况调查》，2004年。

　　日本金融资产的年龄分布和资产持有方式的改变，势必对金融证券税制产生较大影响。传统的金融证券税制包括利息所得税、分红所得税、转让所得税三种，各自执行不同的税率和不同的征缴方式。从税收规模看，正如表1-6所分析的那样，在21世纪之前，日本金融证券所得税中的主体是利息所得税，1990年利息所得税占财产所得税的比重达到75.64%，到2011年该比例降至21.5%，与此相对照的是分红所得税的迅速增加，由1990年的17.15%提高到2011年的76.72%。金融证券所得税结构的变化，既反映了金融资产分布的变化，也对金融证券所得税制改革提出了诉求，近年来提出改革的方向是金融所得一体化课税制度。

　　金融所得一体化课税是指将金融所得与劳动所得区分，在计算损益后采取分类纳税方式，执行统一的税率，既简单明了，还可以有效促进资本流动和投资，这是从传统的鼓励储蓄税制向鼓励投资税制转变的标志。

　　2004年6月，日本政府税制调查小委员会提出报告，推出了《金融所得课税一体化的基本思考》,指出改革的原因有二:一是少子高龄化的进展降低了储蓄率,如何促进金融资产的高效利用是维持经济活力的关键;二是家庭金融资产中股票和投资基金的比重提高,应该将日本金融证券税制的重心从鼓励储蓄转向鼓励投资。改革的方向是实现金融商品间课税的中立性,建立简单明了的税制体系,减轻一般投资者的投资风险。具体内容是实现课税方式的统一,均执行20%的分类纳税,包括上市公司的分红、公募基金的分红、公司债券的转让收益、外汇存款的汇率差价、类似金融所得的保险收益等,同时,扩大了计算损益的范围,包括股票让渡损益和公司债让渡损益,还包括利息所得。

正如表4-3所显示的那样,这一时期,由于日本经济和证券市场的持续低迷,日本政府多次出台证券所得和利得税的减半征收政策,直到2013年的金融所得税一体化改革中,对于众多金融商品中产生的所得执行同一的税率和纳税方式。详细内容见第四章第四节。

第二章　日本土地税制结构
及其改革历程

日本是一个面积小、人口多的国家,非常重视土地政策的作用,土地税制也相应地成为日本财产税制的重要组成部分。战后,"夏普劝告"对日本的土地税制起到了非常重要的作用,但随着经济形势的变化,日本进行了多次土地税制改革,一般在经济繁荣时期强化土地税制,在经济萧条时期弱化土地税制,纵观战后的改革,可分为三个阶段:一是泡沫经济之前强弱交替的时期,二是泡沫经济膨胀阶段强化的时期,三是长期萧条阶段的弱化阶段和新世纪的转向阶段。但由于税收政策存在种种时滞,往往政策出台时,宏观经济环境已经改变,实施效果偏离了预期。

第一节　日本土地税制形成及
现行土地税制的特征

从明治维新前后土地税的雏形,到 20 世纪 20—30 年代的发展,再到夏普税制后现代土地税收制度的形成,日本土地税制经历了长期的探索和完善,形成了税种设置合理、税负分布平衡、评价体系完善、征管系统完备的土地税制体系。

一、日本现代土地税制的形成

(一) 夏普税制之前的土地税

夏普税制之前,日本现代土地税制的形成经历了很长时间,无论是征收形式、征收比例还是对地方政府财政收入的贡献在不同时期都有不同的表现形式,在征管体系上也经历了国税向地税的转变,确立了土地登记和评估的基础。

1868 年明治维新之前,日本社会的经济基础是封建领主土地所有制,封建领主占有全部土地,农民占全部人口的 80%,但没有土地,只能按照租佃权来使用封建主的土地。农民依附于封建主,被束缚在土地上,被迫按时缴纳年贡,贡租是封建主剥削农民的主要手段,是领主控制农民的基础。贡租采用"石高制","石高"由单位土地的产量乘以土地面积计算而来,是征收贡租的基准。"石高"有表高和内高之分,表高为通过检地确定的产量,内高为土地实际的产量,与幕府相关的税额以表高为基础课征,领主对农民征税以内高为基础。具体而言,"石高制"首先根据土地面积、地形查定土地的生产能力,确定土地等级,进而确定不同区域、不同等级土地的石高,并以此为基础来征税。一般水田以实物税(大米)为主,旱地由于耕种作物较多,耕种次数不同,不便形成统一的标准,所以以货币地税为主。以村为单位将大米运至官府仓库,形成租米漕运制度,而大米在运输过程中会因天气、运输距离等原因发生损耗,征税成本相对较高,所以实物地租货币化成为趋势。[①] 由于现代土地税制形成的基本条件是土地的私有制,所以在这种条件下,是不可能形成现代土地税制的。

明治政府成立之初,在政治改革的同时,也进行了经济改革,但仍然执行以"石高制"为核心的征税制度,且各藩保留征税权力。1871 年,日本明治政府宣布废藩置县,取消了封建主对土地和农民的所有权,并于 1872 年 1 月开始发行第一批被称为"地券"的土地

---

① 刘峰:《日本明治初年地税征收制度改革研究——以大藏省租税司的施政为中心》,经济科学出版社 2014 年版,第 37—39 页。

所有权券证书,同年 2 月和 7 月又发放了第二批和第三批。凡是得到"地券"者,即成为所属土地在法律上的所有者。在承认土地私有的同时,日本开始对土地所有者征收地租税,这即是对土地征税的雏形。当时,"地券"上所记载的土地价格都是以土地所有者自己申报的价格为基础进行定价的,政府依据"地券"上的价格按 2% 征收地租税。自 1872 年 6 月起,上述比例降至 1%。明治政府对农地也发行了"地券",开始仅限于土地买卖交易。1872 年 7 月,在对全国地价进行调查的基础之上,日本修改了地券交付规则,开始普遍发行"地券"。日本政府对土地除了征收作为国税的地租外,还要征收作为地方税的土地附加税,地租税作为当时的主要税种,在国税收入中占绝对重要的比重,基本可以达到 80%①,而地租附加税的比重却不大。

1873 年 7 月,明治政府召开地方官会议,讨论土地税问题,会后发布了《地税改革条例》,该条例的主要内容是:第一,废除过去以土地收获量为标准、水田纳米等的旧税制,实行按地价的 3% 征收货币税的新税制,至此结束了实物地租形式;第二,丰年、荒年税额不变,不论土地归谁经营,一律向所有者征税。继《地税改革条例》出台后,日本政府随后又颁布了《地税改革条例细则》和《地租修改条例》。其中,《地税改革条例细则》从法律上宣告了封建主土地所有制的最后解体,新的土地税制由此开始确立。这项改革到 1876 年时完成了 60%,到 1881 年时全部完成。② 在《地租修改条例》中,日本规定市街地和郡村的地租均为地价的 2.5%,农地的价格按生产大米的收益还原法定价,地租为农地价格的 30%,作为农村宅基地的

---

① 董裕平、宣晓影:《日本的房地产税收制度与调控效应及启示》,《金融评论》2011 年第 3 期,第 105 页。

② 陈新田:《日本明治维新时期土地制度改革初探》,《赤峰学院学报》2005 年第 1 期,第 44—45 页。

郡村宅基地的地价,按农地的均价或与邻村的宅基地进行比较后确定。此后,日本政府花费了将近16年的时间对全国土地进行丈量、确权定价和建档,为以后的地租和税收的征收奠定了基础。总之,1873年建立起来的日本的土地税制,在当初及其后很长一段时间都是以确保财政收入为目的的。

1931年,日本政府制定了《地租法》,规定了地租的征税标准由土地价格改为土地租赁价格,税率统一为3.8%。1921—1925年间,土地附加税已超过了地租税,之后的几年也维持了这样的状态。但在1931年的《地租法》中,仍将地租税保留为国税。

为了充实地方财政,日本政府于1940年建立了地方税制,都道府县及市町村的地租附加税被保留。地租虽然名为国税,但根据地方交付税法,地租征收额基本上被返还到了都道府县和市町村财政。1947年,在地方税制独立的过程中,地租税被确定为都道府县、市町村的独立税,从内容到形式上都完成了由国税到地税的转变。

总之,夏普税制之前,日本的土地税主要经历了土地私有化的变化过程,征税形式也从实物地租为主货币地租为辅,过渡到地租货币化,在土地税的隶属关系上也经历国税、地税平行到转化为地税的发展过程。

(二)夏普税制及其土地税改革

1. 夏普税制的背景——道奇计划

第二次世界大战结束后,由于旧的战时经济体制已经告废,新的经济体制又尚未建立,日本的国内经济、政治都陷入了极度混乱的状态,在国内生产停顿、失业激增的同时还伴有物价上涨,通货膨胀较为严重。以战前1934—1936年为基准,1944年东京的零售物价指数为2.1倍,1945年为3.1倍,而到了1948年则猛增到149.9倍。[①]

---

① [日]《昭和元年(1926年)以来的长期经济指标》,第34页。

为了遏制通货膨胀,日本政府制定了各种稳定经济和复兴经济的计划。1949年,美国陆军司令劳亚尔率领代表团到日本进行军事视察,而美国底特律银行的总裁约瑟夫·M.道奇也是代表团成员之一。视察结束后,道奇被任命为麦克阿瑟的最高经济顾问,留在日本协助处理财政经济问题,在深入考察了日本的经济现状之后,于1949年提出了道奇计划。道奇计划的主要内容有:

第一,编制超平衡紧缩预算。道奇认为,国家财政预算不平衡是导致通货膨胀长期化的总祸根。因此,解决日本的通货膨胀问题,只能通过财政平衡来实现。由道奇亲自主持编制的1949年度日本国家财政预算,自战后以来首次出现黑字,黑字额为1569亿日元。若与1948年度的1419亿日元赤字相比较,则更能感觉到1949年度预算的确是个紧缩预算。

第二,强化税收改革,确保税收收入。为适应当时的政治经济形势,日本于1946年制定了《财产税法》,这是以确保税收收入和财富再分配为目的,对于个人财产超过10万日元的部分征收25%—90%的超额累进税;1947年实施了综合所得税改革,并扩大了课税所得的范围,并全面推行了申报纳税制度;完善了地方税收体系,建立都道府县税,将地租、房产税、营业税等三项收益税作为都道府县的独立财源转移给地方。① 1948年,日本中央及地方税收总额占国民总收入的25.9%,创战后最低纪录,实施道奇计划的1949年,这一比例被提高到28.5%,创下"明治、大正、昭和年代以来"的"最高"纪录。②

第三,采用单一汇率制度,废除复数汇率制度。在此之前,不同的商品采用不同的交换比率,最低汇率为550日元:1美元,最高汇

---

① 〔日〕金子宏:《日本税法原理》,刘多田等译,中国财政经济出版社1989年版,第36页。

② 猪木正道:《吉田茂的执政生涯》,中国对外翻译公司1986年版,第297页。

率为 100 日元∶1 美元,且进口税率高于出口税率。按照道奇计划,日本制定了 360 日元∶1 美元的固定汇率制。这就消除了物价上涨的外部因素,同时也有利于日元重返国际货币体系,发展对外贸易。

道奇计划的实施加重了税收负担,仅仅从 1947—1949 年,日本的人均税收负担就从 2668 日元增加到了 9532 日元,增加了 2.6 倍,税负在人均国民收入中所占比率从 18.5% 增加到 28.5%,超过了当时的美国税收负担率。尽管日本在 1947 年和 1948 年进行了两次税制改革,但都是为了对付通货膨胀的应急措施,造成了税制上的混乱局面。

2.夏普税制的核心及土地税的相关政策

基于道奇计划制定的超均衡预算,迅速结束了战后恶性通货膨胀,日本政府产生了全面进行税制改革的强烈意识。1949 年 5 月,美国派遣以哥伦比亚大学夏普教授为团长的税制考察团帮助日本完善税制。考察团对日本税制进行了调查,同年 9 月,该考察团发布了《日本税制报告书》,对日本税制的改革提出了建议方案,即所谓的"夏普劝告",即夏普税制。其核心内容是:

第一,贯彻公平课税原则,建立以所得税为中心的直接税制。直接税和间接税是以税收负担能否进行转嫁为标准而区分的,直接税是税收负担不能转嫁的税收,如所得税、房产税、遗产税等,间接税是税收负担可以转嫁的税收,如消费税、关税、营业税和增值税等。直接税不仅可以提高纳税人的纳税意识,还可以依据纳税人的税负能力课征税收,较间接税而言具有一定优势。在直接税为主的体制下,国税的核心税种是个人所得税和法人所得税,地方税的核心税种是不动产税和居民税等。

第二,全面推行综合累进所得税制度。对于所得范围采取广义构成说,对资本收益全额课税,同时对资本损失全额扣除。具体来说,是将分红、转让所得等所有收入与工资收入等合并,综合计算所得税,降低最高税率和税收档次,将过去的14档降为8档,税率由20%—85%改为20%—55%;除执行既存的基础扣除制度外,还根据社会经济政策的需要制定了医疗扣除和残疾人扣除等的优惠制度。

第二,确立中央和地方税源分配制度。根据税源性质不同,按照纵向分配原则,在中央、都道府县以及市町村三级财政之间分配税源。而从横向来看,各地区所征收的地方附加税名目繁多,实行分税制后,就可以防止同一税目在中央和地方重复征收,所以废除了附加税制,建立了地方独立税制,设立了地方财政平衡交付金与地方交付税制度。

第三,改革法人税,以"法人为个人的集合体"为前提,主张将法人税置于对股东分红征收所得税之前进行,为避免双重纳税,取消了源泉征收制度。设立了分红扣除制度,将分红所得的25%作为基础扣除,同时设立了法人内部利润留成的优惠税制,因此出现了以避税为目的的保留内部利益的倾向,为防止这一现象,对企业的利润留成作为资本积累对待,按其累积额课征一定的利息附加税(2%)。

虽然夏普税制以所得税改革为中心,但同时也进行了财产税相关,特别是土地税相关的改革,主要体现在以下几个方面:

第一,开征富裕税作为所得税的补充税源。富裕税是对高额收入阶层设立的,对个人纯资产中超过500万日元的部分,每年以0.5%到3%的四档累进税率征税。富裕税在税收分类上具有一般财产税的性质。

第二,对于遗产税和赠与税,建议取消分别课税制度,建立累积取得税制度(Cumulative Accessions Tax)。这是对一生中因遗产继承和接受赠与所取得的财产实行累积的和综合的课税构想。具体来说,在因继承和受赠取得财产时,与以前因继承和受赠所取得的财产合并计算,按照适用税率计算税额。

第三,完善了地方税体系。过去一般是国家、都道府县和市町村共同分享同一税源,以附加税的形式存在,虽然 1947 年取消了国税附加税,但在都道府县层面还存在市町村附加税,这种同一税源由复数的主体瓜分的方式,会带来主体责任不明确等弊端,因此,"夏普劝告"提出了一项财源专属一个主体的提案,废除了所有附加税,只保留了国税中所得税和地税中居民税的分成制度。弱化都道府县财政,强化市町村的自主财源,如废除都道府县居民税,使之成为市町村的财源,取消以土地、房屋租赁价格为课税标准的地租税、房屋税,改为由市町村征收固定资产税,将折旧资产为对象的国家资产税也改为市町村的财源。作为都道府县的财源,创设了附加价值税,取代了事业税,这是由于无论事业上是否产生收益,只要是利用地方政府设施而开展的生产活动,都应该基于受益的原则纳税。

第四,建立了固定资产的再评估制度,这项政策本来是基于战后日本严重的通货膨胀而提出的。严重的通货膨胀致使企业资产的账簿价格远远低于再取得价格,如果以账簿价格为基础折旧,会产生对通货膨胀而产生的名义利得课税现象,企业的资本将被耗尽,不利于企业的扩大再生产,因此,应该对法人和个人的固定资产进行再评估,对于再评估差额征收一定的再评估税。这一再评估制度为战后土地税制的改革奠定了基础。

二、日本现行土地税制结构

(一) 日本主要土地税种及税率

日本现行的土地税制是包括许多税种的复杂体系:既有国税,也有地方税;既有财产税,也有所得税;既有个人税,也有法人税;此外还包括遗产税、赠与税,等等。在日本,一般把整个土地税制划分为土地取得税、土地保有税和土地转让税三大类型,在每一类型中又包括若干个税种,如表 2-1 所示。

表 2-1 日本现行土地税主要税种及税率

国税	取得时	遗产税(10%—55%累进税率)
		赠与税(10%—55%累进税率)
		登记许可税(0.4%—2%)
		印花税(定额征收)
	保有时	地价税(0.3%)1998年暂停征收
	转让时	个人所得税30%或15%
		法人税(30%)
		印花税(定额征收)
地方税	取得时	不动产取得税(3%—4%)
		特别土地取得税(3%)
	保有时	固定资产税(1.4%)
		城市规划税(0.3%)
		特别土地保有税
	转让时	个人居民税(5%或9%)
		法人居民税(5%+12.3%=17.3%)
		法人事业税(年收入≤400万日元时,税率为5%—6%;400万日元<年收入≤800万日元,税率为7.3%—8.76%;年收入>800万日元,税率为9.6%—11.52%)

资料来源:根据日本国土交通省网页 http://www.mlit.go.jp 有关资料整理。

(二) 日本主要土地税种分析

1. 土地取得税

土地取得税是对个人和法人以购买、接受赠与或继承财产等方式取得土地时所征收的税,通过表2-1可以看出,土地取得阶段的税种主要由遗产税和赠与税、登记许可税、印花税、不动产取得税、特别土地取得税、消费税等税种构成。

(1)遗产税和赠与税

日本的遗产税和赠与税的征税对象为土地、房屋、有价证券、现金存款等。其中遗产税来自土地、房屋的应税财产占到了60%—70%,两者的计税依据是土地和房屋的评估额。评估额通常低于市价(在纳税期内,由不特定多数当事人进行正常自由交易时成立的价格)。在20世纪90年代初期(如1992年),一般是市价的七成左右。

(2)登记许可税

日本实行财产登记制度,即取得土地、房屋的人为保全其权利而进行登记,该制度是对土地、房屋所有人取得和保有环节征税的基础。在进行登记时,取得土地、房屋的所有人必须缴纳登记许可税。根据登记的种类分别确定税率,登记种类包括所有权保存登记、所有权转让登记、抵押权设定登记等,如所有权登记税率为4‰,计税依据以土地、房屋的评估价格为主。

(3)不动产取得税

不动产取得税也被称为不动产购置税,属于地方税种课税对象为土地、房屋的取得(因继承、遗赠、信托、转让担保、土地置换等方式取得土地、房屋者除外),课税标准为取得价格,基本税率为4%,自住房屋为3%。起征点分别为土地10万日元,住房为23万日元/户,其他不动产为12万日元/户。对此,日本对于不同时期获得的不动产也有相关的优惠政策:在2006—2012年间取得的住宅和住宅用地只征收3%的不动产取得税;同时到2012年为止,税基是征收基准的50%;土地获得者在土地获得之日起3年内新建建筑的,可以申请延缓纳税等;用于公共和公益的道路用地和墓地则免征不动产取得税。

2. 土地保有税

土地保有税是在一定时期,对个人或法人所拥有的土地资产征收的税,通过表2-1可以看出,土地保有阶段的税种由地价税、固定资产税、城市规划税和特别土地保有税等主要税种构成。

(1)地价税

地价税是在1991年土地税制改革中导入的一个新税种。地价税的课税对象为个人与法人所有的土地及土地权利。由于它是向土地等的所有行为课税,因此有必要确定所有行为的时点。日本税法规定,以每年1月1日零时确定土地等的所有行为。也就是说,各个纳税人每年对其1月1日零时所有的土地等承担纳税义务,标准税率为0.3%。从1998年起,日本暂时停止征收地价税。但在日本目前的税制体系中,仍包含有地价税,只是暂时停征,至于何时恢复征收或废除该税种,现无定论。

(2)固定资产税

固定资产税以土地、房屋及折旧资产等固定资产作为征税对象。把土地作为固定资产来征税,在固定资产税中占有非常重要的地位。土地具体指水田、旱田、宅第、盐田、矿泉地、池沼、山林、牧场、原野等土地。固定资产税实行台账征税原则,市町村政府对土地、房屋、折旧资产分别设有征税登记台账和补充征税登记台账,补充征税登记台账是为遗漏登记的房屋、土地实际所有人或使用人准备的,凡是在征税登记台账上登记的所有人均为固定资产税的纳税人。

固定资产税的计税依据是土地、房屋在市町村固定资产课税账目登录的固定资产评估额。这一评估额从1958年开始,每三年评估登录一次,原则上三年固定不变,从形态上区分为基准年度评估额和比照基准年度评估额,以区别不同情况、不同用途的土地、房屋。通过合理调整计税依据,保证税负公平。固定资产税的标准税率为1.4%,最高税率为2.1%。对公益事业、住宅用地(灾区)等采取按照财产评估额给予一定比例减除的优惠措施,并通过设定期限来加强某些领域优惠措施的执行效果。

固定资产税采用免征点制度,免征点为土地30万日元,房屋20万日元,折旧资产150万元。免税范围包括:政府、皇室、邮政部门、自然资源机构、土地改良区、宗教法人、墓地、公路水路、国立公园和国家风景保护区、国家重点文化历史名胜、重点传统建筑群保存区、学校法人、社会福利及公益设施及城市更新机构所取得的土地。税收优惠为:对 3 年以内新建住宅,每户 100 平方米的建设面积,实行减半征收;对新建中高层防火结构住宅,延长减半征收期至 5 年。

（3）城市规划税

现行城市规划税创设于 1956 年,旨在确保城市特别是城市规划事业所需的财源。城市规划税的纳税人和征收方法和固定资产税相同,只是其征收对象是位于被指定为城市规划区域内的市街化区域的土地和房屋。与其他土地保有税的税种不同,城市规划税属于目的税范畴,而不像固定资产税、特别土地保有税那样属于普通税。具体地说,城市规划税要专门用于城市规划事业或土地区划调整事业开支。征收依据为对土地和房屋的评估额,计税依据对住宅用地设置了优惠措施,但对新建住宅一般不设置减免税措施（东京都除外）,最高税率为 0.3%。

（4）特别土地保有税

特别土地保有税是于 1973 年作为市町村税创设的,对一定规模以上的土地分别在取得和保有（土地取得后 10 年内）两个阶段征收,目的是抑制投机性的土地取得、促进已取得土地的有效利用。特别土地保有税的征税主体是市町村,法定纳税人是这一土地的所有者,保有部分以 1969 年以后取得的土地保有为课税对象,征税标准为该土地的取得价额,税率为 1.4%;而取得部分则以 1973 年 7 月 1 日以后的土地取得为课税对象,税率为 3%。免税点在创设之时定为:东京都特别区及指定城市区域 2000 平方米、设有城市规划区的市町村 5000 平方米、其他市町村 10000 平方米,可见,特别土地保有税的起征点的高低与城市化程度成反比,在大城市中起征点低,而在经济落后区起征点相对较高。此外,特别土地保有税还有一系列免税规定:如降低三大都市圈内特定城市的免税点,在休闲土地转用促进地区不管取得价格如何均按较高的时价计算征税标准,等等。

3. 土地转让所得税

土地转让所得税是对土地的转让收入征的税,其中对个人的土地转让收入征的税为个人土地转让所得税,它由个人所得税、个人事业税和个人居民税等三个税种构成;对法人的土地转让收入征的税为法人土地转让所得税,它由法人税、法人事业税和法人居民税等三个税种构成,以上部分税种在表 2-1 中有所体现。

(1)个人所得税

土地转让收入属于转让收入的范畴,对其他收入征税,采取的是多种收入加在一起综合征税的形式,而对土地及建于其上的建筑物转让收入,则采取单独计算、分类征税的形式,对总收入减去取得费(各种税费、贷款利息)、转让费(各种损失费、中介费、违约金)、扣除额(3000 万日元)之后的余额征税。征税时一般以五年为界限,对个人超过五年的长期转让收益征收 15%的个人所得税,对不超过五年的短期转让收益征收 30%的个人所得税,通过对短期或超短期土地转让收益课以重税,抑制以获得土地升值收益为目的的投机行为。专门从事不动产业的个人转让土地的收益不属于转让所得,而是纳入经营所得,和这种情况相类似的情况,比如农户或者职员在自有土地上建造房屋后的转让收益,纳入杂项所得,综合课税。

(2)个人居民税

该税种也是针对普通个人转让土地、房屋收益征收的一种税。对个人超过五年的长期转让收益征收 5%的个人居民税,对不超过五年的短期转让收益征收 9%的个人居民税。

(3)法人税

法人转让土地、房屋,首先计算出法人税税额。方法是对销售收入和成本费用进行核算,计算出税前利润。法人税对资本金超过 1 亿日元的法人适用税率为 30%。资本金不超过 1 亿日元的法人,年收入额低于 800 万日元的部分,适用税率为 22%;超过 800 万日元的部分,适用税率为30%。

在1973年以前,对法人的土地转让收入,是算入法人的全部事业年度收入来征收普通法人税的。在1973年的土地税制改革中,开始实施在普通法人税基础之上,对拥有期在五年以下的短期转让收入加征20%法人税的法人土地转让收入征税制度。在1987年的土地税制改革中,又创设了法人的超短期(拥有期两年以下)土地转让收入,在普通法人税之上加征30%的土地转让税的制度,使得法人的超短期土地转让收入交纳法人税的税率合计达到了84.45%(普通法人税+法人居民税+土地转让收入税)。在1991年的土地税制改革中,又进一步强化了对土地转让收入法人税的征收,一是对超短期土地转让收入按67.5%的税率实行"分别征税",不再与其他法人税综合计算,从而使法人企业在其他收入出现赤字时无法用土地转让收入去弥补;二是对五年以上长期拥有的土地的转让收入,也实行了在普通法人税之上加征10%土地转让收入法人税的制度。

(4)法人居民税

法人居民税属于都道府县和市町村收入,计税依据是法人税税额,地方政府对法人税税额按照一定比例(5%的道都府县民税+12.3%市町村民税＝17.3%)以及按法人规模(资本金和从业人员)定额征收法人居民税。

(5)法人事业税

针对设在都道府县的法人收入征收,不区分行业种类,对全部经营所得征税。凡在都道府县和市町村拥有事务所的居民法人均须缴纳事业税,是对事业本身征的税。如前所述,土地转让收入也是法人在一定时期内事业收入的重要组成部分,故对法人的土地转让收入也要依据一定标准,征收相应的事业税。税率分为三个等级:年收入不超过400万日元时,税率为5%—6%;年收入400万至800万日元时,税率为7.3%—8.76%;年收入超过800万日元时,税率为

9.6%—11.52%。

三、日本土地税制的主要特征

日本在几十年的改革实践中不断完善土地税制,形成了一套比较成熟、独具特色的土地税收制度,涵盖土地取得、保有和转让的全过程。

第一,税负分布格局比较合理。土地资源问题,是世界上许多国家包括美洲等土地资源相对丰富的国家都要面临的问题。在美国,主要土地税种的课税权、税收立法权及课税收入都属于地方政府,是典型的地方税税种。在税种的设置上,主要分为所得税性质的土地税、财产性质的土地税和财产税性质的土地税。20 世纪以后,美国财产性质的土地税逐渐过渡为房地产价值税,即以房地产为主要课税对象。财产税性质的土地税主要有遗产税和赠与税,即房地产作为遗产和被赠与时才征收,通常对超过价值 60 万美元的遗产和每次赠送价值超过 100 万美元的物品才征税。在英国,与土地有关的税种主要有所得税、增值税、遗产税和印花税,这些税种都属于中央税,而地方税种只有财产税。在加拿大,土地税是由省级政府和市级政府开征的,而且只对土地的保有和转移征税,对土地取得没有征税。

像日本这样土地资源贫乏的国家,更加重视土地问题,尤其重视税收在土地问题上的调节作用。日本的土地税在整个税收制度中占有非常重要的地位,日本的土地税分布在取得、保有及转让三个阶段,从每一个阶段所涉及的税种层次看,既有国税也有地方税,从税种的性质来看,既有财产税也有所得税,从纳税人的角度看,既有个人税也有法人税,此外,在遗产税、赠与税和居民税中,也都涉及土地相关税收。因此,与其他发达国家相比,日本的土地税涉及的税种范围比较广泛,税负分布格局比较合理。

第二,重视保有阶段的征税。在日本的土地税制中,最常用的一种分类方法是土地取得阶段的税收、土地保有阶段的税收和土地转让阶段的税收,在实践中相互配合,较好地发挥了对土地市场的调节作用。但日本在土地税收体系中,更加重视保有阶段的征税。保有阶段的税收征收范围较宽,征税对象明确,税率设计合理,因而来自保有阶段的税收收入占总税收的比重较高。从表2-2可以看出,在财产税的不同阶段,与土地有关的税收对财产税作出了重要贡献,在财产取得阶段,与土地相关的税额占财产税的比例为53.7%,在财产转让阶段占财产税的比例为26.1%,尤其是在财产保有阶段,更是占据了财产税的83.1%;在保有阶段取得的与土地相关的税额占财产税总额的比例为38.7%,远远高于财产取得阶段与财产转让阶段土地税的比例,这足以说明日本政府非常重视土地保有阶段的税收。

表2-2　1993年与土地相关税收占财产税课税额的情况

	财产税总额 (亿日元)	与土地相关税额 (亿日元)	占财产税比例 (%)
财产取得阶段	56503	30359	53.7
财产保有阶段	113767	94510	83.1
财产转让阶段	73794	19317	26.1

资料来源:根据本书第一章表1-4整理得来。

　　将土地保有环节作为征税重点,在保障正常生产生活所需土地资源的同时,不仅可以抑制房价、地价的非理性上升,控制炒地、炒房的投机行为,还可以避免业主空置或低效利用其财产,刺激交易活动,从而优化房产、土地等要素,推动房地产市场的发展。

　　第三,实行差别税收政策。日本除重视土地保有阶段的征税外,还特别注重根据不同的实际情况实施差别税收政策,这一特点在土地所有权转让环节体现得较为突出。日本对土地所有权转让环节分有偿、无偿两种类型:有偿转让的土地,要征收土地转让所得税;无偿转让的土地主要征收遗产税或者赠与税。根据实际持有时间的不同,设立差别税率,实际上是体现正常的土地交易与投机性土地交易的差异,对于投机性的土地交易实施较高税率,保护合理需求,增加投机性需求交易成本。实施差别税收政策能够体现社会财富公平分配的基本原则,同时还能充分发挥土地税的特殊调控作用,实现保护土地资源、优化土地利用结构、抑制土地投机的目的。

第四,与其他税种相比,日本政府更加重视土地转让所得税的调控作用,变化比较频繁,同时也成为日本地价波动的重要原因。根据山崎福寿(2009)[①]对土地税制的研究,可总结出日本土地转让所得税的调整主要集中在三个方面,一是征税方法的变化,在不同阶段根据实际需要选择使用分类课税或综合课税,即使是单独使用分类课税方式时,也区分为固定税率或累进税率两种。征税方式的变化和税率的选择是日本政府强化或弱化土地税制时的主要措施,一般来说,强化土地税时采用综合课税和分类课税中的累进税率。日本在1969年之前,采用综合课税方法,1969年开始实行分类课税方法,由于1969年的土地税改革在实施中存在一定漏洞,因而导致了土地价格上涨,此后从1975年开始,同时使用分类课税和综合课税两种方法,对转让所得额较高的交易使用不同程度的综合课税方法。1982—2008年,日本一直单独使用分类课税方法,其间通过固定税率和累进税率的变化实现对土地转让交易的调控。二是土地保有期长短划分标准的变化,1969—1981年,日本为了遏制地价上涨及其带来的影响,实施了相对强化的土地税措施,土地长短期保有的界定标准为5年,1982—1988年这段相对缓和期内,其标准延长为10年,1989年的强化土地税制改革中,为了遏制经济泡沫的负面影响,其标准又恢复为5年。长短期保有界定标准的调整,会改变土地税

---

① 根据山崎福寿:《土地税制と地価の変動》,慶応大学出版社2009年版,第66—69页整理。

的计税基础,改变纳税人的税收负担,进而调节土地供求。三是根据经济形势的需要不断调整土地转让所得税率,税率的变化规律基本和保有期限相似,缓和阶段降低税率,强化阶段提高税率。

归纳起来说,当地价上升时,日本政府就会提高税率或者采取综合课征制度,与之相对,当地价稳定时,会采用分类课税制度,降低税收负担。这种税率及课征方式的不断变更,可能会导致地价更大波动。因为土地转让所得税率上升,虽然会在一定程度上抑制土地投机,但也导致土地保有者偏好于长时间保有土地以获得土地增值收益而避免缴纳高额的土地转让所得税,土地保有者不会在短期内频繁买卖土地,造成土地惜售,因此土地转让所得税抑制了土地交易,限制了土地供给,冻结效果增强,引起地价更大幅度的上涨。反之,当地价处于低迷时,降低税率会引起地价更大幅度的下降,产生的效果正好与其实施意图相反。

第五,完善的土地登记、评估及公示制度。日本的《不动产登记法》对土地的买卖转让、担保质押等交易行为作出了具体解释,对不动产登记的组织、程序、内容也作出了相应规定,设有专门的土地征税台账,用来登记土地的编号、所在地、种类、面积、价格等信息,出台的《不动产登记法实施令》《国土调查法》配套《不动产登记法》实施,这对保障纳税人财产安全、保证税收收入、维持评估的统一性起到了重要作用。在土地价格评估方面,1873 年的土地税改革推动了土地价格评估制度的出现,1963 年颁布《不动产鉴定评估法》,确立政府为不动产评估管理工作的主体,1964 年颁布的《不动产鉴定评估基准》成为行业标准,提出了具体的评估方法。对于土地公示,日本于 1969 年颁布了《地价公示法》《地价公示法执行令》《地价公示法实施细则》等一系列法律法规。以上相关法律法令从出台为土地价值的评估和土地税的征收奠定了坚实的基础,具体内容详见第七章。

第二节　泡沫经济之前日本强弱
交替的土地税制改革

自"夏普劝告"之后直到 20 世纪 50 年代中期,日本经历了战后经济恢复时期,60 年代日本进入经济高速增长时期,虽然 1965—1966 年经历了短暂的后奥林匹克危机,但没有中断高速增长的进程,70 年代受两次石油危机的影响,经济进入低速增长或稳定增长时期。在此时期日本政府所采取的一系列政策带来了房地产市场的波动,而土地税制也基于这一波动进行了相应改革。

一、1969 年逐渐规范的土地税制

1969 年的改革是日本战后第一次土地税改革。20 世纪 60 年代,日本的人口向三大都市圈集中,由于土地供给不足带来住宅价格的上升。1970 年,6 大都市(包括东京、横滨、名古屋、京都、大阪、神户)的住宅价格比 1960 年上升了 6 倍。住宅价格上升成为一个非常严重的问题。同时,自 1964 年东京奥运会之后,日本经济增长速度加快,工业用地的需求量也大幅上升,增加了土地供给的压力,导致土地价格持续迅速上涨。因此,日本政府逐渐规范土地税收制度。1967 年,日本政府专门在其税制调查会中设置"土地税制部会",开始对土地税制进行全面、深入探讨,并于 1968 年 7 月发布了《关于土地税制应有态势的报告》,以此为基础,形成了 1969 年的土地税制改革,主要内容有:

第一,改变过去综合课税方式,对土地收益实施分类课税。综合课税和分类课税是纳税计算的两种方式。综合课税是将所有收入加总,计算应纳税额,按照累进税率征税,年终还需要与其他收入一起申报。而分类课税是针对特定的交易计算税额,如不动产收入、分红收入、一次性收入、利息收入等通常是单项课税,一般是采取源泉征收的方式,又称为源泉分类课征方式。之所以对土地实施分类课税,是由于不动产的交易收益数额巨大,在综合课征方式下,缴纳个人累进所得税时,通常会适用更高的税率,因此,土地分类课税制度的引进,无疑减少了税收成本。

第二,对个人土地转让收入视拥有土地时间的长短进行差别税率征税。长期持有是指 1968 年 12 月 31 日以前取得的,拥有时间超过五年的土地。对于这样的土地转让所得税由原来的统一税率降低为 10%—20%,并征收 4%—6% 的居民税。具体情况如下,如果这些土地在 1970 年和 1971 年转让,即以 10% 的税率课征转让所得税,以 4% 征收居民税。如果在 1972 年和 1973 年转让,税率分别为 15% 和 5%。如果在 1975 年转让,税率提高为 20% 和 6%。短期持有是指在 1969 年 1 月以后取得的,或虽在 1968 年 12 月 31 日以前取得,但拥有时间尚不足五年的土地。这类土地交易的个人所得税则加重税负,转让收入税率为 40%,并征收 12% 的居民税。[1]

个人土地转让所得税率与保有时间长短挂钩,即时间越长,税率越低,这旨在鼓励长期持有土地,预防投机行为。此次改革的目的一方面是鼓励长期拥有者出让土地,增加土地供给;另一方面是抑制短期土地拥有者进行投机性买卖,即哄炒土地的行为。在一定程度上也起到了应有的作用,但是也暴露出一定的缺陷,如没有对法人转让土地收益课税作出规定,其直接后果之一,就是从个人手中转让出去的土地,很快成为不动产经营者乃至一般法人企业争相购置的对象。1971 年至 1975 年间,法人购买土地占全部购买主体的 62.3%。[2] 因此可以说,1969 年的改革实质上只是部分减轻了个人土地转让所得

---

① 裴桂芬、马文秀:《战后日本的资产税改革与泡沫经济形成》,《日本学刊》2007 年第 2 期,第 86 页。

② 孙执中:《战后日本税制》,世界知识出版社 1995 年版,第 103 页。

税负,对法人企业的转让收益纳税的政策漏洞进一步助长了土地价格的上升。

二、列岛改造计划与强化的土地税制

为摆脱越南战争时期美国社会失业、通货膨胀、国际收支逆差等困境,减缓美元暴跌、大量黄金外流的危机,尼克松政府于 1971 年 8 月 15 日宣布实行"新经济政策"。该政策对外采取了两项措施:放弃金本位、停止美元兑换黄金和征收 10% 的进口附加税。上述措施导致二战后的"布雷顿森林体系"崩溃,西方国家股价普遍下跌,严重损害了许多国家的利益,加剧了国际经济和金融的动荡。在此影响下,日本放弃了固定汇率制度,日元开始升值,这对日本的出口造成重大影响,同时,1973 年的第一次石油危机也使得日本经济受到严重冲击。

为了刺激经济,日本政府提出了列岛改造计划,具体办法主要包括:第一,以高速交通网将日本列岛结成一个以东京为中心的整体,为此扩大、兴建高速公路和新干线;第二,主张工厂远离大城市,鼓励、支持在地方兴办工业;第三,整顿地方生活环境,培养"中坚城市"(即人口在 25 万人左右的新型城市),以稳定地方人口。这是一个新的国土开发计划,旨在同时解决大城市人口过剩与地方乡村人口稀疏的所谓"过密""过疏"问题。但是,由于土地政策的前期准备不完备,引发全国范围内地价暴涨。由于在 1969 年的改革中没有对法人转让土地作出严格规定,导致法人土地投机交易剧增,日本政府于 1973 年发布了《关于今后土地税制应有态势的报告》,以此为基础,形成了 1973 年的土地税改革。改革主要涉及两个方面:一是设置了对法人短期拥有的土地转让收益加重课税的制度;二是创设了特别土地保有税制度。具体情况如下:

第一,1969 年以后购入的土地进行转让,除征收例行的土地转让所得税外,追加征收 20% 的法人税。

第二,设立特别土地保有税。对 1969 年 1 月后取得超过一定面积的土地,以取得金额为标准,按 1.4% 征收特别土地保有税。特别土地保有税除了对保有阶段的土地有规定,对取得阶段的土地也有新规定,1973 年 7 月以后取得的土地,以新购置的土地价格作为参考,征收 3% 的保有税。

第三,由于先前对长期持有土地的转让收益实行低税率政策,导致了收入分配不公平,引起社会的动荡不安,1975 年日本政府适度改变了分类课税制度。对转让土地获利在 2000 万日元以下的转让收益实施分类征税,获利超过 2000 万日元时,采取综合课征方式,税率为 75%。

1973 年的土地税制改革,应该有效抑制法人的土地抢购和投机性土地交易,促进土地的有效利用。遗憾的是,当改革后的土地税制开始生效时,日本列岛改造计划已近尾声,生效时滞的存在抵消了土地税制的效果。

三、稳定增长与缓和的土地税制

20 世纪 70 年代中期以后,石油危机地价上涨问题开始明显缓和,在 1975 年、1976 年、1977 年、1978 年,全国市街地价格的年上涨率分别只有-0.4%、0.7%、2.1%、2.8%[①],达到战后的最低水平。因此,日本政府在土地税制改革中采取了一些缓和措施。

1978 年,政府降低了法人转让土地的所得税负,放松了一些对土地交易的规则和限制。降低了特别土地保有税,增加了一些税收减免的政策。1979 年,为了鼓励优良住宅建造,开始减轻长期转让收入课税,还把实施 15% 低税率的长期转让收入课税范围扩大到了 4000 万日元(原来为 2000 万日元,5% 低税率课征居民税也扩大到了此范围)。

---

① 孙执中:《战后日本税制》,世界知识出版社 1995 年版,第 103 页。

1981 年,经日本税制调查会建议,对于个人长期拥有土地的转让收入实施 20% 的低税率,征税范围由 2000 万日元上升为 4000 万日元。原来对超过 2000 万日元以上部分是一律采取 75% 的高税率综合课税,现改为 4000 万日元到 8000 万日元部分按 50% 的税率综合课税,8000 万日元以上部分按 75% 的税率综合课税。

为了保障土地长期供给,日本于 1982 年又进行了税收制度改革,主要内容为:

第一,将土地长期持有的期限由 5 年延长到 10 年。超过 10 年的转让收入在 4000 万日元以下的,征收 20% 的转让所得税;超过 4000 万日元的部分,适用 10% 的税率。

第二,恢复居住用资产置换制度。这种制度早在 1952 年就已经出台,1969 年被废除。制度规定:家庭利用出售居住 10 年以上的住宅和宅基地的全部金额购入新住宅、新宅基地时,不对原来房地产的转让与收益征税(准确地说是延期征税),但对于购入金额小于出售所得金额,那么对超出部分的金额(超出部分收益减去必要经费)需要征税。此项改革目的是鼓励居住在城中心的居民向城市外围转移,实现城市整体的规划与开发。

第三,取消农业用地的税收优惠,对城市郊区农地征收与住宅用地采取相同的税收政策。

第四,提高特别土地保有税,但适用范围不断缩小,纳税人仅仅限定在 1969 年以后购入大面积土地的企业。

从上述的分析可以看出,由于日本经济增长速度放慢和地价房价上涨幅度的降低,日本政府采取了缓和土地税制的政策,降低了税负,或者提升了免税基准,意在促进土地市场的供求平衡。但是普遍认为这一系列宽松政策,是导致日本 20 世纪 80 年代中后期泡沫经济爆发的重要原因之一。

第三节　泡沫经济时期日本强化的
土地税制改革

日本战后直到 20 世纪 80 年代前期比较宽松的土地税收政策,加大了人们对土地的需求,促进了土地市场的繁荣,80 年代中期形成的泡沫经济带来了地价的狂热飙升,促使日本政府再次强化土地税制,而《土地基本法》的出台,形成了战后以来超强的土地税制。

一、地价狂热与强化的土地税制

1985 年 9 月 22 日,西方五国(美国、日本、西德、英国和法国)在纽约广场饭店达成"广场协议",要求日元和德国马克升值,美元贬值。此后,日元迅速升值,汇率由 1985 年 1 美元兑换 240 日元升至 1987 年的 1 美元兑换 120 日元。由于日元的过度升值,日本持有的以美国国债为主的资产出现严重的账面亏损,大量资金为了规避汇率风险而进入日本国内市场,同时,日本政府为了补贴因为日元升值而备受打击的出口产业,开始实行金融缓和政策,五次下调再贴现率,致使流动性泛滥,国内兴起了狂热的投机浪潮,在土地交易市场和股票交易市场尤为明显。其中,受到所谓"土地不会贬值"的土地神话影响,以转卖为目的的土地交易量增加,地价开始上升。1983 年前后,东京圈地区的商用地价开始快速上涨,然后逐步波及附近和郊外的住宅区,1986 年以后这种趋势逐渐扩大到了全国,一直延续到 1991 年,形成了日本历史上的地价房价泡沫膨胀时期。1987—1991 年间,日本地价上涨率分别为 5.4%、10%、7.6%、14.1% 和 10.4%,1990 年,仅东京都 23 个区的总地价就相当于美国全国的总地价,日本全国的地价市值相当于美国的 4 倍,而日本的国土面积仅是美国的 1/25,仅相当于美国加利福尼亚州一个州。在地价房价上升的背景下,企业或个人以不断升值的土地作为担保向银行贷款,大量贷款流向不断上升的房地产领域,带来房价、地价的螺旋式上升。地价上升也使得土地所有者的账面财产增加,刺激了消费欲望,从而导致国内消费需求增长,进一步刺激了经济发展,形成泡沫经济。

面对土地价格的飙升,日本政府再次强化土地税制,主要内容如下:

第一,调整划分长期与短期保有土地的标准,对于短期土地转让收益加重课税。长期与短期保有土地的划分标准由 10 年恢复为 5 年;对法人超短期土地转让收益加重课税,如出售保有期限在 2 年内的土地,追加征收 30% 的土地转让所得税,对出售保有期限在 2—5 年的土地,追加征收 20% 的土地转让所得税;对个人超短期土地转让收益加重课税。政府对超短期个人土地保有者征收土地转让额 50%(加 15% 的居民税)的所得税。

第二,废除了居住用资产置换制度。该制度创设于 1952 年,曾在 1969 年废除,并在 1982 年部分恢复(对保有期超过 10 年的居住用财产,恢复特别优惠政策),规定:出售居住用宅基地购入高价不动产时,满足一定条件可以延期缴纳转让收益所得税。1988 年由于郊外地价疯狂上涨,置换制度的使用范围大幅度缩小,故废除了这项制度。

第三,1987 年设置"土地交易区监视制度"。该制度主要包括两方面的内容:一方面是限制区域制度。把那些投机过度、地价上涨过快的地区设定为土地限制区,限制区内发生的任何土地交易活动,必须向地方政府提交土地交易许可申请书,地方政府主要针对地价水平和土地利用目的两方面进行审查,审查合格获得道府县知事许可才可以进行交易,换言之每一件土地交易都必须获得许可,否则交易不能成立,因此土地所有人拟以高价出售土地,但审查结果不通过,交易就不能达成,该制度有冻结地价的效果。另一方面是监视区域制度。在管制区域外地价飞涨或有可能飞涨的区域一定面积之上的土地交易,必须向知事申报,申报面积之下限由都道府县规定,下限面积一般为 300 平方米或 500 平方米,监视区域除首都圈外,札幌市、熊本市、轻井泽等地区也在监视区域范围内。

1989 年的日美结构协议谈判中,在美国列出的日本需要改革的六项政策里,日本的土地制度名列其中,美国认为日本土地制度助长了地价上升,不利于外国投资,认为监视区域制度并不能控制地价上升,土地税制改革才是土地制度的真正出路,提出了通过提高资产保有税来增加持有土地成本、降低持有土地收益的具体政策建议,这些政策建议均体现在 1989 年制定的《土地基本法》中。

二、《土地基本法》与超强化的土地税制

日本的股价最高峰出现在 1989 年 12 月 29 日,日经平均股价达到最高 38915.87 点,土地价格也在 1991 年左右达到峰顶后开始下跌。但是由于经济政策的时滞,20 世纪 90 年代上半期出台了一系列日本历史上最强的土地税制。

1989 年日本出台《土地基本法》,基本理念是:土地利用必须以公共利益为优先,适应自然、社会、经济、文化等环境的变化,制定科学的发展规划,土地不应成为投机性交易的对象,土地所有者应承担与其土地价格上升所带来的利益相适应的负担等。《土地基本法》还制定了有关土地的基本政策,包括制定土地使用计划、确保土地合理利用的措施、土地交易的监管措施、税制上的措施以及使公共土地评估合理化等。

基于《土地基本法》,日本于 1991 年 1 月,制定并通过了《综合土地政策推进纲要》,提出要强化土地税收、加强对土地的合理评估。1991 年 4 月,日本税制调查会发布《土地税制改革的基本课题》的咨询报告,指出"土地税制改革是解决土地问题极为重要的手段之一",1991—1993 年土地税制改革的具体内容如表 2-3 所示。

表2-3　1991—1993年的土地税制改革

税目	主要改革措施
新增地价税(国税)	(1)计税依据:土地评估价值; (2)纳税人:拥有土地的所有权及借地权①的个人和法人; (3)起征点:10亿日元(个人和中小企业为15亿日元); (4)税率:0.3%(其中第一年为0.2%)
强化特别土地保有税	(1)降低东京圈、大阪圈、名古屋圈的特定都市的免税点; (2)把城市区域内超过一定规模且保有时间为10年以上的土地列入征税对象; (3)对停车场、仓库等特定设施制定了强化课税的特例措施
遗产税(国税)	(1)改变土地评估方式,提高课税比例,以全国统一公布的各地公示价格的80%计算; (2)对于小规模的宅地,提高其免税扣除的额度
强化农地征税	(1)将城市区域范围内的农地划分为"必须保护的农地"和"必须宅地化的农地",前者按农地征税,后者自1993年按城市宅基地标准征税; (2)取消了连续经营20年农地免征遗产税的规定
所得税(转让收益)	(1)提高个人所得税中土地、房屋转让收益的税率(保有5年以上,个人所得税率由20%提高到30%,居民税率由6%及7.5%提高到9%); (2)法人的长期(保有5年以上)转让收益,追加10%的课税; (3)法人的超短期(保有2年以下)转让收益,采取分类课税; (4)转让给公共部门或居民住宅用地,且保有期5年以上,其转让收益实行低税率(个人所得税率由20%调为15%,居民税率由6%调为5%)
固定资产税(地方税)	(1)调整三大城市圈指定城市市区农地的免征特例,强化征税; (2)调整课税资产评估额的计算方法

资料来源:[日]大藏省编《图说日本的税制》,1998年版,第53页;董裕平、宣晓影:《日本的房地产税收制度与调控效应及其启示》,《金融评论》2011年第3期。

从表2-3中可以看出,20世纪90年代前半期土地税制改革的核心仍然是通过增加土地税负来抑制土地价格,这一阶段税制改革的主要内容有:

第一,开征地价税。日本于1992年1月开始对大规模保有土地

---

①　借地权是指以建筑物的所有为目的的地上权或者土地租赁权,近似于我国的建设用地使用权。

征税。纳税人为每年 1 月 1 日拥有土地所有权和借地权的法人和个人,地价税的征收依据是土地的评估价值,税率为 0.3%,其中第一年为 0.2%。地价税的免税范围是居民的自住住宅,如果拥有两处以上住宅时,只有一处住宅免税,即使只有一套住宅,超过 1000 平方米以上的面积仍然需要交税。从现实情况来看,由于地价税的税率较低,免税范围过大,对土地保有者的影响并不是很大。

第二,特别土地保有税的课税对象为土地的所有和购置行为,但是所有期超过 10 年的土地所有是作为非课税对象的,起征点也是按照土地面积设置的,一般东京都和指定城市区的面积为 2000 平方米,此次改革不仅将保有期 10 年以上的土地纳入征税对象,而且降低了城市区域的起征点,这些措施都起到税收强化作用。

第三,强化对城市内的农地征税,减少农地的免征特例。1970 年以后,日本出于保护农业用地的目的,对大部分长期经营农业的城市农地实施了免税,同时规定,继承人继续经营农业时,继续经营农业连续时间超过 20 年的免征遗产税,这些政策使保有城市内农地的隐性收益增加,明显抑制了农地的转让,限制了城市土地的供给,推动了地价上升。这次税制改革取消了这一规定,促进了土地转让,增加了土地供应。1991 年税改之后,日本将城市内农地分为两类,对于 1993 年之前持有的农地,划分为"必须保护的农地"和"必须宅地化的农地",前者按农地征税,享受免税政策,后者与普通宅基地一样需要纳税。原来三大都市圈(东京、名古屋、近畿)特定城市的农地有许多免征固定资产税特例,如对农地及相连的宅地,征税标准为评估额的二分之一,在这次税制改革中,开始调查和清理三大都市圈的指定城市市区农地在固定资产税方面享受的免征特例,强化了城市中的农地征税。

第四,从整体上强化转让所得税。由于日本房地产保有环节的税负较轻,为削弱土地作为资产保有的高收益,抑制土地投机行为,日本加强了转让所得税。对个人持有期限在 5 年以上的土地和建筑物的转让收益,税率从 20% 提高到了 30%;继续执行法人短期持有土地的高税率制度,规定在通常的法人税之外,从其转让收益中追加30% 的税金;对长期持有在 5 年以上的土地转让收益,在通常的法人税之外,加征 10% 的特别税。但是转让给公共部门或居民住宅用地,且保有期限在 5 年以上的,转让收益在 4000 万日元以下的,实行低税率(个人所得税由 20% 降低为 15%,居民税由 6% 降低为 5%),转让收益在 4000 万日元以上的仍然采用所得税 20%、居民税 6% 的税率制度。转让居住用财产时,转让收益 6000 万日元以下的部分,所得税率 10%(居民税 4%),6000 万日元以上的部分所得税率 15%(居民税 5%)。

在改革过程中,日本针对个人与法人规定了一些特例,如为征用等目的转让土地时特别扣除为 5000 万日元;为特定土地区划调整事业等转让土地时特别扣除为 2000 万日元;为修建特定住宅区事业等转让土地时特别扣除为 1500 万日元;为保有农用地合理化等目的转让土地时特别扣除为 800 万日元;转让居住用财产时特别扣除为3000 万日元。实际上,由于保有环节税负较轻而转让环节税负较重,不利于土地交易的正常开展。同时,转让环节的税负可以转嫁,对卖方而言,转让环节的税负完全可以全部转嫁给购买者,从而进一步增加了地价和房价的上涨。

第五,提高土地价格评估标准,强化固定资产税及遗产税。长期以来日本土地价格被严重低估,尤其是小规模住宅用地,土地估价仅为市价的 25%,这次改革提高了固定资产税的评估标准,从 1994 年开始,课税标准提高到公示价格的 70%。对于遗产税,土地评估价格在 1992 年提高为按全国统一公布的公示价格的 80% 计算,对于那些小规模的宅地,提高了其免征遗产税扣除限额。

从上面的分析可以看出,20 世纪 90 年代前期的税制改革初衷是抑制过度增长的地价和房价,但当政策出台时,日本的经济环境已经发生变化,房地产的泡沫已经崩溃,土地税制的实施效果不仅加速了地价房价的下降进程,也为 90 年代中期以后的缓和土地税制埋下了伏笔。

第四节　长期萧条时期日本弱化的土地税制改革

伴随着日本房地产市场泡沫的破裂,日本经济进入长期的萧条时期,20 世纪 90 年代后期仍基于原来的改革思路进行了土地税制改革,新世纪以来,土地税制的改革重心从土地市场调控转向降低土地税收负担、提高土地流动性、促进土地的有效利用等方面。

一、20 世纪 90 年代后期的土地税制改革

1994 年日本进行了税收制度的改革,总体改革思路是降低所得税,提高消费税率,1997 年将消费税率从 3% 提高到 5%,在财产税方面,为减轻住宅用地的税负,政府采取了上述一系列降低和调整课税标准的特别扣除措施,如对一定新建住宅、长期优良住宅、既有住宅的耐震改造、既有住宅的残疾设施改造及节能改造等实施减税。

1997 年,日本政府颁布了《新综合土地政策推进纲要》,将土地理念由所有改为利用,将土地税制的调控重点由平抑地价转向了土地资源的优化配置。1997 年 12 月 31 日,日本政府废止了法人超短期保有土地的转让所得按 15% 的税率课征的追加税。1998 年,为了减轻土地取得、保有和转让环节的税负,日本又进行了一次税改。这次改革是对 1991 年改革的修正,主要内容如下:

第一,停征地价税。地价税开设伊始,地价房价已经进入下降通道,经济长期萧条背景下地价房价的持续下降,结束了地价税的历程。

第二,个人长期持有土地的转让所得的起征点从 4000 万日元提高到 6000 万日元,适用 20% 的税率,超过 6000 万日元的税率为 25%。个人短期持有土地的转让所得不再适用 40% 或者税额 110% 的追加税。

第三,对于置换居住用财产转让损失制定了结转特例,允许损失额从转让年份起三年的总所得中扣除。

二、新世纪以来土地税制改革

在土地价格下滑趋缓的背景下,为了摆脱资产通缩的束缚,日本再次构思了土地政策的构架,并以"实现合理的土地使用"和"形成透明、高效的土地市场"作为土地政策的基本理念。2003 年,为了提高土地的使用价值及顺应土地市场供求结构的变化,日本政府大幅度减轻了土地流通环节的课税,停征了特别土地保有税。至此,作为抑制房地产泡沫的地价税和特别土地保有税均完成了历史使命。

2009 年日本政府为了应对以土地使用价值为中心的房地产市场的形成和少子高龄化社会等与土地相关经济社会环境的变化,出台了"土地政策的中长期展望",意在维持以土地使用价值为导向的土地市场的健康运行,提高国民的整体福利。该"展望"提出以后的土地政策应以提高国民生活为目标,以房地产的使用价值为根本,综合制定促进房地产业发展的中长期计划。"展望"中再次提及完善房地产市场的税制、法制及地价公开发布制度,完善土地取得、保有和转让等相关法律法规,强化了土地市场与国家宏观调控的关联性,确保土地市场的平稳运行,推动日本经济的发展。在这次改革中,日本政府指出土地不是保有的"不动"资产而是活用资产,不动产市场是以土地的利用价值为中心的市场,应该关心的是在提高国民生活水平方面,不动产能够作出多大贡献。因此,日本的土地政策的基本方略定位于"提高国民生活水平,提高不动产的利用价值"。

鉴于政策环境的改变,2009 年的土地税制改革中提出,在住房领域,将住房有关的税收抵免延长 5 年,对在 2009—2010 年度购买的土地转让收益在 1000 万日元以下,且所有权在 5 年以上的,实施特殊纳税扣除,对公司在 2009—2010 年度购买在 10 年内转让土地所获得收益部分可以延期纳税。

2011 年 4 月 13 日,日本政府税制调查会召开全体会议,会上制定了面向东日本(泛指整个日本东半部地区)大地震灾民的税制特例措施。其中包括:因海啸而严重受损的土地和房屋免交 2011 年度的固定资产税;灾区居民购买自住房和换购汽车时减免税费。

2012 年的土地税制改革提出,事业资产更新优惠税制延长 2 年,是指出售持有 10 年以上事业用土地、建筑物后,购买新的土地、建筑物及机器设备时,可申请销售利益延期纳税,2012 年起,该措施延长 3 年,但新购土地不足 300 平方米的情况不在优惠范围之内。

从以上内容可以看出,日本是一个非常重视税收政策调控土地供求的国家,尤其是在新世纪之前,日本将土地税制视作抑制或提升地价房价的"利器"。根据经济环境和地价房价的变化不断改变政策取向,其结果是试图抑制地价房价的土地税制出台之时,经济环境已经发生变化,而在转向缓和税制之时,日本地价、房价已经进入了上升通道,土地税制的改革不仅没有实现地价房价的稳定,反而加剧了地价房价的波动。直到 21 世纪以来,日本的土地税制改革似乎回归了本源,从调控市场供求回归到提高土地流动性和使用效率上,实现了土地税制的中立性。

第三章　日本土地税制改革效应分析

土地税制的经济效应是多方面的,主要表现在增加地方政府的财政收入、促进土地资源的合理利用和保障经济的平稳运行三个方面。为了评价日本土地税制的改革效果,本章以 1975—2001 年为研究区间,利用向量自回归模型对土地税制改革前后的地价与房价变动进行实证分析,结果显示,日本土地税与地价、房价之间存在正相关性。本章同时还分析了土地税对日本地方政府财政收入的影响,通过分析发现,泡沫经济崩溃后到 21 世纪初,土地税对地方财政收入的贡献率稳中有升,表明土地税在地方财政收入中的作用不断增强。

第一节　税收与土地税的经济效应

税收效应是指纳税人因国家课税而在其经济选择或经济行为方面作出的反应,从另一个角度说,是指国家课税对消费者的选择以至生产者决策的影响,也就是税收对经济所起的调节作用。土地税作为主要的财产税,其经济效应主要表现在为地方政府筹集公共设施建设资金、抑制投机、促进土地资源合理利用三方面。

一、税收的经济效应

税收效应可按不同的标准划分为正效应和负效应、中性效应和非中性效应、激励效应和阻碍效应、收入效应和替代效应等,也可将税收效应划分为投资效应、储蓄效应、社会效应、产出效应、心理效应,等等。

(一) 税收的正效应与负效应

政府对纳税人课税目的,在于对经济运行施加一定影响,如果税收对经济的效应与政府的初衷相一致,那么税收就具有正效应;如果征税后,经济向着与政府初衷相反的方向运行,那么课税行为就产生了负效应。对土地税的征收来说,如果政府征收土地税后,增加了土地的供给,平抑了土地投机,促进了土地有效合理利用,稳定了地价,那么土地税就具有正效应。反之,如果政府征收土地税后,造成房地产开发商大量囤积土地,哄抬地价,土地投机愈演愈烈,那么土地税就具有负效应。政府通过经常分析税收的正效应与负效应,掌握经济运行方式,及时修正税则,最大限度减弱负效应,从而更好地推动经济增长,促进经济稳定。

(二) 税收的中性效应与非中性效应

税收的中性效应是指,征税并不对市场经济运行产生影响,不会影响不同商品间的相对价格,不改变消费者在消费与储蓄之间的选择,不改变劳动者在工作与闲暇之间的选择。反之,税收非中性指征税对市场经济运行产生影响,改变经济主体的抉择。新古典经济学与福利经济学理论中指明,完全竞争市场能优化资源配置,通过"价格"这只"无形之手"将生产要素分配到生产效率最高的地方。由市场这只"看不见的手"将资本、劳动力和土地等生产资源分配到能产生最高效率的地方后,政府如果遵循市场的价格和竞争原则,税收应不加重个体负担,不影响经济运行效率。然而,盲目追求经济运行效率往往会产生不公平。也就是说,在市场经济运行中,政府在"公平"与"效率"中权衡。从"效率"的角度来讲,政府更偏好于选择税收中性。然而,如果政府对经济的调控拘泥于税收中性,那么政府在做大"经济蛋糕"的同时,并不能公平地分配。因此,税收往往都具有非中性效应,只是政府要在征税与尽可能减少效率损失并减轻对资源配置扭曲之间作出权衡。土地税也是非中性的。

（三）税收的激励效应与阻碍效应

税收的激励效应，是指通过政府减税或增税，使经济主体更乐于参与某项活动；反之，税收的阻碍效应，是指通过政府的征税行为，使经济主体更不乐于参与某项活动。税收会产生激励效应还是阻碍效应，取决于纳税人对某项活动的需求弹性。如果纳税人对税后收入的需求弹性较小，则会拼命工作以获得更多的收入；如果纳税人对税后收入的需求弹性较大，则会更多地选择闲暇，与其增加收入缴税，不如悠闲地生活而少缴税。

土地税的征收对土地的保有者或使用者具有阻碍效应。政府征纳土地税后，人们往往倾向于观望土地市场，减少土地交易量，而不是立刻作出反应购买或转让土地。阻碍效应的大小取决于缴纳土地税的人们对税后所得的需求弹性，需求弹性越小，阻碍效应越小。需求刚性时阻碍效应最小；需求完全弹性时阻碍效应也最大。土地税的阻碍效应对有着不同需求弹性的土地交易者的影响也不同。

（四）税收的收入效应与替代效应

政府的征税行为，会对纳税人产生收入效应或替代效应，或二者兼而有之。税收的收入效应，是指税收改变纳税人的可支配收入或相对收入。收入效应本身不会影响经济运行，只是收入从纳税人手里到政府手里的转移。如果纳税人因个人可支配收入减少而改变其对商品，消费与储蓄，以及劳动与闲暇的抉择时，那么也会对经济运行造成影响。

税收的替代效应，是指税收会改变经济活动的相对价格或相对效益，经济主体往往会选择较便宜的经济活动来代替价格较高的经济活动。例如，如果政府采用累进税率，工作的边际收益递减，人们往往会选择闲暇来代替劳动；如果政府增大了对一种商品的课税，人们往往会选择这种商品更便宜的替代品。税收的替代效应会对经济主体的自由选择造成影响,以致降低经济运行效率。

二、土地税的经济效应

(一) 增加财政收入,筹集公共设施建设资金

土地作为不动产,具有固定性和非移动性,费希尔(Fischel,1985)指出,"在经济学中,土地与其他生产要素的不同仅仅是土地的供给刚性"[①],土地的这种自然特征使之成为一种良好稳定的税源,因此土地税成为一种长期、稳定而又最有保障的财政收入来源。最初单独征收土地税是亨利·乔治在1880年提出的,他提出对土地租金收入征收100%的税收,这样取得的收入足以满足各级政府的需要。魁奈和他的拥护者在18世纪50—60年代发展了重农主义学说,他们的核心观点是,土地税对于政府来说,唯一的吸引力在于它可以为政府带来税收。

土地税筹集的资金可以用来进行地方公共事业的建设,从而改善土地状态,土地价值就会上升,相应带来更多的税收收入,继续投入地方公共事业的建设中,形成良性循环。作为受益税,地方政府把征得的土地税用于公共基础建设维护上,惠及居民,专税专用,收支透明,容易使居民体会到自己缴纳的税款没有被浪费,从而产生满足感,有利于增强地方政府财政绩效。土地税的征收对地方政府为居民提供更优质的公共服务具有很强的激励效应,由于优质的公共服务会提升土地价值,所以也会增加地方政府的财政收益。

另外,地方政府征收土地税就获得了财政上一定的自主权,可以不依赖中央政府作出自己的地方公共财政的规划,并依据地方特色提高经济运行效率与公共财政效率。如果地方政府缺乏足够和稳定的收入来源,那么公共设施的建设就必须依赖转移支付来解决。但是上下级政府间的转移支付,往往会附带一定的条件,规定拨款的使

---

① 苏畅:《日本土地税及其效应分析》,河北大学硕士学位论文,2013年,第3页。

用方向,这种情况下,地方政府就不能作出合理的财政支出计划,达不到财政支出效率最大化的目的。

(二) 抑制投机,平抑地价

土地价格上涨的主要原因是土地供求关系不平衡。土地的稀缺性使土地市场一般呈现为卖方市场,这为投机行为创造了契机,那些投机者对其拥有的土地待价而沽而不予使用。短期内,土地的供给呈刚性,税收难以转嫁,会增加保有土地的成本,因而土地税的征收会抑制投机行为,促进土地资源的合理流动。日本学者野口悠纪雄在 1994 年的《日本的地价与房价》(Land Prices and House Prices in Japan)中分析了 20 世纪 80 年代日本土地税对其地价和房地产价格的影响。他指出,由于 20 世纪 80 年代日本土地税制在土地取得、保有和转让环节征税较少,同时由于日本放宽金融政策,使国内的流动性过剩,国民的可支配收入增加,这造成大量资金投入土地交易,使以短期获利为目的投机性土地交易日益严重,推高了日本的地价和房价。由此我们可以看出,土地税的征收对地价变化起了重要作用,使其真正起到平抑地价的作用,关键因素是土地税在各个环节税率的设计要合理。

(三) 引导土地利用方向,促进土地资源合理利用

土地作为生产要素,它的合理利用,对农业生产乃至整个国民经济都会起到积极的推动作用。如果有少数人垄断土地并弃置不用,使之荒废或闲置,坐等机会待价而沽,不仅加重土地兼并和社会分配不公,更会影响生产发展。对土地课税包括地价税、空地税、荒地税等,从重对空地、荒地等课税,可促使其所有者提高土地利用率和加强土地改良,达到促进生产发展的目的。[①]

合理的土地税收作为一种经济杠杆,具有引导土地利用方向的

---

① 郑威:《土地税研究》,东北财经大学硕士学位论文,2005 年,第 32—33 页。

功能,春秋时期的思想家管仲就曾提出过"相地而衰征"的观点,意为根据土地的肥沃贫瘠程度确定征收土地税的多少。亨利·乔治认为"土地税可以迫使土地所有者以更理性的方式利用土地"。托马斯(Thomas A.Gihring,1999)[①]也曾提出利用税收杠杆对土地进行控制,对粗放利用的土地施以重税,集约利用的土地施以轻税。[②] 南京大学学者钟太洋、黄贤金等在《土地税收与城市土地利用关系的理论分析》中认为不同的土地税种对城市土地利用有不同影响,有的直接影响土地利用效率,有的则通过影响土地市场、改变土地资源配置进而影响土地利用方式和土地利用强度。[③]

通过土地税收政策的变化,往往能够实现引导土地利用方向的目的。如对不同的土地利用方向确定不同的税率,对不希望的土地利用方向课以重税,对希望的土地利用方向轻税或者免税等,娄德利很早提出利用税收保护耕地,主张对农地专用征收高额增值税,限制非法大量专用农地。如我国台湾地区地价税税率,分为一般税率和优惠税率两种,对限额内的自用地、工业用地、公共设施保留地和公有土地均实行优惠税率。公共设施保留地税率为1%,公有土地税率为1.5%。菲律宾、牙买加、利比里亚等国,也按土地的不同用途采用不同税率。征税的压力会促使土地经营者改变土地利用方向,而对荒地和空地征收土地税,会驱使土地占有者充分利用这些土地。征税的压力还可能促使经营者更有效、更集约地利用土地,从而实现土地资源利用的目的。我国香港特别行政区的不动产税税率,原则上是17%,新开辟地区为11%,但对供应不过滤水的地区为16%,无

---

① Thomas A. Gihring, "Incentive Property Taxation: A Potential Tool for Urban Growth Management", *Journal of The American Planning Association*, 1999, 65(1), pp.62-79.

② 吴宗珍:《促进我国城市土地节约利用的土地税制改革研究》,青岛大学硕士学位论文,2009年,第5页。

③ 吴宗珍:《促进我国城市土地节约利用的土地税制改革研究》,青岛大学硕士学位论文,2009年,第4页。

水道的地区为15%,新开辟区为9%。新加坡为了适应经济开发政策的需要,原将全国地区分为发达地区、半发达地区和不发达地区三类,采用不同的税率,分别为36%、18%和12%。从1984年起修改为全国23%的统一税率。奥地利征收闲置土地价值税。我国台湾地区对私有空地(所谓空地是指已完成道路、排水及电力设施,而仍未依规定建筑,或虽已建筑但建筑改良物价值不及所占基地申报地价15%的土地)按该宗土地地价税的3—5倍征收。对空地或闲置土地课征较高税率,目的是为了促进土地的有效利用。

第二节　日本土地税制改革与地价房价的关系

20世纪90年代前,日本土地税制的改革是强化趋势,主要目的是抑制土地和房地产市场的过度投机行为,而现实是土地税制的强化与地价、房价上升过程的重合。本节通过向量自回归模型对日本土地税制改革前后的地价房价变化情况展开实证分析,在此基础上,进一步应用脉冲响应函数和方差分解方法研究日本土地税制改革对地价房价的影响。

一、计量方法与样本的选择

(一)向量自回归模型

向量自回归模型(VAR)是基于数据的统计性质建立的模型,该模型不以严格的经济理论为依据,也不对参数施加零约束,而是把系统里每一个内生变量作为所有内生变量的滞后值的函数来构造模型,从而将单变量自回归模型推广到由多元时间序列变量组成的向量自回归模型,可用来解释各种经济冲击对经济变量的影响,表达式如公式3-1所示。

$$Y_t = \alpha_1 Y_{t-1} + \alpha_2 Y_{t-2} + \cdots + \alpha_p Y_{t-p} + \beta X_t + \varepsilon_t \qquad t = 1,2,3,\cdots,N$$

$$公式(3-1)$$

公式(3-1)中 Y_t 为 k 维内生变量向量, X_t 为 d 维外生变量向量, p 为滞后阶数, N 为样本容量。$k×k$ 维矩阵 × 及 $k×d$ 维矩阵 × 为待估计系数矩阵。× 为 k 维扰动向量。

(二) **脉冲响应函数**

脉冲响应函数是用来分析扰动项的影响是如何传播到各变量的, 其目的在于分析经济系统中某一变量受到扰动后对各变量波动的影响情况。如果以滞后二阶的向量自回归模型为例说明脉冲响应函数的基本思想, 则包含 y_t 和 z_t 两变量的向量自回归方程如公式(3-2)所示:

$$\begin{cases} y_t = \mu_1 y_{t-1} + \mu_2 y_{t-2} + \pi_1 z_{t-1} + \pi_2 z_{t-2} + \varepsilon_{1t} \\ z_t = \gamma_1 y_{t-1} + \gamma_2 y_{t-2} + \lambda_1 z_{t-1} + \lambda_2 z_{t-2} + \varepsilon_{2t} \end{cases} t = 1, 2, \cdots, N$$

$$公式(3-2)$$

其中: μ_i、π_i、γ_i、λ_i 为参数, 扰动项 $\varepsilon_t = (\varepsilon_{1t}, \varepsilon_{2t})'$ 为白噪声过程向量。

假定公式(3-2)所描述的系统从初始期 0 期开始活动, 设 y_0、y_1、z_0、z_1 均取值为 0, 且设第 0 期给定的扰动项 $\varepsilon_{10} = 1$, $\varepsilon_{20} = 0$, 而对于任何 t > 0, $\varepsilon_{1t} = \varepsilon_{2t} = 0 (t = 1, 2, \cdots)$, 则 $\varepsilon_{10} = 1$ 为第 0 期给 y 施加的扰动脉冲。当 t = 0 时, $y_0 = 1$, $z_0 = 0$, 将结果带入方程, t = 1 时: $y_0 = \mu_1$, $z_0 = \gamma_1$; t = 2 时: $y_2 = \mu_1^2 + \mu_2 + \pi_1 \gamma_1$, $z_2 = \gamma_1 \mu_1 + \gamma_2 + \lambda_1 \gamma_1$, 进一步可依次得到 $y_0, y_1, y_2, \cdots$, 也就是由 y 的脉冲引起的其自身的响应函数。同理得到, $z_0, z_1, z_2, \cdots$, 即由 y 的脉冲引起的 z 的响应函数。第 0 期的 z 的脉冲, 从 $\varepsilon_{10} = 0$, $\varepsilon_{20} = 1$ 出发, 可以得出 z 的脉冲引起的 y 的响应函数与 z 的响应函数。

(三) **方差分解的基本思想**

方差分解探究每一结构冲击对内生变量变化有多大解释率, 并分析施加于各变量上的随机扰动对所建模型的变量产生的影响。如在 0 期对系统施加一个扰动, 则 t 期所受扰动的影响如公式(3-3)所示:

$$y_{it} = \sum_{j=1}^{k} (\gamma_{ij}^{(0)} \varepsilon_{jt} + \gamma_{ij}^{(1)} \varepsilon_{jt-1} + \gamma_{ij}^{(2)} \varepsilon_{jt-2} + \gamma_{ij}^{(3)} \varepsilon_{jt-3} + \cdots), i=1,$$

$2,\cdots,k; t=1,2,\cdots,N$ 公式(3-3)

括号里的内容是第 j 个扰动项 ε_j 从无限过去到现期对内生变量 y_i 影响的总和。需要求出方差,并假定随机扰动项 ε_j 相互独立无自相关:

$$E[(\gamma_{ij}^{(0)} \varepsilon_{ij} + \gamma_{ij}^{(1)} \varepsilon_{jt-1} + \gamma_{ij}^{(2)} \varepsilon_{jt-2} + \cdots)^2] = \sum_{q=0}^{\infty} (\gamma_{ij}^{(q)})^2 \sigma_{jj}, i,$$

$j=1,2,\cdots,k$ 公式(3-4)

求出方差以后,分析第 j 个随机扰动项对 i 变量的影响结果。如果随机扰动项向量的协方差矩阵 Σ 为对角矩阵,那么内生变量 y_i 的方差为上述方差的 k 项的简单加和:

$$Var(y_{it}) = \sum_{j=1}^{k} \left\{ \sum_{q=0}^{\infty} (\gamma_{ij}^{(q)})^2 \sigma_{jj} \right\}, i=1,2,3,\cdots,k; t=1,2,3,\cdots,t$$

      公式(3-5)

内生变量 y_i 的方差是 k 种无自相关的影响的总和。求出每个随机扰动项对内生变量 y_i 的方差有多大的解释率(RVC),计算公式如(3-6)所示:

$$RVC_{ji}^{\rightarrow}(\infty) = \frac{\sum_{q=0}^{\infty} (\gamma_{ij}^{(q)})^2 \sigma_{jj}}{Var(y_{it})} = \frac{\sum_{q=0}^{\infty} (\gamma_{ij}^{(q)})^{(2)} \sigma_{jj}}{\sum_{j=1}^{k} \left\{ \sum_{q=0}^{\infty} (\gamma_{ij}^{(q)})^{(2)} \sigma_{jj} \right\}}, i,j=1,2,$$

$3,\cdots,k$ 公式(3-6)

相对方差解释率通过分析第 j 个变量基于冲击的方差对内生变量 y_i 方差的解释率来观测第 j 个变量对第 i 个变量的影响。

(四) 样本选择及数据预处理

土地税相关数据由 1975—2001 年不动产取得税、地价税、固定资产税、特别土地保有税、遗产税、赠与税的税收额加总求和来表示;地价相关数据由 1975—2001 年日本全国用地的全用途平均价格来表示(全用途包括商业用地,住宅用地,工业用地以及农业用地);房价数据由 1975—2001 年的住房交易成交价格来表示。上述数据来源于 1975—2001 年日本统计协会编辑出版的英文版《日本统计年鉴》(*Japan Statistical Yearbook*)。

为保证计量分析的准确性,将 1975—2001 年的日本土地税及日本地价及房价数据做了定基处理,统一以 2000 年为基期。为消除异方差,对地价、房价及土地税相关数据做了对数处理。在下面的分析中,日本地价用 LLP 表示,房价用 LHP 表示,土地税用 LLTAX 表示。根据调整后的地价、房价和土地税数据制作时间序列图,如图 3-1 所示。

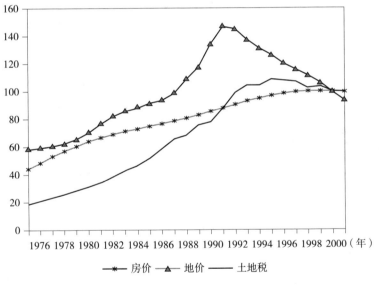

图 3-1　日本地价、房价与土地税的时间序列图

通过对图 3-1 的直观考察可以看出,从 1975—2001 年的 20 多年中,日本地价、房价与土地税的变动趋势大体一致,三者具有较强的正相关性。但地价和房价对于土地税变化的敏感程度并不相同,对于土地税的变化,房价的反应比较平稳,起伏不大;而地价的变化幅度就比较大,尤其在经济泡沫时期反应更为强烈。这为下文中进行实证分析提供了重要基础。

二、日本土地税对地价及房价影响的实证分析

本部分先对上述时间序列进行稳定性检验,在此基础上建立 VAR 模型,并对该模型的拟合程度进行检验。

(一) 变量时间序列稳定性检验

1. ADF 单位根检验

分析时间序列时,应首先检验数据的平稳性并确定单整阶数。对于 VAR 模型,必须要保证序列间具有平稳性或者存在协整关系,才能保证模型的准确性,因而模型分析之前必须对序列做平稳性和协整关系检验。常见的单位根检验方法有 DF 检验、ADF 检验、PP 检验等,在此本节选择 ADF 检验,滞后期数由 AIC、SC 最小准则确定,结果如表 3-1 所示。

表 3-1 日本地价、房价及土地税数据平稳性检验

变量	ADF 检验值	检验类型(ctp)	5%临界值	结论
LLTAX	−0.036724	(c,0,2)	−1.955681	不平稳
△LLTAX	−1.913321	(c,0,1)	−2.986225	不平稳
▽LLTAX	−7.761006	(c,t,0)	−3.612199	平稳
LLP	−0.194394	(c,0,2)	−1.955020	不平稳
△LLP	−1.020978	(c,0,0)	−2.986225	不平稳
▽LLP	−3.655107	(c,t,0)	−3.612199	平稳
LHP	−0.513741	(c,0,1)	−1.955020	不平稳
△LHP	−0.807370	(c,0,0)	−2.986225	不平稳
▽LHP	−5.568062	(c,t,0)	−3.612199	平稳

注:上表为 ADF 单位根检验,△表示一阶差分,▽表示二阶差分,0 表示不含常数项与时间趋势项,c 表示常数项,t 表示趋势项,p 表示滞后阶数,由 AIC 最小准则确定。

表 3-1 所显示结果表明,三个变量水平序列和一阶差分序列均为不平稳序列,而二阶差分均为稳定系列,即均为二阶单整序列,因而可以作进一步向量协整关系检验。

2. Johansen 协整检验

三个二阶单整序列符合协整检验的前提条件,为判断三者间是否存在长期稳定的关系,进一步对三者进行 Johansen 协整检验。检验结果如表 3-2 所示。

表 3-2 日本地价、房价及土地税的 Johansen 协整检验

原假设协整方程乘个数	迹检验	5%显著性水平	最大特征值检验	5%显著性水平	特征根
None*	67. 48831	42. 91525	32. 77578	25. 82321	0. 730458
At most 1	11. 22338	12. 51798	11. 22338	12. 51798	0. 361693

注:* 表示拒绝原假设,由表可知特征根迹检验表明有 1 个协整关系,最大特征值检验表明有 1 个协整关系。

由表 3-2 可知,特征根迹检验结果为,原假设 None 的检验统计量 67. 49 大于 5%显著性水平下的临界值 42. 92,故我们可在 95%的置信水平下拒绝无协整关系的假设,即两变量存在协整关系;原假设"至少有一个协整关系"的检验统计量 11. 22 小于 5%显著性水平下的临界值 12. 52,故亦可以在 95%的置信水平下接受最多存在一个协整关系的假设。特征根迹检验结论为存在一个协整关系。最大特征值检验亦表明三者存在一个协整关系。这表明,日本地价、房价与日本土地税之间存在协整关系,也就是说我们的研究是有意义的。协整方程如公式(3-7)所示:

$$LLP = 0.5060LLTAX + 1.7182LHP - 0.0381 + vecm \qquad 公式(3-7)$$
$$(0.21658) \qquad (0.74520)$$

上式括号中的数字为标准差,vecm 为误差修正项。土地税对地价有弹性系数约为 0.51 的显著影响,即土地税增加一个百分点,地价将增长 0.51 个百分点,强化土地税会导致地价增长。通过对残差项进行 ADF 单位根检验,结果表明残差项平稳,不存在单位根。这表明日本地价与土地税及房价存在长期稳定的关系。日本地价与土

地税及房价是正相关的,土地税增加会推高地价,而房价升高一个百分点,也将使日本地价上升约 1.72 个百分点。与土地税相比,日本房价对日本地价的影响更大。

(二) 建立 VAR 模型及其可行性检验

1. VAR 模型回归

根据 LR 统计量,赤池准则和信息准则检验的原则,利用 Eviews 软件得到 VAR 模型的最优滞后阶数为 2,即建立滞后 2 期的 VAR(2) 模型可消除随机误差中存在的自相关,详见表 3-3。

表 3-3　日本地价、房价及土地税的 VAR 模型最佳滞后期选择

Lag	LogL	LR	FPE	AIC	SC	HQ
0	61. 41382	NA	1. 54e-06	-4. 8678	-4. 7206	-4. 8288
1	191. 6441	217. 0504	6. 38e-11	-14. 9703	-14. 3813	-14. 8141
2	221. 7453	42. 6434*	1. 15e-11*	-16. 7288*	-15. 6990*	-16. 4553*
3	227. 6277	6. 862847	1. 66e-11	-16. 4690	-14. 9964	-16. 0783

注: * 表示不同种类检验原则给出的 VAR 模型最优滞后阶数。

利用 Eviews6.0 软件回归得到的 VAR(2) 模型如公式(3-8) 所示,该式表明了日本土地税、日本地价和日本房价的函数关系:

$$
\begin{bmatrix} lltax_t \\ llp_t \\ lhp_t \end{bmatrix} = \begin{bmatrix} 1.38 \\ 2.33 \\ 0.67 \end{bmatrix} + \begin{bmatrix} 0.70 & 0.39 & -2.64 \\ -0.34 & 1.80 & -1.19 \\ -0.001 & 0.02 & 1.12 \end{bmatrix} \times
$$

$$
\begin{bmatrix} lltax_{t-1} \\ llp_{t-1} \\ lhp_{t-1} \end{bmatrix} + \begin{bmatrix} 0.18 & -0.08 & 2.14 \\ 0.05 & -1.04 & 0.64 \\ 0.05 & -0.007 & -0.32 \end{bmatrix} \times
$$

$$
\begin{bmatrix} lltax_{t-2} \\ llp_{t-2} \\ lhp_{t-2} \end{bmatrix} + \begin{bmatrix} \varepsilon_{1t} \\ \varepsilon_{2t} \\ \varepsilon_{3t} \end{bmatrix} \qquad\qquad 公式(3-8)
$$

三个方程的拟合优度均达到了 0.99,处于较高水平,其他各项检验指标也较为理想,模型的拟合程度较好,AIC 与 SC 的值都很小。由公式(3-8)可看出,在以地价为被解释变量的方程里,土地税滞后一阶的系数为-0.34,所有土地税变量的系数和为-0.2887。这说明在短期土地税的强化抑制了地价上涨,在长期土地税的抑制作用逐渐减弱。在以日本房价为被解释变量的方程里,土地税滞后一阶的系数为-0.001,所有土地税变量的系数之和为 0.0503。这表明短期内土地税的强化在一定程度上抑制了房价的上升,但在长期中,土地税与房价呈同向变化,而且土地税对地价的影响程度大于其对房价的影响程度。

2. 模型稳定性检验

因为如果 VAR 模型不是平稳的,脉冲响应与方差分解将会失去意义,所以我们需要检验 VAR 模型的平稳性。检验标准为,如果模型所有单位根的模小于1,那么模型是平稳的,可以进行更深入的检验;如果模型单位根的模有大于1的,那么模型不平稳,后续研究没有意义。为了更直观地说明问题,图 3-2 作出了单位圆曲线及单位根具体位置图,表明VAR(2)是平稳的,模型所有根的倒数都小于1,即所有根均位于单位圆内。

Inverse Roots of AR Characteristic Polynomial

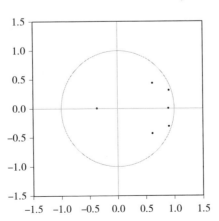

图 3-2　VAR 模型的单位圆曲线及单位根

3. 残差检验

为了确保计量模型对数据的拟合程度,需要对 VAR 模型进行残差检验,即检验模型残差是否服从正态独立分布,包括残差的正态性检验与独立性检验,这有助于判断模型构建的合理性。

(1)残差的正态分布检验

对于正态性检验,我们采用 Jarque-Bera 检验方法,检验结果如表 3-4 所示。残差 1 的 JB 值为 0.5318,且概率为 0.7665,明显小于显著性水平 0.05、自由度为 2 的卡方分布临界值(5.99),因此接受原假设,也即残差项 1 服从正态分布。同理可知,残差 2 与残差 3 均通过检验,接受原假设,残差服从正态分布。

表 3-4 残差正态检验的 JB 值

残差	原假设(H_0)	Jarque-Bera	df 自由度	P 值	结论
ε_{1t}	正态	0.5318	2	0.7665	服从正态分布
ε_{2t}	正态	4.1829	2	0.1235	服从正态分布
ε_{3t}	正态	2.7346	2	0.2548	服从正态分布

(2)残差的独立性检验

表 3-5 为残差独立性检验结果,表中显示三个残差项的 Q 统计值较小,且 P 值较大。查询卡方分布表,Q 统计量的值均小于 5% 水平下自由度为 3 的 7.815 上限,表明日本土地税与日本地价、房价的残差项均不存在自相关。

表 3-5 残差独立性检验

残差	原假设(H_0)	Q 统计值	P 值	结论
ε_{1t}	独立	0.1351	0.713	独立
ε_{2t}	独立	0.0780	0.780	独立
ε_{3t}	独立	2.4103	0.121	独立

上述正态性和独立性检验,表明残差服从正态独立分布,说明VAR(2)模型对数据的拟合程度良好,通过了检验。

(三) 脉冲响应分析

利用脉冲响应函数可以刻画出随机扰动项的一个标准差冲击对内生变量现期与未来取值的影响,脉冲函数的横轴为响应函数的追踪期数,纵轴为被解释变量对解释变量的响应程度。图3-3为日本地价与房价对土地税单位新息冲击的脉冲响应函数,实线表示响应函数的计算值,虚线表示响应函数加减两倍标准差的置信带,初步选择响应函数的期数为15。

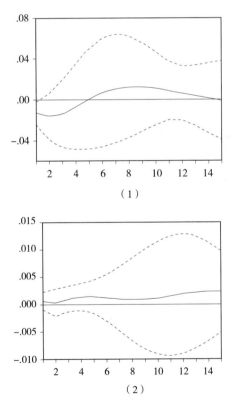

图3-3 日本地价、房价对土地税单位新息冲击的脉冲响应函数

由图 3-3(1)可知,当给日本地价一个正向冲击时,地价在短期内会有负向响应-0.0133,到第五期时,响应为 0.0007,趋于零。从第六期开始,地价对冲击产生正向响应 0.007,并于第八期达到峰值0.0125,之后响应程度逐渐减弱,至第十五期则变为负向响应-0.0011。这说明,日本强化土地税在短期内给地价的正向冲击造成了地价负向的响应,抑制了地价的上涨,遏制了土地投机,但从长期来看效果不显著,随着滞后期的增加,土地税对地价的影响逐渐变小。这是因为日本土地税改革是伴随着历次地价上涨而出台的,地价上涨时加强征税力度,地价稍稍下降时就降低征税力度。这种征税方式在短期内对平抑地价确实发挥了一定作用,但政策持续性较差,没能达到预期的效果。如图 3-3(2)所示,给日本房价一个正向冲击后,日本房价有正向响应 0.0005。这种响应从第三期 0.0010后开始增强,直到第十五期,响应持续为正向 0.0023。这说明日本强化土地税对房价的冲击逐渐加强。

此外,从图 3-3 的纵轴数据单位还可以看出,日本土地税对地价的影响远远大于其对房价的影响。

(四) 方差分解

利用 Eviews 工具软件得到日本地价与房价方差分解数据,进而说明一方受到外来扰动所引起的波动幅度和来源,具体情况分别如图 3-4 所示。

通过对图 3-4(1)的数据进行分析,可得出日本土地税变化对地价的影响,即日本土地税的征收在第一期对地价波动的影响较大,约为 21.4%,但随着时间的推移,土地税对地价波动的贡献率逐渐减小;从第八期开始,土地税对地价波动的影响有一定程度的回升,约为 3.1%,地价稳定后,土地税对地价波动的解释率为 3.4%。地价的波动受其自身影响最大,约为 72.7%,其次是受房价的影响,为 23.8%。

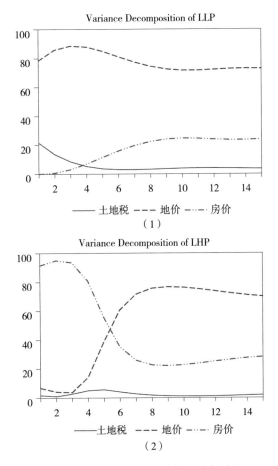

图 3-4 日本地价、房价的方差分解结果

通过对图 3-4(2)的数据进行分析,可以发现日本土地税对房价波动的贡献率在第一期为 1.6%,此后开始逐渐增大,至第五期达到峰值约为 5.6%。从第六期开始,日本土地税对房价波动的贡献率开始回落。房价稳定后,土地税对房价波动的解释率约为 1.8%。房价的波动受地价波动的影响最大,约为 70.0%,其次是受其自身影响,为 28.1%。

三、结论

本节以 1975—2001 年为研究区间,首先利用向量自回归模型对土地税制改革前后的地价与房价变动进行实证分析,结果显示日本土地税与地价、房价存在长期稳定的关系,土地税对地价的影响程度大于其对房价的影响程度。具体而言,短期内土地税的强化抑制了地价上涨,长期中土地税的抑制作用则逐渐减弱;短期内土地税的强化在一定程度上也抑制了房价的上升,但在长期中,土地税与房价呈同向变化。

其次,通过脉冲响应分析发现,在短期内,日本强化土地税造成了地价的负向响应,抑制了地价上涨和土地投机;但从长期来看效果并不显著,随着滞后期的增加,土地税对地价的影响逐渐变小,其原因在于日本土地税政策的持续性较差,地价上涨时强化土地税,地价稍有下降时就减轻征税力度,导致效果偏离预期目标。从房价来看,尽管日本强化土地税对房价的正向冲击逐渐加强,但土地税政策对房价的影响远小于其对地价的影响。

最后,通过方差分解分析发现,随着时间的推移,土地税对地价波动的贡献率逐渐减小,地价的波动受其自身影响最大。此外,由检验结果可知,房价的波动受地价波动的影响最大,地价的不断升高推升了房价,导致日本地价与房价双高的尴尬局面。

总之,从长期来看,日本土地税对抑制地价房价上涨的效果并不理想,这是由于政策的滞后性未能起到应有的调控效果,有时甚至起到相反的作用。

第三节　日本土地税制改革与地方财政收入

税收最基础的功能就是组织财政收入。日本土地税自产生之日起就是政府财政收入的重要来源之一,与职工薪酬、经营利得等其他收入相比较,土地税税基稳定,便于估价,可以成为长期稳定的收入来源。虽然日本的土地税既有国税也有地方税,但从实践来看,土地税对于地方政府财政收入更为重要。本节将分析日本土地税对地方政府财政收入的贡献,论证土地税对政府财政收入的作用和影响。

一、日本地方政府土地税收入变化情况

结合日本土地税改革前后的政策与政府财政收入的变化情况,制成图 3-5 说明日本地方政府征收主要土地税的规模与结构变化情况。

（单位：10亿日元）

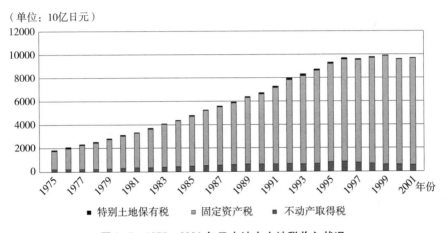

图 3-5 1975—2001 年日本地方土地税收入状况

结合图 3-5 所显示的数据,可以发现日本地方政府征纳的土地税收入呈现上涨的趋势,土地税收入从 1975 年的 18310 亿日元增长到 1999 年的 99510 亿日元,随后有一定的回落,2001 年为 97250 亿日元,二十多年间土地税收入增长了约 4.31 倍;土地税收的年均增长率呈现不断下降的趋势,20 世纪 70 年代末为 14.2%,80 年代前半期下降为 8.7%,80 年代后半期下降为 5.5%,此后一直维持这一水平。

土地税中,由日本都道府县负责征收的不动产取得税呈现出与

土地税总额相同的变化特征。不动产取得税收入总额稳步上升后下降,1974年不动产取得税收入为1740亿日元,1996年达到最高值的8070亿日元,2001年降至5370亿日元;年均增长率迅速下降后进入平稳阶段,20世纪70年代以年均15.3%的速度持续增长,80年代下降为7.4%,90年代再次降至6.4%。

作为地方征纳土地税的主体税种,固定资产税占土地税总额的比重最大,基本超过八成。自1975年至2001年,固定资产税收入由1975年的15470亿日元增长到1999年的93230亿日元,税金总额增长了约4.82倍;同时年均增长率由20世纪70年代后半期的16%下降到20世纪末的0.8%。

特别土地保有税数额较小,在土地税金总额中占比不大,由市町村政府征取,变动趋势复杂,最高值为1993年的1470亿日元,最低值为2001年的350亿日元。

总体来看,20世纪90年代前的强化土地税制增加了地方政府收入,20世纪90年代后的缓和土地税制则相应降低了地方政府的财政收入。

二、日本土地税对地方政府财政收入的贡献

日本的地方政府财政收入主要包括地方税、国库支出金、地方交付税和地方让与税、地方债等项目,根据2014年日本地方税预算,预算总规模为833607亿日元,其中地方税收入350127亿日元,占比42%,地方让与税为27564亿日元,占比3%,地方交付税为168855亿日元,占比20%,国库支出金为124491亿日元,占比15%,地方债为106670亿日元,占比13%。①

为了具体分析日本土地税对地方政府财政收入的贡献,我们根

---

① [日]青木孝德:《平成26年度地方财政对策について》,见 http://www.mof.go.jp/public_relations/finance/201404f.pdf#search=%E5%9C%B0%E6%96%B9%E8%B2%A1%E6%94%BF%E5%8F%8E%E5%85%A5。

据 1975—2001 年日本地方土地税收入（狭义土地税收入）与地方财政收入的数据,绘制图 3-6。

（单位：%）　　　　　　　　　　　　　　　　　　　　（单位：10亿日元）

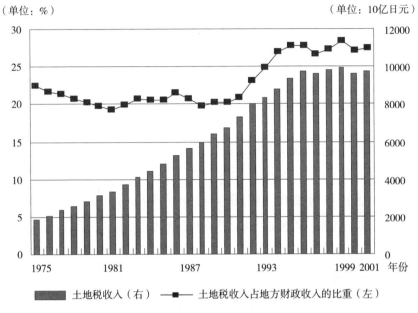

图 3-6　1975—2001 年日本土地税收入占地方财政的比重

从图 3-6 可以看出,在日本的地方财政中,与土地相关的税收占比均在 20% 以上,意味着在 40% 左右的地方税占比中,一半左右为土地相关税收。从变动趋势看,泡沫经济时期土地税收入占地方财政收入的比重迅速增加,1999 年达到最高值 28.5%,2001 年回落到 27.4%,之后基本保持稳定态势。这说明战后以来,土地税对地方财政的贡献率较大,即使在经济长期萧条时期,还仍然是地方财政中的重要收入来源。

第四章　日本证券税制结构及其改革历程

    战后日本财产税改革中,与土地税制相比,证券税制的改革相对滞后。综观整个日本证券税制的改革历程,伴随着日本经济形势的变迁与金融证券市场的发展,证券税制呈现出明显的强化与缓和的特征。在日本经济高速增长时期,为支撑间接金融的发展,满足经济增长对资金的需求,日本缓和了证券税制,在证券市场繁荣的 20 世纪 70 年代和过度繁荣的 80 年代,日本强化了证券税制,90 年代以后的长期萧条时期,日本全面放松了证券税制。分析日本证券税制改革的历程,有助于把握证券税制、证券市场发展与经济增长的规律性。

第一节　证券税制框架与日本证券税制特征

    日本的证券市场起步较美国和英国的证券市场晚,但发展极为迅速。日本的证券税收体系适应了证券市场的发展和变化,逐渐形成了比较完备的复合税制。本节从证券税制的一般原理入手,阐述日本证券税制的基本结构和主要特征。

一、证券税制的基本框架

    证券税制是对涉及证券市场的各种税收法令、征管方法和管理体制等内容的总称,其课税对象是与证券有关的直接或间接行为,包括股票、债券等有价证券的发行、交易、投资、馈赠等环节的税制安排，具体可以细分为证券发行环节的税收、证券交易环节的税收、证券所得环节的税收和证券转移(继承与赠与)环节的税收。

(一) 证券发行环节的税收

在证券发行环节，国际上一般是通过对申请发行的证券征收登记许可税、印花税或资本税进行调节与管理，纳税人为证券发行机构或公司，目的是提高发行成本、抑制过度投机。在荷兰，法人公司为发行股票或债券，在办理登记许可时要交纳登记许可税；在瑞典，证券发行时要根据发行证券的票面金额课征印花税；英国、丹麦等国则以资本金为征税对象，按比例税率向发行公司课征资本税，其中，英国的资本税率为1%，丹麦的资本税率为1%—4%[1]，与课征印花税不同，课征资本税时，发行公司的证券溢价收入也要作为征税对象。美国、法国等国家在证券发行环节已实现无纸化和电子化，为避免效率损失，在该环节不课税。

(二) 证券交易环节的税收

证券交易环节的课税主要是指对股票和债券等有价证券的交易金额征税，一般以证券交易印花税或证券交易税的形式计征。证券市场发展初期，有价证券的交易被看作法定权益证书的转移，同其他应税的文书凭证一样课征印花税。随着证券市场的发展与完善，一些学者提出，证券是一种变现能力较强的特殊商品，应对其交易征收流转税，即课征证券交易税。交易环节的课税直接增加了证券交易者的成本，有助于抑制过度投机，但随着金融证券市场向国际化发展，一国证券交易成本的增加势必会减少国际资本的流入，加剧国内资金的外流，因此，从世界范围看，证券交易环节的课税呈弱化趋势，如美国、新加坡等国为提高金融证券市场效率，取消了对该环节的课税。

---

① 茆晓颖：《证券发行环节课税的国际比较》，《经济论坛》2003年第11期，第49页。

（三）证券所得环节的税收

证券所得环节的课税分为两大类，一类是对证券投资者的投资所得课税，一类是对证券投资者的转让所得课税。

1.对证券投资所得课税

证券投资所得环节的课税是对证券所有者的股息、红利、利息收入课税，称为证券投资所得税，它直接影响证券投资者的收益率，最终影响投资者的投资行为。在世界主要国家和地区的税制设置中，投资所得税是证券税制的核心内容，是必征的税种。对证券投资所得课税一般分为两种模式：一是把它纳入综合所得中一并征收综合所得税，即综合纳税制；二是适用单独的税率征收证券投资所得税，即分类纳税制。由于公司分配给股东的股利属于税后利润，在征收证券投资所得税时会造成对公司和个人的双重征税，因此，各国一般允许将公司股利部分已缴纳的企业所得税，从股东的应纳税额中扣除①，或将公司股利的全部或一部分从公司税前利润中扣除。

2.对证券转让所得课税

证券转让环节的课税是对证券转让的增值部分课税，称为资本利得税。资本利得税有助于社会财富的重新分配，是成熟证券市场的重要标志。各国对证券资本利得税的税务处理主要有三种模式：一是免税，如新加坡；二是将资本利得视同普通所得征税，如挪威；三是单独征收资本利得税，如加拿大。② 在税率设置上，很多国家会将公司和个人区别对待，有的国家也会根据金融资产持有时间长短实施差别税率（如美国），一般对短期资本利得征税高于对长期资本利得征税，以突出抑制短期投机行为的特征。目前，金融市场比较完善

---

① 蔡盈盈：《我国证券市场税制优化的研究》，厦门大学硕士学位论文，2007 年，第 9 页。

② 雷根强、沈峰：《证券税制的比较及启示》，《扬州大学税务学院学报》2005 年第 4 期，第 2—3 页。

的国家都开征了资本利得税,但在开征时各国都采取了较为谨慎的态度,这是由于如果资本利得税税率过高,会产生"资本紧锁"效应,降低证券投资者交易的积极性,不利于证券市场的资本流动,因此,大部分发展中国家都未开征资本利得税。

(四) 证券转移环节的税收

证券税制的征税对象还包括因继承、赠与等转移行为而取得的证券财产。各国对证券遗产的税收处理模式分为总遗产税制、分遗产税制和混合遗产税制。为防止用赠与方式逃避遗产税,各国在开征遗产税的同时往往还开征配套的赠与税,其税收处理模式基本与遗产税模式相同,起辅助与补充作用。本书将在第六章详细阐述遗产税和赠与税。

二、1989 年的证券税制体系与现行的证券税制

日本现行的证券税制是建立在 1989 年证券税制改革基础上的,由于这是证券市场最为成熟或繁荣时期出台的税制,也是最为完整和全面的税制,因此,分析现行的证券税制,需要回顾 1989 年的证券税制体系。

(一) 1989 年证券税制体系

经过 1989 年的税制改革,日本形成了结构较为完整、税负较为合理的证券税收制度,其结构主要涵盖了证券流转税、证券投资所得税、证券资本利得税和证券遗产税和赠与税,见图 4-1。

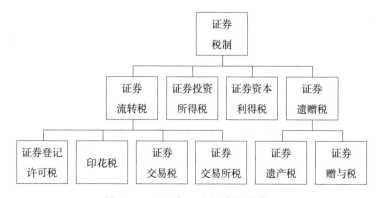

图 4-1 1989 年日本证券税制体系

1.证券流转税

证券流转税分布在证券的发行和交易环节,征税对象相应为有价证券等书面凭证和证券交易行为,征税依据是证券流转额,一般包括证券发行面额和证券交易数额。相对于其他国家和地区而言,日本证券流转税比较特殊,实行印花税和交易税兼征制度。

(1)证券登记许可税

在日本,公司为发行有价证券,在办理登记许可时应缴纳登记许可税,按应税证券金额的 0.1%—0.5%征收,并将完税证明贴在登记申请书上。

(2)印花税

在证券发行环节,除征收证券登记许可税外,还要对有价证券等凭证按面额定额征收印花税,税收收入计入国税,税率详见表4-1。

表4-1　日本的证券印花税税率　　　　　　　(单位:日元)

票面金额	纳税金额
500 万以下	200
500 万—1000 万	1000
1000 万—5000 万	2000
5000 万—10000 万	10000
10000 万以上	20000

资料来源:[日]金子宏:《日本税法原理》,刘多田等译,中国财政经济出版社1989年版,第260页。

(3)证券交易税

日本的有价证券交易税是作为 1953 年停征证券利得税和富裕税的替代而出现的,纳税人为证券卖方,征收环节上实行源泉征收制度,税收收入计入国税。在日本,作为交易税征税客体的有价证券包括:国债、地方债、公司债、可转换公司债、新股认购权公司债、股票、证券投资信托的受益证券、国外或国外法人发行的类似有价证券等。

偿还期在一年以内的短期国债、国民储蓄债券、政府补偿债券等实行非课税措施。为限制场外交易,日本在交易税上对股票和债券、场内交易和场外交易依据所转让有价证券的金额实行差别税率,其税率根据有价证券的类别不同而设定。通常是股票的税率高于债券,场外交易的税率高于场内交易,个人投资者的税率高于证券公司主体,详见表4-2。

表4-2 日本的证券交易税税率 （单位:%）

场内交易				场外交易			
股票	公司债		公债	股票	公司债		公债
	可转换公司债	其他			可转换公司债	其他	
0.12	0.06	0.01	0.01	0.30	0.16	0.03	0.03

资料来源:转引自朱孟楠、施能宗:《日本证券税制评析》,《日本问题研究》1997年第2期,第10页。

（4）证券交易所税

日本证券流转税中较为特殊的部分是交易所税,美、英、德、法等发达国家均不设此税。如上所述,有价证券交易税以有价证券的现货交易为对象,交易所税则是对交易所中进行的有价证券与商品的期货交易和期权交易征税,课税基准为相关交易的营业额,纳税人为从事期货交易等的交易所会员。在税率设定上,期权交易和期货交易有差异,期货交易的税率为0.001%、期权交易的税率为0.01%。

2.证券投资所得税

日本证券投资所得税分为两类:一是对个人投资所得征税,包括对股息、红利收入（下文中统称为分红）征收的股利税和对投资于债券、定期存款、投资信托等获得的利息收入征收的利息税;二是对法人公司投资所得课税。由于征税主体不同,其征税方式也有明显区别。对个人投资所得,在征税方式上采用综合课税和分类课税两种方式,前者将个人在交易过程中的所得计入总所得,选择相应的适用税率,后者则对分红所得实行35%的税率。日本对个人利息收入一律采取源泉征收方式,税率统一为20%,其中含5%的居民税。对法人公司投资所得,实施20%的征税标准,对于再投资的部分则免予征收所得税。

3. 证券资本利得税

日本在1989年再次开征证券资本利得税,对个人和法人的有价证券转让所得进行课税,但对国债及公司债转让的所得原则上免税。该制度允许纳税个人从申报纳税和源泉纳税两种纳税方式中任选其一。具体规定是,对于上市公司股票转让所得,如果选择申报纳税方式,对从总所得中分离出来的资本利得①实行26%的税率(其中含6%的居民税);如果选择源泉纳税方式,直接以转让股票总价的5%视为课税所得,按20%的税率由证券公司进行源泉征税,不再计入综合课税范畴。非上市公司股票则只适用申报纳税方式。法人的资本利得税则纳入法人总所得中课征法人所得税,税率与公司所得税相同。

4. 证券遗产税和赠与税

日本同时开征证券遗产税和证券赠与税,实行分遗产税制和分赠与税制,即根据法定继承人和受赠与人与被继承人和赠与人之间关系的亲疏以及继承财产的多少进行分别课征。两税都是从价课征,执行超额累进税率。以遗产税为例,其基础扣除额为4000万日元+800万日元×法定继承人数,采取10%—70%的13档累进税率,每5%为1档,详见本书第六章。

(二) **日本现行的证券税制**

1989年税改之后,日本有价证券交易税的税率不断下调,直至

---

① 资本利得的确定采用交易收入扣除总成本的方法,对于总成本中最主要部分——"证券取得成本"采用总平均法计算。

1999 年 4 月,日本取消了包括印花税在内的所有证券流转税。因此,日本现行的证券税制以投资所得税和资本利得税为主,证券遗赠税处于辅助地位。

1. 证券投资所得税

日本政府对证券投资获得的分红,采用与其他所得综合计税的原则,实施 20% 的源泉征收税率。近年来,根据国内经济状况和股市发展情况,日本经常对投资所得税给予优惠安排。2013 年之前,日本对分红所得实施税率减半政策(其中个人所得税 7%,个人居民税 3%),2014 年 1 月以后恢复 20% 的既定税率。对来自上市公司股票和其他特定股票的分红,纳税人可以选择源泉纳税方式交纳国税和地税。此外,来自银行存款以及特殊指定金融机构的利息采取与其他所得分离的源泉征税方式,税率为 20%(其中个人所得税 15%,个人居民税 5%)。对于非居民来自日本境内的利息、分红按照 20%(银行存款或特殊指定金融工具则按 15%)或按较低的协定税率交纳所得税。

2. 证券资本利得税

1989 年开征证券利得税后,泡沫经济开始崩溃,日本经济陷入了长期萧条。2001 年,日本出台了《租税特别措施法修正案》,将股票等转让利得的申报纳税税率从 26% 降至 20%,与利息税税率相同。此后,日本从 2003 年起引入了资本利得税的税收优惠措施,对上市公司股票等金融商品减半(10%)征收资本利得税,对于非上市公司股票等金融商品仍按 20% 的税率征收。2014 年 1 月 1 日,日本政府上调资本利得税税率,将税率恢复为 20%(其中所得税 15%,居民税 5%)。在征收方式上,一是允许证券公司为客户开设"特定账户"代理纳税,即由证券公司计算投资者的上市股票等金融商品的转让损益信息,以证券公司的"年间交易报告书"为依据计算税额,一年核算交纳一次税金;二是通过申报分类课税的方式交纳利得税,即由投资者个人计算年间股票等金融商品的获利和损失情况,如果发生亏损则不需要申报也不必纳税。此外,日本还规定对于期货交易、期权交易、高尔夫会员权交易、各种债券等转让收益与其他收益合并计算,实施综合纳税,对于其他的公司债转让利得实施非课税制度。

3. 证券遗产税和赠与税

如前所述,日本现行证券遗产税和赠与税是从价计征。对证券价值进行评估时,依据是日本国税厅颁布的《财产评估基本通知》,如上市公司股票价值是以前 3 个月各月末的成交价的平均值为准;对于未上市公司股票价值,其中的大型公司股票采用与同行业已上市公司股票进行比较的方式确定,小型公司股票采用每股的净资产价值方式确定,中等规模公司股票兼用上述两种方式确定;如果继承和赠与中涉及存款、国债、公司债,则在评估时包括本金、利息。① 关于税率方面,日本遗产税在 2015 年 1 月后执行 10%—55%共计 8 档的超额累进税率,起征点为 3000 万日元+600 万日元×法定继承人数。赠与税也根据应税赠与额的不同实施差别税率,详细内容见本书第六章表6-2。

三、日本证券税制的主要特征

总体而言,日本证券税制比较规范、系统性强,充分发挥着税收在证券方面的调控作用。从以上分析可以看出,日本的证券税制具有以下几个特点:

第一,系统性。日本的证券税制相对比较完善,覆盖了市场税收中的各个环节,既有流转税、所得税,也有资本利得税和遗赠税等。

第二,严密性。日本在最初设计证券流转税时,实行印花税和交

---

① 财政部《税收制度国际比较》课题组:《日本税制》,中国财政经济出版社 2000 年版,第 169 页。

易税兼征制度,这种严密的兼征制度能更有效地抑制市场非理性投机,增强对证券市场的调控力度。此外,为防止用赠与方式逃避遗产税,日本在开征遗产税的同时还开征配套的赠与税,这不仅能够平均社会财富,还能弥补所得税征收中的漏洞,是日本证券税制严密性的又一体现。

第三,较强的弹性。日本在证券税收安排上除了考虑不同的纳税主体外,还根据纳税人的具体情况采取不同的征税办法,如申报纳税和源泉征收,综合纳税和分类纳税,投资者通常可以自由选择。税率设计上也体现了日本证券税制的弹性,如对股票、国债、公司债等不同金融商品转让利得规定了不同的税率,对于场内和场外交易,证券公司和非证券公司也存在税率的差异,一般是股票交易的税率比债券高,场外交易的税率比场内交易高,证券公司的税率比非证券公司高。

第四,符合证券市场的发展规律。如前文所述,日本证券交易税的历程表现在证券市场成长的时期,政府依靠多样化的流转税种调控证券市场,而当证券市场成熟之后,逐渐弱化流转税,以至最后取消。日本这种在市场成长期以流转税为主体,成熟期以所得税为主体的模式,符合证券市场的发展规律,也是国际税收发展趋势的体现。

第五,合理的税收优惠体系。为鼓励个人和机构投资,促进证券市场的发展,日本在不同时期制定了不同的优惠措施,既有对证券保有环节的优惠,也有对证券流通环节的优惠,同时拥有免税、低税率、抵免等多种优惠方式。

第二节　证券税制改革总览与 20 世纪 50 年代证券税制的缓和

战后日本证券税制改革起点源于夏普税制,此后经历了漫长的变革,从改革总览中可以看出,日本证券税制改革经历了三个阶段,一是20世纪50年代缓和证券税制阶段,二是20世纪70年代直到泡沫经济时期的强化证券税制阶段,三是20世纪90年代长期萧条时期的证券税制的缓和阶段。本节和第三节、第四节系统分析这三个阶段的改革,由于本书第六章专门论述遗产税和赠与税,因此本章将重点分析证券流转税、证券投资所得税和证券资本利得税的改革历程。

一、战后日本证券税制的改革总览

战后日本证券税制形成于1947年,从1950年开始,日本就开始了证券税制的改革,直到2013年日本证券税制改革的主要历程汇总为表4-3,这成为后面分析阶段特征的基础。

表4-3　1947年以来日本利息、分红和资本利得课税的变化轨迹

年份	利息课税	分红课税	资本利得课税
1947	综合课税 源泉分类选择制度(60%) 小额储蓄免税制度	综合课税	综合课税
1948		建立分红扣除制度	
1950	废除源泉分类选择制度		
1951	恢复源泉分类选择制度(50%)		
1953	源泉分类课税制度化(10%)		原则上免税(多次交易、大额和类似事业的交易执行综合课税)
1955	免税		
1957	短期利息实施源泉分类课税(10%)		
1959	长期利息实施源泉分类课税(10%)		
1963	降低源泉分类税率(10%→5%)		

续表

年份	利息课税	分红课税	资本利得课税
1965	提高源泉分类税率(5%→10%)	源泉分类选择课税(15%); (一年获同一公司分红低于50万日元) 免申报课税制度(10%); (一年获同一公司分红低于5万日元)	
1967	提高源泉分类税率(10%→15%)	提高源泉分类选择课税税率(15%→20%);提高免申报课税税率(10%→15%)	
1971	综合课税 源泉分类选择课税(20%)		
1973	提高源泉分类选择税率(20%→25%)	提高源泉分类选择税率(20%→25%)	
1974		提高免申报课税要件(年5万日元到10万日元)	
1976	提高源泉分类选择税率(25%→30%)	提高源泉分类选择税率(25%→30%)	
1978	提高源泉分类选择税率(30%→35%)	提高源泉分类选择税率(30%→35%); 提高免申报课税税率(15%→20%)	
1988	源泉分类课税制度化(20%,所得税15%,居民税5%);废除小额储蓄免税制度,改为老人等小额储蓄免税		
1989			原则课税,可选择以下方式:申报分类纳税(26%)(所得税20%,居民税6%);源泉分类选择课税(仅限视为收益方式,20%)
2001			持有超过1年以上的利得可以有100万日元的特别扣除

续表

年份	利息课税	分红课税	资本利得课税
2002	老人等小额储蓄免税改为残疾人等小额储蓄免税制度		设立特定账户制度
2003		废除源泉分类选择制度;撤销上市公司股票等的分红免申报纳税的上限;2003—2008年,上市公司股票等的分红(大额外)执行减半税率(10%)	废除源泉分类选择制度,实施申报分类纳税;上市公司股票等的资本利得税率下降(26%→20%),且2003—2007年实施减半税率(20%→10%);上市公司股票等转让损失的结转扣除制度
2004			非上市公司股票交易利得税率下降(26%→20%)
2007		上市公司股票等的分红(大额外)减半税率延长到2009年	上市公司股票等的减半税率延长到2008年
2008		作为特例措施,2009—2010年间实施10%的源泉征收税率;计划于2009年1月,对上市公司股票等的分红引入申报分类纳税,税率为20%	上市公司股票等的减半税率废止;作为特例措施,股票等的转让所得在2009—2010年仍实施10%的源泉征收税率;上市公司股票等的转让损失可以与分红相互冲抵
2009		上市公司股票等的分红(大额外)源泉征收减半税率延长到2011年;上市公司股票等的分红申报分类纳税实行减半优惠(20%→10%)	特定账户内源泉征收税率10%;2009—2011年间上市公司股票等转让所得的申报分类税率为10%
2010		2012年开始,上市公司股票等的分红回归20%的既定税率;小额上市公司股票等的分红实施免税	2012年开始,上市公司股票等的转让所得回归20%的既定税率;小额上市公司股票等的转让所得实施免税
2011		上市公司股票等的分红(大额外)和源泉征收减半税率延长到2013年年底	特定账户内源泉征收和上市公司股票等转让所得的减半税率延长到2013年年底

续表

年份	利息课税	分红课税	资本利得课税
2013	一般公司债利息维持20%的源泉分类纳税,特定公司债利息作为申报分类课税的对象	上市公司股票等的分红减半税率终止,2014年1月回归20%的税率	特定账户内源泉征收和上市公司股票等转让所得的减半税率终止,2014年1月回归20%的税率

资料来源:根据日本财务省网站整理,见 http://www.mof.go.jp/tax_policy/summary/financial_securities/kabu02.htm。

二、夏普税制下的证券税制体系及其弱化

(一) 夏普税制下的日本证券税制

如第二章所述,夏普税制是以所得税为中心的直接税体系,日本基于美国的个人所得税体系,建立了以综合征收为特征的所得税体系。在涉及证券税制的改革内容中,首先是与综合征收方式密切相关。在夏普税制下,利息所得与分红收入均实施综合课税方式,有价证券转让即资本利得也要与其他收入合并计算缴纳所得税。由于采取综合课税方式,全部劳动所得和其他所有收入合并计算所得,会增加所得规模,推高适应的税率水平,增加税收负担。其次,针对富裕阶层设立了富裕税。战后初期,在日本的恶性通货膨胀时期,所得税的最高税率达到75%,1947年更是达到创纪录的85%。如此高的所得税率严重影响了劳动者的劳动积极性,因此,"夏普劝告"中提出降低所得税的最高税率,1950年所得税的最高税率降至55%,作为补充,同时引入了富裕税。富裕税是对总资产减去负债后的净资产征收的税收,即对于超过500万日元的纯资产,每年征收0.5%—3%的累进税。综合以上两个方面的改革,可以说夏普税制下的证券税制是比较苛刻的,社团法人日本租税研究会在评价富裕税和证券税制的综合课征时指出,"实施时有诸多难点""所得税负担也过重"[1]。

---

[1]　社团法人日本租税研究会:《战后的税制与租研(作者注:租税研究协会)的活动》,明文印刷社1958年版,第23页。

（二）20 世纪 50 年代到 60 年代证券税制的缓和

日本缓和证券税制的改革出现在 20 世纪 50—60 年代末期,正是日本经济起飞和高速增长时期,缓和证券税制的目的是配合高速增长时期的产业政策,鼓励居民储蓄,加速战后日本资本积累的进程。这一阶段税制改革主要体现在投资所得税和资本利得税两方面。

1. 证券投资所得税的弱化

从所得税的改革看,该阶段日本税制改革的核心是强化所得税的主体地位,累进税率从 1950 年的 20%—55% 调整为 1953 年的 15%—65%,纳税等级也由 1950 年的 8 档增加到 11 档。1969 年,所得税税率进一步调整至 10%—75%,纳税等级也增加到 16 档。这一时期,为鼓励资本积累、刺激储蓄,主要是放弃或适度调整所得税的综合课征方式,前期是允许纳税者在综合课征或分类课征中选择最有利的课征方式,后期是分类课征制度化,由于分类课征规避了适用更高累进税率的现象,一般被视为税收的缓和或弱化。

（1）利息收入课税的优惠措施

1951 年,日本恢复了源泉分类选择制度,即对于利息收入,纳税人可以自由选择源泉分类或综合课税方式,税率为 50%。为进一步缓和利息所得税制,1953 年源泉分类课税制度化,税率设定为 10%。1955 年,日本实施了利息免税政策,这被视为不公平税制遭到社会上的广泛批评。

1957 年和 1959 年,日本分别对短期利息和长期利息实施 10% 的源泉分类税率,1963 年税率降至 5% 的最低点,虽然 1965 年和 1967 年两次提高了源泉分类税率,从 1963 年的 5% 提高到 1967 年的 15%,但由于利息免税限额的不断提高,宽松的利息课税制度本质没有发生变化。

1947 年国民储蓄和邮政储蓄的免税额都是 3 万日元,1952 年提高到 10 万日元,1955 年邮政储蓄提高到 20 万日元,1957 年国民储蓄和邮政储蓄双双提高到 30 万日元,1962 年邮政储蓄再次提高到 50 万日元,1965 年小额储蓄和邮政储蓄免税限额双双提高到 100 万日元,1968 年出台了小额公债利息特别免税制度,对 300 万日元以下的公债利息免税。①

(2)分红收入课税的优惠措施

日本在 1947 年确立了分红的综合课税制度,此后在 1965 年之前没有进行大的改革,只是在 1948 年建立了"分红扣除制度",即所得中如果包含分红收入,在计算应纳税金时可以扣除一定比例的分红所得,如纳税人的综合课税所得额在 1000 万日元以下时,执行 15% 的扣除率,分红扣除额=分红所得×扣除率。此后,分红扣除率不断提高,1950 年提高到 25%,1955 年扣除率再次提高到 30%。② 1965 年日本开始实施源泉分类选择纳税,对于年不满 50 万日元的分红执行 15% 的源泉分类选择税率,对于不满 5 万日元的分红所得,执行税率为 10% 的免申报课税制度。

2.证券资本利得税的废止

1947 年日本明确了股票等转让所得的综合课税,这一制度仅持续了 6 年。1953 年,为扶植证券市场的发展,同时也考虑到利得税征税技术上的困难,日本政府以不利于股票投资为由,废止了对股票等转让所得课税,实施原则免税政策(但从股票"持续交易"中获得的所得,如一年股票交易次数在 50 次以上、交易股数达 20 万股以上的所得需要课税)。证券资本利得税废止后,取而代之的是开征有价证券交易税,但其税率极低,仅为 0.15%,并没有从根本上改变缓和税制的本质。不难想象,对股票等转让所得免税,会造成证券资本

① 裴桂芬、闫屹:《战后日本证券税制沿革及其评价》,《河北大学学报》2008 年第 2 期,第 64 页。

② [日]大藏省编:《图说日本的税制》,东洋经济新报社 1998 年版,第 47 页。

利得税和证券投资所得税税负的不平衡,这为 20 世纪 80 年代后期泡沫经济的形成埋下了伏笔。

通过 20 世纪 50—60 年代末期大规模的年度减税措施,日本提高了国民储蓄率,加速了资本积累,实现了经济的高速增长。上述这些税收措施使储蓄资金不断流入金融机构,保证了间接金融体制的正常运行。这些措施原本是临时性的,是从增加储蓄的视角为促进投资、刺激经济增长而制定的,而在日本出现了常态化趋势,在一定程度上牺牲了公平负担的原则,为下一阶段的证券税制改革埋下了伏笔。

第三节　证券市场繁荣与证券税制的强化

20 世纪 70 年代日本经济一片繁荣,证券业的发展势头迅猛,日本政府开始重视证券税制对证券市场发展的宏观调控作用,证券税制进入适度强化阶段。20 世纪 80 年代中期的泡沫经济时期,证券市场过度繁荣,促使日本政府出台了超强化的证券税制。

一、20 世纪 70 年代适度强化的证券税制改革

20 世纪 70 年代是世界经济极为动荡的十年,布雷顿森林体系的崩溃、两次石油危机带来的全球通货膨胀的加剧,对世界主要国家经济造成了重大影响。相比较而言,日本经济遭受的打击并不大,经济增长速度从 60 年代的高速增长进入了 70 年代的稳定增长,由于田中角荣内阁出台了列岛改造计划,开启了全方位、大规模的国土开发计划,致使股市和地价飞涨。日经平均指数在短短 25 个月间,就从 1970 年 12 月末的 1987 点猛升至 1973 年 1 月初的 5233 点,证券市场的繁荣推动了证券税制改革的进程。

(一) 证券流转税的强化

证券交易税是证券流转税的主要税种。日本政府在 1953 年废

除了证券资本利得税后,作为替代税种,设立了证券交易税,对股票等证券资本交易征收税率为 0.15% 的交易税。20 世纪 70 年代,随着国内经济的复苏和证券市场的活跃,证券交易税税率呈现出不断上升的趋势,1973 年税率提高至 0.3%,1978 年再次提高至 0.45%,1981 年则提高至 0.55%。①

(二) 证券投资所得税的强化

从表 4-3 可以看出,日本在 1965 年和 1967 年就开始提高利息所得税率,但由于当时不断提高利息免税标准,整个 60 年代还应该属于证券税制的缓和阶段,而从 70 年代开始税制强化的特征非常明显。一是从 1971 年开始恢复对利息的综合课税,纳税者可以自由选择源泉课税或综合课税,可选择的源泉分类课税税率为 20%,从课征方式的改变可以明确视为证券税制的强化;二是不断提高适用税率,1973 年提高源泉分类选择税率到 25%,1976 年再次提高到 30%,1978 年进一步提高到 35%。1988 年,日本实行源泉分类课税制度化,税率为 20%,其中 15% 进入国税中的所得税,5% 进入地税中的居民税。

日本分红所得税的强化历程基本与利息所得税一致。进入 20 世纪 70 年代,分红的源泉分类选择税率达到 20%,此后不断提高,1973 年提高到 25%,1976 年提高到 30%,1978 年进一步提高到 35%。在强化证券税制的同时,也有一些缓和措施,如对免申报课税的最低限额从 5 万日元提高到 10 万日元,这在一定程度上可以抵消部分分红税制强化的效果。

(三) 证券资本利得税的强化

从 1953 年开始,股票等转让所得一直以原则免税形态延续下来。20 世纪 70 年代,对证券资本利得税有过两次重要修改。第一

---

① 日本証券経済研究所:《詳説現代日本の証券市場》,2004 年版,第 259 页。

次是 1971 年,将转让数量占公开发行股票总数 25% 以上的转让所得,视为类似事业类转让所得进行课税。这意味着在股票转让中,禁止获得暴利的措施再度加强。[1] 第二次是 1979 年,日本对同一股票的大额转让所得征税,如一年内转让同一股票达 20 万股以上需交纳利得税[2];与此同时,降低了类似事业等转让所得标准,从占公开发行股票总数的 25% 以上改为 15% 以上,这意味着征税范围的进一步扩大,增大股票等转让利得的税收负担。

二、泡沫经济时期强化的证券税制改革

1985 年广场协议后,日元进入急剧升值通道,为缓解"日元升值萧条",日本央行采取了降低贴现率的宽松金融政策。1986 年日本股票市场开始进入牛市,同年 1 月日经 225 种股票价格指数(简称日经指数)达到 13000 点,1989 年年底达到 39000 点,四年内上涨了 3 倍。为抑制股票市场投机、促进证券市场的健康发展,日本政府进行了超强的证券税制改革。

(一) 证券投资所得税的强化

1987 年至 1988 年,日本政府着手强化和完善证券税制,实施了自"夏普劝告"以来最为彻底的税制改革,改革主要针对利息收入的过度优惠政策,一是原则上废除了小额储蓄免税制度,仅仅保留对老人等小额储蓄、小额公债和邮政储蓄(350 万日元以下)的免税,同时还保留了工薪阶层购房和年金储蓄的免税制度,限额为 550 万日元,这在一定程度上降低了人们的储蓄意愿,刺激了市场的消费需求;二是对利息一律采取源泉征收方式,税率统一为 20%,其中 15% 进入所得税,5% 进入地税中的居民税。另外对于贴现金融债(一年为期)和贴现国债(五年为期)等的收入,单列为其他收入,对其他收入

---

① 孙执中:《战后日本税制》,世界知识出版社 1996 年版,第 120 页。
② 叶宝珠:《日本的证券税收》,《税务与经济》1999 年第 4 期,第 36—38 页。

也采取源泉征收方式,征税率 18%,不征收居民税,部分地区执行 16%的税率。[1]

(二) 证券资本利得税的恢复

关于股票等转让所得的原则免税制度,日本各界一直存在争议。日本政府税制调查会于 1986 年 10 月向中曾根内阁提交了《关于彻底修改税制的报告》,希望改变转让利得的原则免税制度,认为应该从租税负担公平、公正的立场来重新审视证券转让所得免税的制度安排。1987 年,日本扩大了证券资本利得税的课税对象,将"持续交易"的标准从买卖 50 次以上降到 30 次以上,买卖股数由 20 万股以上降到 12 万股以上;对同一股票的大额转让所得标准也由 20 万股以上降为 12 万股以上。[2] 对类似事业等的转让标准,从 15%以上进一步降为 10%以上。

1988 年 4 月—12 月间,日本政府对证券利得课税制度进行了彻底改革,取消了股票等转让所得的原则免税政策,于 1989 年 4 月 1 日恢复了股票等转让所得原则课税制度。该制度最初允许纳税人从申报纳税和源泉纳税两种方法中任选其一。具体规定是,对于上市公司股票等的转让收益,如果选择申报纳税方式,即个人投资者在纳税年度末自行申报,税率为 26%,其中含 6%的居民税,原则上投资损失不能用所得冲抵,也不能向前或向后结转;如果选择源泉纳税方式,可采用视为收益方式,无论初始买价如何,都将转让股票总价的一定比例视为收益,即一般税基 = 转让额×5.25%,转换公司债税基 = 转让额×2.5%。对于视为收益的所得按 20%的税率(相当于股票转让总价的 1%)由证券公司代扣代缴。这一制度既适用于日本居民,也适用于在日本有常设机构的非居民,而在日本没有常设机构

---

[1]　裴桂芬、闫屹:《战后日本证券税制沿革及其评价》,《河北大学学报》2008 年第 2 期,第 65 页。

[2]　孙执中:《战后日本税制》,世界知识出版社 1996 年版,第 120 页。

的非居民仍然享受免缴证券资本利得税的优惠。

股票等转让利得税的改革是走向租税负担公平、公正的重要一环,至此,日本最终形成了结构较为完整、税负较为合理的证券税收制度。

第四节　长期萧条与证券税制的缓和

20世纪90年代以来,日本经济进入了长期萧条时期,尽管政府采取了多次财政政策刺激经济发展,但1991—2000年这10年的平均经济增长速度仅为1.75%。实体经济的衰退加速恶化了股票市场的走势,1992年8月中旬,日经指数为14309点,与1990年1月相比下跌了63.2%;2003年4月,日经指数为7607点,与10年前的1992年相比下跌了47%。2003年后,日本股市开始回暖,到2007年7月,日经指数收报18262点,与2003年4月相比,升幅达140%,此后日本股市又进入了长期熊市。2014年9月,日经指数收报16321点,成为2007年以来的新高。伴随日本长期萧条以来的股市低迷,证券税制改革进入整体缓和阶段,尤其在证券所得和证券利得的改革方面,出现了金融证券所得课税一体化的趋势。

一、证券交易税的弱化

日本的证券交易税税率在1981年提高至0.55%,此后,为了降低交易成本、促进日本证券市场的发展,日本政府对证券交易税的征税标准不断下调,图4-2揭示了日本证券交易税税率变化的全过程。

从图4-2中可以看出,1989年进行的税制改革,首次将证券交易税税率降至0.3%,回归到1973年的水平。1996年,日本再次下调证券交易税税率,降至0.12%,到1998年则进一步降低为0.06%。国际范围内,证券税收发展的一般规律是,在证券市场成长的时期,

（单位：%）

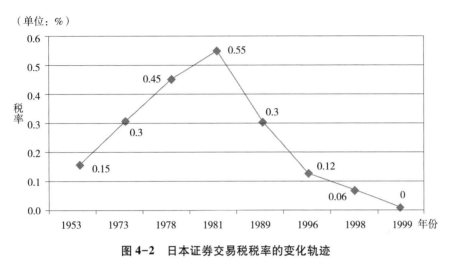

图 4-2 日本证券交易税税率的变化轨迹

资料来源：日本国税厅 http://www.nta.go.jp/kohyo/tokei/kokuzeicho/tokei00-08.htm。

政府依靠多样化的流转税种调控证券市场，而当证券市场成熟之后，逐渐弱化流转税，以至最后取消，如美国在 1981 年、德国与瑞典在 1991 年都取消了证券交易税。毫无疑问，如果日本仍保留交易税，其证券市场将失去国际竞争力，因此，日本最终在 1999 年废除了有价证券交易税。

二、证券投资所得税的弱化

20 世纪 90 年代以来，日本的利息课税制度基本没有改变，只是在 2002 年将原来的老人等小额储蓄免税制度改组为残疾人等小额储蓄免税制度，规定残疾人和遗属年金领取者、鳏寡年金领取者和儿童抚养津贴领取者，本金在 350 万日元以下的利息所得免税。取消老人等小额储蓄免税制度是基于日本社会高龄化的现实，高龄者拥有更多的金融资产，从增加财政收入和实现代际平衡的角度，应该取消对老年人金融所得的税率优惠。对此，第一章已有详细分析。

2013 年，日本针对公司债利息出台了新的政策，即对一般公司债利息维持 20% 的源泉分类纳税，特定公司债利息作为申报分类课税的对象。特定公司债指国债、地方债、公募公司债、国内外国营企业发行的债券和金融机构发行的债券等。这是旨在鼓励居民购买特定公司债,解决日益严重的日本财政危机。

这一时期,日本政府对分红所得的税务处理进行了多次调整与改革。2003 年,废除源泉分类选择制度,取消上市公司等的免申报纳税上限;2003—2008 年间,上市公司股票等的分红执行 10% 的减半税率征税;作为特例措施,2009—2011 年执行 10% 的源泉征收税率,年分红额不超过 100 万日元的可以免申报,采取源泉征收方式,同时,上市公司股票等的分红申报分类纳税也实行 10% 的减半税率,这些优惠政策至 2013 年年底失效,2014 年 1 月日本回归 20% 的既定税率。

三、证券资本利得税的弱化

开征证券资本利得税后,日本的泡沫经济已经崩溃,国民要求政府实施缓和证券税制的呼声日盛,日本政府采取了一些临时性优惠措施缓和证券税制。但在实践中,适用条件被限定的优惠措施反而使税制更加复杂,有必要对其重新修改。2001 年起,日本开始全面修改《证券法》和《证券交易法》,出台了《租税特别措施法修正案》。2003 年又通过了新的税制改革大纲,开始推行新的证券税制。2007 年美国次贷危机爆发后,日本政府为缓和金融危机对日本经济和证券市场的影响,出台了一些税收优惠政策。上述改革的具体措施和优惠政策涉及证券资本利得税方面的,主要包括以下内容:

第一,如前文所述,从 2003 年开始,日本废除了源泉分类选择制度,实施申报分类纳税制度化,上市公司股票等的资本利得税率从 26% 降至 20%,同时规定 2003 年至 2007 年间实施减半征收,后延长到 2008 年。

第二,投资损失的延期扣除制度。日本政府规定,对于 2003 年 1 月以后产生的投资损失,当年收益不能抵补时,可以用未来 3 年的收益抵补。但需要满足一定条件,在投资者提交的所得税的申报中,必须附件损失明细信息。

第三,为便于投资者交易,日本新修订的《证券法》和《证券交易法》允许证券公司为客户开设"特定账户"。这是为简化申报程序而设立的,即个人在证券公司提交开设特定账户的申请,纳税人如果选择源泉征收方式,在特定账户内计算收益,源泉征收税率为15%(证券公司在下个月的10日之前上交国库,5%的居民税另行缴纳),证券公司在第二年的1月31日之前向税务署或投资者提交年内交易报告书。如果选择申报方式,则在特定账户内计算收益,证券公司同样在第二年的1月31日向税务署和投资者提交交易报告书之后,投资者据此进行申报纳税。

第四,股票买入价格的特例。在申报分类课税制度化后,明确了上市公司股票买入价格的确认标准,对长期持有2001年9月30日以前买入并在2003年到2010年期间转让的股票,按照2001年10月1日股市收盘价的80%确定为股票买入价格。① 第二次世界大战后买入并持有的股票也可以依照此规定予以优惠。

第五,临时优惠措施。对于2001年11月30日至2002年12月31日购入的股票等,在2005—2007年的三年间转让时,对购进成本低于1000万日元的转让所得免税。② 2009—2010年间,作为特例措施,对证券转让所得实施10%的源泉分类税率;2009—2011年间,上市公司股票等转让所得的申报分类税率也按10%执行,这些税收优惠政策最终被延长至2013年12月31日。2014年1月,日本上调资本利得税,回归20%的税率(其中所得税15%,居民税5%)。

特别值得一提的是,2013年的证券税制改革体现了金融证券所

---

① 黄正吉:《日本证券税制改革及对我们的启示》,《税务》2002年第12期,第56页。

② 裴桂芬、闫屹:《战后日本证券税制沿革及其评价》,《河北大学学报》2008年第2期,第61—68页。

得课税一体化的特征,即将所有金融商品所产生的收益合并纳税,在扩大金融商品的损益核算范围的基础上,改革了公司债的课税方式。具体来说,2016 年 1 月之后,对于个人领取的国债、地方债、公司债等的利息、投资信托基金的分红视为上市公司股票等的分红,改变过去的综合纳税方式,执行申报分类纳税方式。利息和分红仍采取源泉征收方式,源泉征收税率为 20.3%(其中所得税和复兴特别所得税为 15.3%,居民税为 5%),申报分类纳税的税率为 20%(所得税15%,居民税 5%)。对于特定公司债的转让收益和公募投资基金赎回产生的收益,视为上市公司等的转让所得,可以进行申报分类纳税,税率为 20%(所得税 15%,居民税 5%)。对于特定公司债的利息或转让所得,可以与其他上市公司等的分红和转让损益相互抵补,当年的收益不足以弥补损失时,可以顺延到未来三年间。同时规定,在2016 年至 2037 年间对上述基准所得税额均加征 2.1%的复兴特别所得税。

综上所述,日本长期以来的证券税制符合国际上证券税制的发展规律,即在证券市场成长时期,政府依靠多样化的流转税种调控证券市场,而当证券市场成熟之后,逐渐弱化流转税,证券资本利得税成为证券税制的主体,这是发达国家证券税制改革的一般路径,也适应了证券市场的发展规律。日本证券税制改革的趋势是金融证券所得课税的一体化改革,纵观战后日本证券税制的改革历程,泡沫经济之前重点运用利息课税政策调控市场,20 世纪 60 年代开始重视分红课税政策的调整,1989 年的税制改革中,证券转让利得税才进入改革的视线,不同的时期有不同的课税重点,不同的产品有不同的税率和课税方式,致使金融证券课税越来越复杂,从建立国民容易理解的税制的角度,也应该推进金融证券所得课税一体化的改革。有关证券税收政策的调整对日本金融和证券市场的影响,将是第五章的内容。

第五章　日本证券税制改革的效应分析

对证券交易或所得课税，宏观上会影响一国的储蓄规模和资本构成，微观上则会影响证券市场的规模、结构和效率等。经过证券税制的改革，日本已经形成了税种齐全、覆盖面广、独立的证券税收体系，在组织财政收入、抑制过度投机、引导合理投资、规范市场行为等方面发挥了不可替代的作用。为评价日本证券税制改革的效果，本章在对证券税制的效应理论进行简要述评之后，深入剖析证券税制与日本股市泡沫的相关性，并以证券交易税为例，对税率调整引发的股市波动性进行实证研究。

第一节　理论界关于证券税收效应的研究

证券税收效应是指政府课征证券相关税收或进行税率调整带来的经济效果。证券税收分布在证券的发行、交易、所得和转移环节，既有共性又有个性。从共性角度看，都具有增加财政收入、调控证券市场和调节社会收入分配的功能；从个性角度看，不同税种分布在不同环节，也从不同侧面影响了宏观经济与证券市场的运行。

一、证券交易税的经济效应

国外学者对证券交易税的功能及效应研究存在较大分歧，形成了赞成派和反对派，其争论的焦点主要集中在证券市场的波动性上，即证券交易税能否影响交易价格和交易量。

赞成派认为在证券市场上,交易成本越低,市场波动性越大,因此,征收证券交易税可以提高交易成本,降低证券市场的波动性。杰克逊和奥唐纳(Jackson and O'Donnell,1985)[①]以英国为例,对1964—1984年证券交易印花税的变动情况进行了研究,结果表明印花税税率从2%下降到1%,股票市场的波动性提高了70%。劳伦斯·萨默斯和维多利亚·萨默斯(Lawrence H. Summers and Victoria P. Summers,1989)[②]认为,股票价格的大量波动来自于市场中"噪声交易者"的行为,"噪声交易者"进行交易时并不分析股票的内在价值,导致股票价格严重偏离其真实价值,而征收证券交易税会增加交易成本,降低股票市场的波动性,其实质是对交易者短期投机行为的惩罚。林格伦和威斯特伦(Lindgren and Westland,1990)[③]以瑞典为例,对证券交易印花税和股票市场波动性的关系进行研究后发现,印花税上升1%会导致股票市场的波动性下降50%。

反对派对上述观点持怀疑或否定态度。翁劳夫(Umlauf,1993)[④]对1980—1987年瑞典股票市场的研究表明,在证券交易税税率较高的时期,金融资产收益率的波动性较高,会加剧股票市场的波动性。艾伦·阿特金斯和爱德华(Allen B. Atkins and Edward A. Dyl,1997)[⑤]

[①] Jackson P. and O'Donnell A., "The Effects of Stamp Duty on Equity Transactions and Prices in the UK Stock Exchange", *Bank of England Discussion Paper*, 1985, (25), pp.60-68.

[②] Lawrence H. Summers and Victoria P. Summers, "When Financial Markets Work Too Well: A Cautious Case for a Securities Transactions Tax", *Journal of Financial Services Research*, 1989, Vol.3, pp.25-60.

[③] Lindgren R. and Westland A., 1990, "How did Transaction Costs on the Stockholm Stock Exchange Influence Trade and Price Volatility?", *Skandinaviska Enskilda Banken Quarterly Review*, 1990(2).

[④] Umlauf S., "Transaction Taxes and the Behavior of the Swedish Stock Market", *Journal of Financial Economics*, 1993, (33), pp.230-238.

[⑤] Allen B. Atkins and Edward A. Dyl, "Stock Price Volatility, Transaction Costs and Securities Transactions Taxes," *Managerial and Decision Economics*, 1997(12), pp.709-718.

以纽约证券交易所的普通股为例,选取 1975—1989 年的数据进行研究后发现,证券交易税的征收不仅没能抑制过度投机行为,反而在一定程度上影响了股票价格的动态调整。此外,胡星阳(Shing-Yang Hu,1998)①对亚洲国家(地区)的研究和普拉特(Prat,2001)②对拉丁美洲国家的研究均表明,证券交易税税率的变动对股票市场波动性没有显著影响。

国内学者对我国证券交易税税收效应的研究结果也不尽相同。范南、王礼平(2003)③以我国沪、深股票市场数据为样本,采用统计检验和 GARCH 模型进行实证分析,分析结果表明证券交易印花税上调会导致市场收益波动性提高,反之则相反。童菲(2005)④对我国历次证券印花税税率调整前后的数据进行实证检验,结果表明税率的变动对沪、深两市波动性的影响并不显著,对 A 股市场而言,通过调整税率来影响股票市场的波动性,其效果十分有限,甚至与预期效果背道而驰。姚涛、杨欣彦(2008)⑤运用回归分析和 GARCH 模型,对我国证券交易税税率调整的股价波动性效应进行了评估,结果表明证券交易税对股价波动性的影响在短期内有效,在长期的影响则有限。

二、证券投资所得税的经济效应

证券投资所得税中最主要的就是股利所得税。股利所得税一般

---

① Shing-Yang Hu, "The Effects of the Stock Transaction Tax on the Stock Market-Experiences from Asian Markets", *Pacific-Basin Finance Journal*, 1998(6).

② Prat J., "Transaction Costs, Liquidity and Stock Dynamics in Latin America", *University of California: Los Angeles, Working Paper*, 2001.

③ 范南、王礼平:《我国印花税变动对证券市场波动性影响实证研究》,《金融研究》2003 年第 6 期,第 38—45 页。

④ 童菲:《证券交易税与市场波动性:来自中国股市的证据》,《统计与决策》2005 年第 10 期,第 98—99 页。

⑤ 姚涛、杨欣彦:《证券交易印花税调整对股价波动性的效应评估》,《财经科学》2008 年第 11 期,第 45—52 页。

包括股息所得税和红利所得税,其效应主要是对权益资产定价、公司股利政策和公司投资决策的影响,存在传统论和新论两种观点。传统论认为股利所得税对新股投资和税后留利投资均有较大影响,但从公司投资决策视角分析股利所得税的文章并不多,其中比较有影响力的学者是波特巴和萨默斯(Poterba and Summers,1985)[1],他们研究了 1950—1981 年英国股利所得税变动对公司投资决策的影响,研究结果表明股利支付率与股利所得税税率为强负相关,即降低股利所得税有助于公司股利的发放和实际投资活动的增长。新论认为,股利所得税会对新股投资产生重要影响,并不影响税后留利投资。奥尔巴赫(Auerbach,1984)[2]等学者的实证研究表明,股利所得税对资本成本的影响是有限的,因为公司一般以留利等内源性融资为主,征收股利所得税只会影响新股的资本成本,不会影响留利的资本成本。

国内学者王志强(2004)[3]运用税后资本资产定价模型,分析了股利所得税对我国上市公司股利政策的影响,研究结果表明市场中存在股利政策的税收效应,税收会抑制或延迟股利的发放。曾亚敏和张俊生(2005)[4]以 2005 年我国股利所得税减半征收为背景,运用事件研究法分析了股利所得税对权益资产定价的影响,研究表明,股利所得税削减的消息发布后,股票的累计超常收益率与股利支付水平呈正相关性。

---

[1]　James M. Poterba and Lawrence H. Summers, "The Economic Effects of Dividend Taxation", *NBER Working Paper*, 1984(12).

[2]　Auerbach, Alan J., "Taxes, Firm Financial Policy and the Cost of Capita: An Empirical Analysis", *NBER Working Papers*, 1984(8).

[3]　王志强:《税收影响我国上市公司股利政策的实证研究》,《税务研究》2004 年第 7 期,第 28—31 页。

[4]　曾亚敏、张俊生:《股利所得税削减对权益资产价格的影响——以财税［2005］102 为背景的事件研究》,《经济科学》2005 年第 6 期,第 84—94 页。

三、证券资本利得税的经济效应

相对于证券交易税而言,证券资本利得税更容易实现公平目标,但其对证券转让所得征税,会使投资者锁定现有的投资组合,导致证券市场"资本紧锁"效应的发生,即投资者为了避税通常会选择持有股票等证券,这造成证券供给减少,资本市场的流动性降低。国外学者特维(Turvey,1960)[1]和戴维·马丁(David Martin,1964)[2]从税收公平视角研究了证券资本利得税的效应,他们认为从总体上看,资本利得税的开征是有益的,但同时也会扭曲股利政策,带来经济效率的损失。霍尔特和谢尔顿(Holt and Shelton,1962)[3]在数理分析的基础上,研究了资本利得税的资本紧锁效应,结果表明税负越重或股票回报率越高,紧锁效应就越大。马丁·费尔德斯坦(Martin Feldstein,1980)[4]等学者分析了开征资本利得税对股票出售的效应,他们认为较高的税率会使股票的出售数量下降,因此,降低资本利得税税率能增强股票市场的活跃度。

国内学者沈峰(2007)[5]认为资本利得税在资本利得实现时征收,会使投资者产生"惜售"心理,扭曲投资选择行为,这种扭曲干扰了证券市场的正常运行,使证券市场的运转不得不服从于投资者的避税目的,资本市场的流动性随之降低。王金利、林海清(2007)[6]以

----

① Turvey R., "Equity and a Capital Gains Tax", *Oxford Economic Papers*, New Series, 1960(11).

② David Martin, "Economic Effects of the Capital Gains Tax", *American Economic Review*, 1964(4).

③ Holt, C.C and J.P Shelton, "The Locking Effect of Capital Gains Tax", *National Tax Journal*, 1962(15), pp.337-352.

④ Martin Feldstein, Joel Slemrod and Shlomo Yitzhaki, "The Effects of Taxation on the Selling of Corporate Stock and the Realization of Capital Gains", *The Quarterly Journal of Economics*, 1980(4).

⑤ 沈峰:《证券所得税的经济影响和制度改革——兼论我国证券所得税制度的优化设计》,厦门大学博士学位论文,2007年。

⑥ 王金利、林海清:《资本利得税的内涵和效应:台湾经验的启示》,《西部金融》2007年第9期,第11—15页。

我国台湾省为例,分析了资本利得税的发布效应,结果表明课税信息的发布成为抑制股价高涨的有效政策工具,信息发布会立即造成股价下挫,成交量大幅萎缩,在使用时应十分慎重。

四、证券遗产税和赠与税的经济效应

由于遗产税和赠与税针对的是不止一代人的生命周期,资料的取得非常困难,因此该领域中的实证研究较少,在证券遗产税和赠与税领域中更缺乏经验数据的支持。从国内研究看,我国从建国至今未开征遗产税,大部分研究都停留在理论层面,缺乏实证分析。

第二节　日本证券税制改革与泡沫
经济的相关性分析

20 世纪 80 年代中期至 90 年代初期泡沫经济的形成与崩溃,成为日本经济史上最为惨痛的教训,在此过程中,证券税制作为政府调控工具之一,始终围绕股市价格的上升和下降而调整。本节通过对日本证券税制与泡沫经济的直观考察来分析二者的相关性。

一、日本泡沫经济的形成与崩溃

野口悠纪雄将"泡沫"定义为"现实资产价格与实体经济价格之间的差,是现实资产价格中实体经济无法说明的部分"。以 20 世纪 80 年代的日本经济来看,泡沫经济主要表现出三种特征:货币供应量及信用膨胀、经济活动过热和资产价格的急剧攀升。[①]

1985 年 9 月西方 5 国财政部长和央行行长参加的《广场协议》

---

① ［日］香西泰、白川方明、翁邦雄:《バブルと金融政策:日本の経験と教訓》,日本経済新聞社 2001 年版,第 10 页。

达成了美元贬值、日元和德国马克升值的协议,当时的日元汇率为 1
美元：250 日元,经过两年多的时间,到 1987 年升至 1 美元：120 日
元,升值 50%以上,这对以外向型经济发展为主的日本经济打击是
巨大的。为了应对日元急速升值对国内出口产业的打击,防止景气
恶化,日本政府实施了缓和的金融政策。从 1986 年 1 月至 1987 年 2
月,日本银行连续 5 次降低贴现率,从 5%下调至 2.5%,成为战后以
来历史上的最低点。长期的低息政策使得日本货币供应量和银行放
贷量高速增长。20 世纪 80 年代后半期,日本货币供应量(M2+CD)
的增长超过了 10%,远超出其名义 GDP 的增长率。由此导致大量过
剩资金流入股票市场和房地产市场,满足了资产增值的投机需求,推
动了股价、地价等资产价格的大幅攀升。作为泡沫经济的重要特征,
日经平均指数在 1989 年 12 月 29 日达到其历史最高点 38915.87
点,是 1984 年年末的 3.4 倍;股票市场时价总额也增至 1989 年年末
的 611 万亿日元,是 1984 年年末的 3.8 倍。① 从图 5-1 中可以看出,
20 世纪 80 年代前半期,日经 225 指数和日本名义 GDP 的走势基本
一致,但后半期股票指数的涨幅远远超过了 GDP 的增长率,脱离了
经济基础面,积累了大量泡沫。

　　1989 年 5 月日本银行开始调整货币政策方向,频繁上调利率,
至 1990 年 8 月,在经过 5 次连续调整后,日本的贴现率已回升至
6%。在金融紧缩政策的作用下,日本的资产价格开始大幅回落,股
票价格急速下跌。1990 年年末,日经平均股价暴跌至 23848.7 日
元,比 1989 年年末的最高值下跌了 38.7%②,由此引发了泡沫经济

---

　　①　刘瑞:《资产价格泡沫与货币政策有效性分析——日本的经验、教训及其启示》,
《2009 年日本经济蓝皮书——日本经济与中日经贸关系年度报告》,社会科学文献出版社
2009 年 7 月版,第 322 页。
　　②　https://ja.wikipedia.org/wiki/日经平均株价#.E5.B9.B4.E6.AC.A1.E3.81.AE.E6.8E.
A8.E7.A7.BB。

（单位：10亿日元）   （单位：日元）

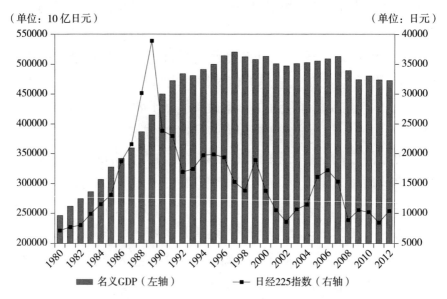

图 5-1　1980—2012 年日经 225 指数与 GDP 走势比较

资料来源：日经指数根据 http://www.sankayo-jp.com/download.htm——《戰後 50 年日経平均日足
　　　　データ》数据资料整理绘制；GDP 数据根据日本总务省统计局 http://www.stat.go.jp/
　　　　data/chouki/03.htm——《日本の長期統計系列：第 3 章国民経済計算》整理绘制。

的崩溃，实际经济增长率从 1990 年的 6.0% 降至 1992 年的 1.1%。[①]
此后，日本经济进入了长期的萧条期，尽管近年来呈现出经济复苏迹
象，但日经平均指数在 2011 年仅为 8455.4 点，到 2013 年也不过在
16000 点徘徊，只相当 1989 年最高峰时的 42%。

二、日本证券税制与泡沫经济的直观考察

理论上，当其他条件不变时，证券相关税的出台或税率的调整对
股票价格会产生一定影响，二者往往呈负相关关系。在证券税制中，
特别是证券交易税和资本利得税的效果更加明显，比如税率上升可

————————

　　① 刘瑞：《资产价格泡沫与货币政策有效性分析——日本的经验、教训及其启示》，
《2009 年日本经济蓝皮书——日本经济与中日经贸关系年度报告》，社会科学文献出版社
2009 年版，第 322 页。

以通过提高证券交易和交易所得的成本,减少证券交易量,特别是减少那些投机性交易,从而达到抑制股市波动的效果。图 5-2 和图 5-3 分别为战后日本证券交易税、资本利得税改革与日经 225 指数走势图:

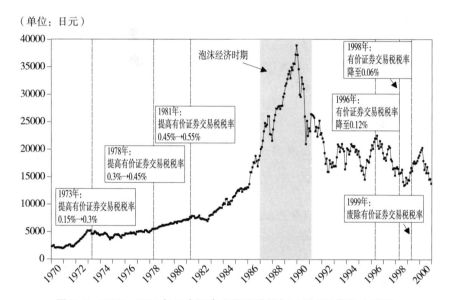

（单位：日元）

图 5-2 1970—2000 年日本证券交易税改革与日经 225 指数走势图

资料来源:根据 http://www.sankayo-jp.com/download.htm——《戦後 50 年日経平均日足データ》数据资料整理绘制。

图 5-2 和图 5-3 描述了日本战后证券税制改革与股价波动的关系,由此可以看出,日本证券税制改革伴随了泡沫经济发展形成和破灭的全过程,其影响体现在以下几个方面:

第一,证券流转税税率较低,在一定程度上刺激了证券交易。作为证券流转税的主要税种,有价证券交易税自设立之初就执行较低税率,仅为 0.15%。20 世纪 70 年代,证券交易税经历了两次提升,1981 年,日本股票场内交易税率提高到 0.18%,场外交易税率提高到 0.55%,但在日本国税收入中,有价证券交易税占比极低,1985 年

（单位：日元）

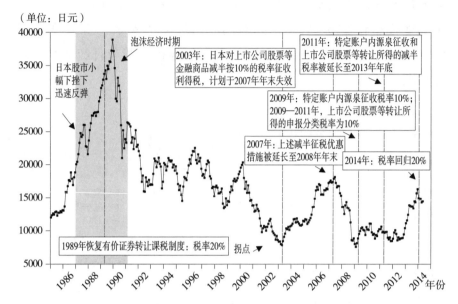

图 5-3   1985—2014 年日本证券资本利得税改革与日经 225 指数走势图

资料来源：根据 http://www.sankayo-jp.com/download.htm——《戦後 50 年日経平均日足データ》数据资料整理绘制。

仅为 1.7%（见本书第一章表 1-5），因此，交易税难以发挥抑制证券投机的效果。如图 5-2 所示，20 世纪 70 年代至 80 年代初期，有价证券交易税的提升并没有改变日经平均指数稳步上升的态势，1983年后，股价更是进入了大幅上升通道，至 1989 年达到顶峰。泡沫经济崩溃后的长期萧条时期，日本对证券交易税税率进行了两次下调，税率降至 0.06%。从图 5-2 中可以看出，税率的每一次下调只能短暂地支撑股价，而长期内，交易税税率的变化并非改变股票市场低迷局面的决定性因素，有价证券交易税也难逃全球范围内的弱化趋势，日本最终在 1999 年废除了有价证券交易税。

第二，证券所得税税率偏低及其免税政策，突出了投资证券的优越性，使人们更加热衷于证券交易。1953—1989 年，日本对有价证券转让所得原则上免税，在一定程度上刺激了资金流向股市，对泡沫经济的发展起到了推波助澜的作用。优惠储蓄的政策也使国民的储蓄资金不断流入金融机构,为日本长期的间接金融体制提供了稳定的资金来源。上述政策在日本经济起飞和高速增长过程中发挥了重要作用,却成为泡沫经济的催化剂。1987年10月19日,美国股市遭遇了"黑色星期一",道琼斯工业平均指数当天暴跌近23%,由此引发了全球股市的全面下挫,也暂时阻止了日本股市泡沫的进一步膨胀,但时隔仅半年,1988年4月1日,随着日本景气恢复和政府废除小额存款免税制度的出台①,股票市场迅速回升,见图5-3。

第三,证券资本利得税的恢复加快了日本股市泡沫的破灭,日本经济陷入了长期萧条期。1988年4月—12月,日本政府对证券资本利得税进行了彻底改革,取消了对股票等转让所得的原则免税政策,恢复了课税制度。从图5-3可以看出,资本利得税的恢复在短期内并未有效减少证券的投机交易,股价在这一时期仍表现为持续强劲上升的态势,但从长期看,它加快了日本泡沫经济崩溃的进程。

由于股票市场长期不景气,社会各界要求改革证券税制,因此,日本政府制定了系列措施来刺激股票市场的发展。以2001年出台的《租税特别措施法修正案》为代表,日本对证券税制的部分规定进行了弱化。2003年,日经平均指数降至9000点以下,为促使股价回升,吸引散户投资者进入股市,日本政府于2003年4月引入了对资本利得实施税收优惠的暂时性举措,即对上市公司股票等金融商品减半按10%的税率征收利得税。从图5-3中可以看出,资本利得税优惠措施出台后,日本的股票市场出现了明显的拐点,股价得到了恢复,实施资本利得税改革的目标基本达成。

2007年8月,次贷危机全面爆发,大宗商品原材料涨价以及外部需求的萎缩,为日本经济的恢复蒙上了阴影。受金融危机的影响,

---

① 高宇:《导致日本股市泡沫的主要因素分析》,《日本学刊》2007年第6期,第20页。

日本政府对特定账户内的股票等转让收益采取10%的源泉征收税率,同时规定2009—2011年间上市公司股票等转让所得的申报分类税率也按10%执行。此后,由于日本证券界和金融厅都认为取消资本利得税的优惠措施可能会削弱股票市场的活力,日本政府在2011年将上述减半征收优惠措施延长两年,至2013年12月31日到期。自2014年后,日本恢复了20%的资本利得税税率。从图5-3可以看出,同证券交易税税率下调的效果一样,延长税率优惠政策短期内有助于股价的恢复,但从长期看,该措施是否能真正起到刺激投资者购买股票的作用,目前还不明确。而且,一旦全部取消资本利得优惠措施,投资者将出售其所持股份以避免更高税率,如2013年12月末,由于税率即将上调的消息发布,日本的大户投资人抛售或转移股票等交易猛增,加剧了股市波动。

综上所述,我们看到,日本证券税制在前期税率偏低,体现了投资股市的优越性,为大量资金进入股市创造了机会,在一定程度上加速了泡沫经济的形成。而在证券税制改革后期,采取适度强化的证券税制后,泡沫经济开始崩溃,因此证券税制改革对加快股市泡沫的崩溃也有一定的影响。通过对日本证券税制与泡沫经济的直观考察可以看出,仅靠税制改革很难对资本市场起到预期的调节效果,即使有效果也不是长久的。尤其是日本"泡沫经济"崩溃后的税收政策,始终处于调控政策的配角地位,没有很好地发挥自动稳定器的杠杆作用。[①]

第三节　日本证券税制与股票市场波动性

日本证券交易税的调整是否增强了股票市场的波动性,这是本

---

① 邵学峰:《日本"泡沫经济"破灭后的税收政策评析》,《现代日本经济》2007年第1期,第40—42页。

节分析的主题。衡量股票市场波动性的指标大多使用金融资产收益率的标准差或方差,本节以日本泡沫经济时期和长期萧条时期两次证券交易税的变动为研究对象,首先运用 SPSS 软件检验税率调整前后收益率方差是否相等,以此来判断税率调整后短期内日本股票市场的波动性;其次运用 Eviews 软件,利用 GARCH 模型检验税率调整后长期内日本股票市场的波动性。

一、样本的选择及计量方法的选取

日本股票市场的波动性用日经 225 指数收益率的变化来表示,本节将收益率定义为:

$$R_t = \ln(P_t/P_{t-1}) \times 100 \qquad\qquad 公式(5-1)$$

公式(5-1)中,R_t 为大盘指数第 t 个交易日的收益率,P_t 和 P_{t-1} 为大盘指数第 t 和第 $t-1$ 交易日的收盘价,乘以 100 的目的在于最大限度地消除证券市场扩容而导致的波动。

证券交易税的调整通常是在某个交易日结束后宣布,并在下一个交易日正式实施,其影响在政策执行日即显现出来。[1] 因此,在进行实证分析时,应选择政策执行日前后的一段时间作为波动性对比的样本期。围绕日本 1989 年 4 月 1 日和 1998 年 4 月 1 日两次证券交易税税率下调措施,本节首先运用 Levene 检验方法[2],对日本证券交易税税率变动前后的 15、30 和 45 个交易日内收益率方差是否相等进行检验,如果方差相等,则表明税率调整在短期内不会增加日本股票市场的波动性,反之则相反;其次,将 1989 年 1 月 4 日—6 月 28 日和 1998 年 1 月 5 日—6 月 26 日作为样本区间(它们分别包含了两次税率调整前后的 60 个交易日),进一步利用 GARCH 模型检验证

---

[1]　梁劲锐:《证券交易印花税调整与股市波动性关系的统计分析》,《市场论坛》2010 年第 7 期,第 44—45 页。
[2]　常规的检验方法是采用 F 检验,但该方法假定样本服从正态分布,而已有的文献资料表明股票收益率在大多数情况下并不服从正态分布,所以通常选择 Levene 检验方法。

券税率调整后长期内日本股票市场的波动性。

二、税收变动对股市收益率短期波动性影响的检验

下文将对日本证券交易税税率变动前后 15、30 和 45 个交易日内收益率方差是否相等进行检验,以避免前后事件的交叉影响。根据方差相等检验的一般要求,我们必须先对样本的分布进行正态性检验,并以此来选择合适的检验方法。

(一) 正态分布检验

1. 检验方法

(1)偏度和峰度

计量经济学运用偏度和峰度来描述各种分布的密度函数曲线形状。偏度反映数据围绕均值分布的对称情况,峰度用来反映密度函数曲线在众数附近的"峰"的尖削程度。正态分布偏度为 0,峰度为 3。根据数据的偏度和峰度能够观察出数据的分布状况,若偏度大于 0,说明数据呈右偏态,若偏度小于 0,则数据呈左偏态;若峰度大于 3,说明数据呈尖峰态,小于 3 则说明呈宽峰态。

(2)夏皮洛—威尔克(Shapiro-Wilk)检验

进行正态性检验时,计量经济学通常运用雅克—贝拉(Jarque-Bera)检验,然而雅克—贝拉检验适用于容量较大的情况,本节所检验的样本容量相对较小,所以选择了夏皮洛—威尔克检验,即 W 检验。W 检验以次序统计量为基础,将 n 个独立观测值按非降序排列,记为 $x_1, x_2, \cdots, x_n$,则检验统计量为:

$$W = \frac{\left[\sum_{i=1}^{n} (a_i - \bar{a})(x_i - \bar{x}) \right]^2}{\sum_{i=1}^{n} (a_i - \bar{a})^2 \sum_{i=1}^{n} (x_i - \bar{x})^2} \qquad 公式(5-2)$$

其中,系数 $a_1, a_2, \cdots, a_n$ 在样本容量为 n 时有特定的值。另外,系数 $a_1, a_2, \cdots, a_n$ 还具有如下性质:$a_i = -a_{n+1-i}, i = 1, 2 \cdots [n/2]$,

$\sum\limits_{i=1}^{n} a_i = 0$，$\sum\limits_{i=1}^{n} a_i^2 = 1$，据此可将 W 检验简化为：

$$W = \frac{\left[\sum\limits_{i=1}^{n/2} a_i(x_{n+1-i} - x_i)\right]^2}{\sum\limits_{i=1}^{n}(x_i - \bar{x})^2}$$ 公式（5-3）

当总体分布为正态分布时，W 的值应该接近 1。在显著性水平 α 下，如果统计量 W 的值小于其 α 分位数，则拒绝原假设，即拒绝域为：$\{W \le W_\alpha\}$。如果在计算中有 $W > W_\alpha$，则在显著水平为 α 上未落入拒绝域，即认为该批数据服从正态分布；若在计算中有 $W \le W_\alpha$，则在显著水平为 α 上落入拒绝域，即认为该批数据不服从正态分布。

2. 检验结果

以日本 1989 年 4 月 1 日证券交易税税率的变动为例，对税率变动前后 15、30 和 45 个交易日内的收益率进行正态检验，结果如表 5-1 所示：

表 5-1　日经 225 指数收益率正态分布检验结果（1989 年 4 月 1 日）

检验区间	均值	标准差	偏度	峰度	Shapiro-Wilk 统计量
前后 15 天	0.114106	0.7608127	0.934	2.006	0.945（Sig.0.125）
前后 30 天	0.060062	0.6656660	0.805	1.821	0.959（Sig.0.042）
前后 45 天	0.075182	0.5912762	0.640	2.112	0.958（Sig.0.006）

以日本 1998 年 4 月 1 日证券交易税税率的变动为例，对税率变动前后 15、30 和 45 个交易日内的收益率进行正态检验，结果如表 5-2 所示：

表 5-2　日经 225 指数收益率正态分布检验结果（1998 年 4 月 1 日）

检验区间	均值	标准差	偏度	峰度	Shapiro-Wilk 统计量
前后 15 天	−0.091352	1.4661972	0.061	−0.541	0.986 （Sig.0.956）
前后 30 天	−0.053884	1.3887172	−0.009	−0.626	0.985 （Sig.0.672）
前后 45 天	−0.061801	1.2908862	−0.107	−0.483	0.986 （Sig.0.468）

由表 5-1 和表 5-2 可以看出，1989 年 4 月 1 日日本证券交易税税率变动前后的 15、30、45 个交易日的样本分布的偏度均大于零，呈右偏态；1998 年 4 月 1 日税率变动前后的 15 个交易日的样本分布的偏度也大于零，呈右偏态；1998 年 4 月 1 日税率变动前后的 30 和 45 个交易日的样本分布的偏度均小于零，呈左偏态。此外，所有样本区间的峰度系数值小于 3，呈宽峰状，所有样本数据不具有足够的峰度支持正态分布。

对于 Shapiro-Wilk 统计量，一般来说，P 值 ≤ 0.05 时表明数据不服从正态分布。在表 5-1 和表 5-2 中，$Sig.$ 即为 P 值，通过比较我们发现，1998 年 4 月 1 日税率变动前后的时间区间内，P 值均大于 0.05，即收益率支持正态分布假设；而 1989 年 4 月 1 日税率变动前后的 30 和 45 个交易日的样本分布的 P 值 <0.05，表明收益率不服从正态分布。因此，日经 225 指数收益率总体来看并不服从正态分布。

（二）Levene 检验

由于日经 225 指数收益率总体来看并不服从正态分布，本节将采用 Levene 检验方法，对日本证券交易税税率变动前后收益率的方差是否相等来进行检验。

1. 检验方法

首先作出以下假设：

$$H_0 : \sigma_1^2 = \sigma_2^2 \quad H_1 : \sigma_1^2 \neq \sigma_2^2$$

在这个假设中，σ_1^2 和 σ_2^2 分别表示日本证券交易税税率调整前、后收益率的方差。

Levene 统计量是用来检验两个或两个以上样本方差是否相等的统计量。设 x_{ij} 为第 i 组样本（$i = 1, 2 \cdots, g$）的第 j 个观测值（$j = 1, 2, \cdots, n_i$），g 为样本的组数，n_i 为第 i 组样本的容量。令 $Z_{ij} = |x_{ij} - \bar{x}_i|$，即将原始观测值 x_{ij} 转换为相应的离差 Z_{ij}，其中 $\bar{x}_i$ 为每组样本的均值，则该统计量的定义是：

$$W_0 = \frac{(N - g) \sum_{i=1}^{g} n_i (\bar{Z}_i - \bar{Z})^2}{(g - 1) \sum_{i=1}^{g} \sum_{j=1}^{n_i} (Z_{ij} - \bar{Z}_i)^2} \qquad 公式（5-4）$$

上述公式中，$\bar{Z}_i = \sum_{j=1}^{n_i} Z_{ij} / n_i$，$\bar{Z} = \sum_{i=1}^{g} \sum_{j=1}^{n_i} Z_{ij} / \sum_{i=1}^{g} n_i$。

2. 检验结果

以日本 1989 年 4 月 1 日和 1998 年 4 月 1 日证券交易税税率的变动为例，对税率变动前后 15、30 和 45 个交易日内的收益率进行 Levene 检验，结果如表 5-3 所示：

表 5-3　交易税调整前后 n 个交易日内日经 225 综合指数 Levene 检验表

时间	n	Levene 统计量	相伴概率（P 值）
1989 年 4 月 1 日	15	1.091	0.305
	30	0.166	0.685
	45	0.024	0.877
1998 年 4 月 1 日	15	2.587	0.119
	30	2.179	0.145
	45	0.853	0.358

由表 5-3 可以看出，Levene 统计量结果的 P 值均大于 0.05 的

显著性水平。因此,日经225指数收益率在1989年4月1日和1998年4月1日这两次税率变动的前后15、30、45个交易日里,通过了方差齐性检验,这表明不能拒绝方差相等的原假设,即认为日本两次证券交易税税率的调整在短期内并没有增加日本股票市场的波动性。

三、税收变动对股市收益率长期波动性影响的检验——GARCH 模型

前文中,我们使用非条件方差检验的方法对短期内日本证券交易税税率调整前后日经225指数收益率波动性情况进行了分析。下文中我们将运用条件方差模型——广义自回归条件异方差模型,即GARCH 模型,对日本证券交易税变动对股市收益率长期波动的影响进行实证检验。

(一) ARCH 模型及其若干变形

用收益率的方差来衡量波动性,在方法上简单易行,也能够较为直观地得出结论。但大量研究表明,方差在表示不确定性和风险时,会随着时间的变动发生改变。如股票收益率表现为在某个时间段波动较大,而在另一个时间段波动又较小,即波动率有聚类性。为了刻画这种随时间变化的波动,恩格尔(Engle,1982)提出了 ARCH 模型,它被认为是最能集中反映收益率方差变化特点而被广泛应用于金融数据时间序列分析的模型。在目前所有的波动率模型中,ARCH 类模型在理论研究的深度和实证运用的广度来说都是独一无二的。

1. ARCH 模型

若一个平稳随机变量 x_t 可以表示为 $AR(p)$ 形式,其随机误差项的方差可以用误差项平方的 q 阶分布滞后模型描述:

$$x_t = \beta_0 + \beta_1 x_{t-1} + \beta_2 x_{t-2} + \cdots + \beta_p x_{t-p} + \varepsilon_t \qquad 公式(5-5)$$

$$\sigma_t^2 = E(\varepsilon_t^2) = \alpha_0 + \alpha_1 \varepsilon_{t-1}^2 + \alpha_2 \varepsilon_{t-2}^2 + \cdots + \alpha_q \varepsilon_{t-q}^2 \qquad 公式(5-6)$$

ε_t 服从 q 阶的 ARCH 过程,记作 $\varepsilon_t \sim ARCH(q)$。公式(5-5)称作均值方程,公式(5-6)称作 ARCH 方程。该方程应满足如下条件:

$\alpha_0 > 0,$

$\alpha_i \geqslant 0(i = 1,2,\cdots q)$

在 ARCH 模型中,q 表示回归阶数,它的值大小表明了冲击的影响存留于后续误差项方差中的时间长度,即 q 值越大,波动的持续时间也会越长。

2. GARCH 模型

ARCH 模型虽然简单,但为了充分描述波动率聚类性的特点,往往需要很多参数,即需要提高 ARCH 模型的阶数。这时,计算出的条件方差不再精确,存在较大误差。为了克服这一问题,伯勒斯列夫(Bollerslev,1986)对 ARCH 模型进行了拓展,提出了广义的 ARCH 模型——GARCH 模型。GARCH(p,q)模型定义如下:

$$\sigma_t^2 = \alpha_0 + \lambda_1\sigma_{t-1}^2 + \cdots + \lambda_p\sigma_{t-p}^2 + \alpha_1\varepsilon_{t-1}^2 + \cdots + \alpha_q\varepsilon_{t-q}^2$$

公式(5-7)

上式应满足的条件是:

$\alpha_0 > 0,$

$\alpha_i \geqslant 0(i = 1,2,\cdots q)$,

$\lambda_i \geqslant 0(i = 1,2,\cdots p)$,

$0 \leqslant \left(\sum_{i=1}^{q}\alpha_i + \sum_{i=1}^{p}\lambda_i \right) < 1$

GARCH(p,q)模型中,p 是 GARCH 项的最大滞后阶数,q 是 ARCH 项的最大滞后阶数。该模型在计算量不大时,较为方便地描述了高阶的 ARCH 过程。与 ARCH 模型相比,GARCH 模型要求较少的参数,但效果却与 ARCH 模型基本一样,甚至优于 ARCH 模型。

(二) 检验数据特性

如前文所述,本书建立模型的两个样本区间是 1989 年 1 月 4 日—6 月 28 日和 1998 年 1 月 5 日—6 月 26 日,它们分别包含两次税率调整前后的 60 个交易日。

1. 波动聚类性

图 5-4 和图 5-5 显示了两个样本区间内收益率序列随时间变化的趋势。从中可以看出,两个区间的收益率序列存在以下特点:较大幅度的波动后面紧跟着较大幅度的波动;较小幅度波动的后面紧接着较小幅度的波动。这是波动聚类性的特征,这个现象表明,收益率存在着随时间变化的方差因素。

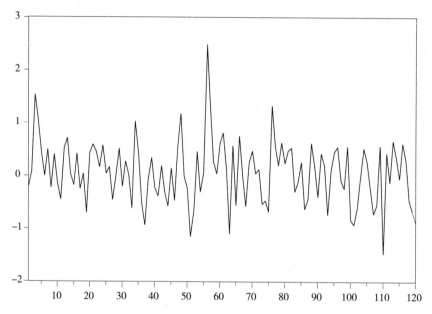

图 5-4 日经 225 指数收益率曲线图(1989 年 1 月 4 日—6 月 28 日,共 120 个交易日)

2. 自相关性

在自相关图 5-6 和图 5-7 中,AC 表示各期的自相关系数,PAC 表示各期的偏自相关系数。图中左半部分为各相关系数的直方图,以直观反映相关系数值的大小,当第 n 期偏相关系数的直方块超过虚线部分时,表明存在 n 阶自相关性,其中的虚线则表示显著性为 0.05 的置信带。如果 Q 统计量的 p 值较小(如小于 0.05),即认为存在序列自相关性;反之,如果 Q 统计量的 p 值比较大,则不存在自

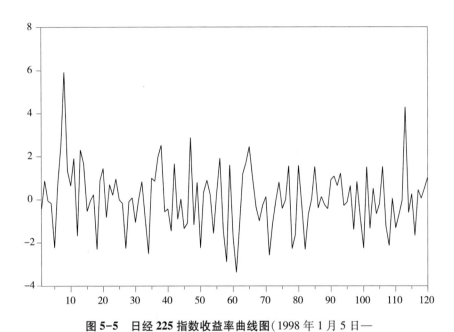

图5-5　日经225指数收益率曲线图（1998年1月5日—
6月26日，共120个交易日）

相关性。

Sample:1989年1月4日—6月28日，共120个交易日
Included observations: 120

Autocorrelation	Partial Correlation		AC	PAC	Q–Stat	Prob
		1	0.159	0.159	3.1016	0.078
		2	−0.077	−0.105	3.8423	0.146
		3	−0.019	0.012	3.8858	0.274
		4	−0.037	−0.046	4.0583	0.398
		5	−0.051	−0.039	4.3894	0.495
		6	−0.126	−0.123	6.4376	0.376
		7	−0.113	−0.085	8.1041	0.324
		8	0.142	0.159	10.757	0.216
		9	0.091	0.020	11.843	0.222
		10	0.112	0.119	13.500	0.197

图5-6　日经225指数收益率自相关检验结果（1989年1月4日—6月28日）

Sample: 1998年1月5日—6月26日，共120个交易日
Included observations: 120

Autocorrelation	Partial Correlation		AC	PAC	Q-Stat	Prob
		1	0.064	0.064	0.4978	0.480
		2	−0.076	−0.080	1.2128	0.545
		3	−0.016	−0.006	1.2458	0.742
		4	−0.047	−0.052	1.5192	0.823
		5	−0.036	−0.032	1.6876	0.890
		6	−0.018	−0.022	1.7304	0.943
		7	0.053	0.050	2.0956	0.954
		8	−0.067	−0.081	2.6809	0.953
		9	−0.012	0.003	2.6989	0.975
		10	0.003	−0.010	2.7005	0.988

图 5-7　日经 225 指数收益率自相关检验结果（1998 年 1 月 5 日—6 月 26 日）

　　从图 5-6 和图 5-7 中可以明显看出，各阶滞后的 Q 统计量的 p 值都大于 0.05，说明在 5% 的显著性水平下，我们构造的这两个样本区间都不具有自相关性。所以，在构建模型时，不用在均值方程里引入自相关性的描述部分。我们运用 ARMA 模型的方法，收益率 r_t 由一个常数项 c 加上随机误差项 ε_t 组成，所要估计的回归模型（均值方程）为：

$$r_t = c + \varepsilon_t \qquad\qquad 公式(5-8)$$

其中，$E(\varepsilon_t) = 0$

3. 数据的平稳性

　　计量经济学要求所研究的数据序列具有平稳性。大量的实证研究表明，如果模型中的序列为非平稳性序列，其利用计量经济学方法进行的检验大部分都失去了以往的特性，结论也会因此而出现错误。所以，我们在建立模型之前应首先对数据序列是否平稳进行检验。

　　DF 检验法和增广 DF（即 ADF）检验法是检验单位根的传统计量方法。在使用 DF 统计量检验后，我们发现误差项的 Durbin-

Watson 检验的 d 统计量的值约等于 2，说明只需运用 DF 检验法就可以验证序列的平稳性。

表 5-4 日经 225 指数收益率单位根检验结果

区间	DF 检验值	Prob.	Durbin-Watson 检验值
1989 年 1 月 4 日—6 月 28 日	-8.763227	0.0000	1.9584
1998 年 1 月 5 日—6 月 26 日	-9.921801	0.0000	1.9866

从表 5-4 中我们可以得到以下结论：（1）这两个时间区间内误差项不存在自相关，因为日经 225 指数收益率的误差项 D-W 检验的 d 统计量均约等于 2；（2）在这两个时间区间内，日经 225 指数收益率的 DF 检验值均小于 1%显著性水平下的临界值-3.5572，且相应的 P 值均为零，不服从存在单位根的假设。这说明这两个时间区间内日经 225 指数收益率序列是平稳的。

（三）建立 GARCH 模型

经济学家们通过对金融数据时间序列的分析后发现，GARCH 的阶数大多数情况下不超过 2 阶，因此在本节的实证分析中，我们将采用 GARCH(1,1)的形式来拟合收益率，并运用最大似然法对模型的参数进行估计，这个方法假设误差项为正态分布。在 GARCH 模型中，均值方程的误差项 ε_t 也被假定服从正态分布。但我们在构建 GARCH(1,1)模型的过程中发现，ε_t 的分布仍具有"宽峰态"特征，因此假设 ε_t 服从正态分布是不合理的。伍德里奇和伯勒斯列夫（Wooldridge and Bollerslev，1992）指出，在正态分布不成立时，只要条件方差方程和均值方程设定正确，GARCH 模型的最大似然估计值是一致的，但协方差矩阵的估计不一致，可采用异方差一致协方差（Heteroskedasticity Consistent Covariance）的方法来修正。

为检验日本证券交易税税率变动对日本股市波动性的影响，我们在 GARCH(1,1)模型的条件方差方程里加入一个虚拟变量 D_t(代表证券交易税),则 GARCH(1,1)模型的条件方差方程可以写为:

$$\sigma_t^2 = \alpha_0 + \alpha_1 \varepsilon_{t-1}^2 + \lambda \sigma_{t-1}^2 + \gamma D_t \qquad 公式(5-9)$$

设 D_t 在税率调整前数值为 0,在税率调整后数值为 1,如果 D_t 系数的估计值显著为正,表明税率调整后,市场的波动性将增加。

运用 Eviews 软件对数据进行实证检验,输出结果如下:

1. 时间区间:1989 年 1 月 4 日—1989 年 6 月 28 日

$$\sigma_t^2 = 0.111063 + 0.011299\varepsilon_{t-1}^2 + 0.768874\sigma_{t-1}^2 - 0.022665$$
$$\quad\ (0.7891) \qquad (0.8183) \qquad (0.3610) \qquad (0.7866)$$

括号里为各个参数的 P 值。

2. 时间区间:1998 年 1 月 5 日—1998 年 6 月 26 日

$$\sigma_t^2 = 0.524124 - 0.045982\varepsilon_{t-1}^2 + 0.918794\sigma_{t-1}^2 - 0.171129$$
$$\quad\ (0.1081) \qquad (0.1176) \qquad (0.0000) \qquad (0.0939)$$

括号里为各个参数的 P 值。

实证结果显示:(1)两个条件方差方程中的系数之和(即 $\alpha_1 + \lambda + \gamma$ 之和)都小于 1,表明我们所建立的模型是平稳的;(2)两个条件方差方程中,虚拟变量 D_t 的系数均为负值,其 p 值分别为 0.7866 和 0.0939,这充分说明,两次证券交易税税率的变动并没有增加日本证券交易市场的波动性。

四、结论

综合上述统计分析和实证检验结果,结合日本的具体情况,本章可得出如下结论:

第一,在统计分析环节,本章使用偏度、峰度和 Shapiro-Wilk 检验方法,对收益率的分布进行了正态性检验,结果表明所有样本区间内的日经 225 收益率总体上不服从正态分布。因此,本章选用 Levene 统计量对证券交易税税率变动前后的收益率进行了方差齐性检验,结果表明税率变动前后较短时间里,日经 225 收益率方差没有发生较大变化,即日本 1989 年 4 月 1 日和 1998 年 4 月 1 日两次证券交易税税率变动并没有增加日本股票市场的波动性。

第二,在实证检验环节,本章通过对数据特性的检验,发现 1989 年 1 月 4 日—6 月 28 日和 1998 年 1 月 5 日—6 月 26 日这两个样本区间内的数据具有波动集群性和平稳性特征,且不具有自相关性,适合建立 GARCH 模型进行实证分析。考虑到条件方差的影响,我们在条件方差方程中加入了虚拟变量 D_t 代表证券交易税,而对于日本股市收益率分布中所呈现出的"宽峰态",我们采用异方差一致协方差的方法进行修正。从 Eviews 输出结果可以看出,GARCH(1,1)模型较好地描述了日经 225 指数收益率的波动情况,结果表明较长时期内,两次证券交易税税率变动对股市波动性的影响不显著。

第三,由前文结论可知,无论是短期还是长期,日本两次证券交易税税率的调整对股票市场波动性均无显著影响。其原因在于,影响股价波动的因素是多方面的,作为基础经济面的企业收益的改善是股价上升的根本因素,对未来经济的良好预期是股价上升的保障,而中央银行提供的过剩流动性供给是股价上升的推动力量。

第六章　日本遗产税和赠与税改革及其经济效应

遗产税和赠与税是财产课税体系中的重要组成部分,征收遗产税和赠与税是调整贫富差距、调节社会分配的有效手段。对世界范围内征收遗产税国家的实践和发展趋势进行分析,可以明确遗产税的共性特征。日本遗产税在经历了一个多世纪的发展之后最终形成了一个较为完善的体系,尤其是第二次世界大战之后,日本遗产税和赠与税的改革紧紧围绕本国经济发展和社会前进的现实,经历了较为明显的缓和以及强化两个阶段。在改革中,通过对税源的控制和对税率的调整,基本上实现了税制改革的预期目标,但由于日本社会、经济发展的特殊性,仍不可避免地存在一些问题。

第一节　遗产税和赠与税的实践及其特征

遗产税和赠与税广泛地存在于世界上许多国家的税收体系中。通过对全球范围内征收遗产税国家的地域分布和收入分布的分析,既有助于分析遗产税和赠与税的发展趋势,也可以明确其共性特征。

一、全球范围内遗产税征收及其发展趋势

(一) 全球范围内遗产税征收状况

遗产税是一个古老的税种,最早出现在四千多年前的古埃及;遗产税也是一个国际性税种,当前许多国家都在征收遗产税。近代遗

产税是荷兰最早在 1558 年开始征收的,继荷兰之后,英国(1694
年)、法国(1703 年)、意大利(1862 年)、日本(1905 年)、德国(1906
年)等国家和地区也相继开征。为了防止财产所有人在生前利用赠
与的方式逃避死亡后遗产继承时应缴纳的遗产税,20 世纪初,一些
国家和地区开始征收赠与税。这里重点分析遗产税的征收情况。

　　根据北京师范大学中国收入分配研究院对 188 个有税收制度的
国家和地区的调查,截至 2013 年,遗产税的征收情况及遗产税征收
与收入水平的关系规划为表 6-1。

表 6-1　2013 年世界范围内遗产税开征情况

分组		国家(地区)样本数量	开征遗产税的国家(地区)数量	开征遗产税的国家(地区)占比(%)
总体		188	114	60.6
OECD 国家		34	29	85.3
所属大洲	亚洲	47	25	53.2
	欧洲	50	38	76.0
	非洲	45	26	57.8
	南美洲	12	10	83.3
	北美洲	26	12	46.2
	大洋洲	8	3	37.5
收入等级	低收入	21	7	33.3
	下中等收入	42	28	66.7
	上中等收入	46	32	69.6

资料来源:根据北京师范大学中国收入分配研究院《遗产税制度及其对我国收入分配改革的启示》
　　课题组中期成果报告数据整理得到。

　　从表 6-1 中可以看到,目前世界上征收遗产税的国家有 114 个,
占全世界国家总数的 60.6%。从对 OECD 国家的统计中可以看到,除
墨西哥以外,其余 33 个成员国都曾经开征或正在征收遗产税,曾经征
收但现已停征的国家有 4 个,分别是加拿大(1971 年停征)、澳大利亚

(1973 年停征)、新西兰(1992 年停征)和意大利(2001 年停征)。截至目前,还在征收遗产税的国家有 29 个,占比为 85.3%。从地域分布上来看,南美洲国家征收遗产税的比例最高,为 83.3%;大洋洲国家征收遗产税的比例最低,为 37.5%;其他国家和地区相对较多的大洲中,征收遗产税的比例在 46%—76% 之间,差别不大。从收入水平来看,中等收入国家征收遗产税的比例明显高于低收入国家,可以说,对遗产征税国家多是当今最具效率和竞争力、科技领先的国家,其 GDP 总量占到全球总量的 70% 以上。[①] 从税制设计上来看,征收遗产税的绝大多数国家在开征遗产税的同时都开征赠与税,只有英国和冰岛两个国家只设置遗产税,不设置赠与税;与之相反,新西兰取消了遗产税,却保留了赠与税。从税率设计上来看,在绝大多数国家的税制构架中,遗产税和赠与税均实行相同或者基本相同的高额累进税率,只有爱尔兰和卢森堡两个国家的赠与税税率大大低于遗产税税率,与之相反,土耳其的赠与税税率却大大高于遗产税税率。

(二) 遗产税和赠与税的发展趋势

基于全球各国遗产税和赠与税的现状和问题,可以预期遗产税和赠与税的发展趋势。

首先,遗产税和赠与税趋向于转变为地方税种。为公平社会财富分配,多数国家将遗产税和赠与税作为中央税种。长期以来,遗产税和赠与税的税收收入普遍不高,客观上征收遗产税和赠与税的成本却非常高,投入人力较多。近年来,许多国家都在考虑将遗产税和赠与税划分到地方税体系,认为从调动地方政府的征税积极性、提高征收的便捷性和降低成本等角度考虑,将遗产税和赠与税作为地方税种更有效率。

其次,税制设计将趋向简单化,两税的配合问题将有新的突破。

---

① 刘佐:《OECD 成员国征收遗产和赠与税简况》,《涉外税务》2003 年第 9 期。

税率是关系到纳税人税负和国家收入的核心部分,因此,涉及税率变动的税制改革就应该尤为谨慎,就目前的情况来看,发展中国家的最高税率在40%左右,而发达国家的最高税率一般保持在50%—60%之间。近年来各国都在寻求两税的最佳配合方案,在税制设计上,各国都从简化税制、减少征收阻力等方面考虑,对遗产税和赠与税的征收形式进行更深层次的探究。

最后,遗产税和赠与税的征收管理将进一步加强。遗产税和赠与税的逃税避税问题一直是令各国税务机构头痛的难题之一。对发达国家而言,在征收监管方面,重点是进一步完善资产评估工作,包括加强对评估机构的管理,避免与纳税人合谋避税,同时适当修订有关免税规定,如对信托财产部分课税,不允许用于政治目的的捐赠免税等。对发展中国家而言,其征管工作较为落后,对遗产税和赠与税征管工作的改进,将侧重于加强立法,增强公民纳税意识,鼓励纳税人自愿申报,改进资产评估办法,建立和完善资产评估制度;加强税务人员的法制观念和业务素质的培养,建立税务部门与其他有关部门协调配合机制。

总之,遗产税是一个极其复杂的税种,这不仅仅是由于其征收过程的复杂性,更因为其事关经济的发展、平等和效率的权衡等多项目标,而且随着社会经济的变迁,其本身还处在不断调整变化中。

二、遗产税和赠与税的概念及其特征

(一) 遗产税和赠与税的概念及税制模式

遗产税是以财产所有人死亡后遗留的财产作为课税对象,向财产继承人课征的一种财产税,因此有时又被称作"死亡税"或"继承税"。遗产的涵盖范围不仅包括现金和存款等流动资金,也包括房产、机器设备等不动产或其他固定资产。一般认为,征收遗产税,对于调节社会成员的财富分配、增加政府财政收入和增强社会公益事业的财力有重要作用。

赠与税是以赠送的财产作为课税对象,向赠与人或受赠人课征的一种财产税。作为遗产税的辅助税种,赠与税也是财产课税体系中的重要分支,可以有效地防止财产所有人在生前以赠与的方式分散财产,逃避税收。在下面的分析中,重点以遗产税为例介绍两税的特征。

遗产税的税制模式一般有三种,即总遗产税制、分遗产税制和总分遗产税制。

1. 总遗产税制

总遗产税制以财产所有人(被继承人)死亡后遗留下的财产净值为课税对象,以遗嘱执行人或者遗产管理人为纳税义务人,采用超额累进税率进行课征的一种税制模式。总遗产税制通常设有起征点,并同时设有扣除和抵免项目。遗产处理的顺序为"先税后分",即首先对遗产进行课税之后,再把遗产分配给继承人。美国、英国、新西兰以及我国的台湾采取的都是这种总遗产税制。

2. 分遗产税制

分遗产税制一般又称为继承税制,以各继承人取得的遗产份额结合与被继承人的亲疏远近情况进行课税。以遗产继承人或受赠人为纳税人,以各继承人或受赠人获得的遗产份额为课税对象,税率也多采用超额累进税率,允许扣除和抵免。现在采用分遗产税制的国家有日本、法国、德国、韩国、波兰等。

3. 总分遗产税制

总分遗产税制又被称为混合税制,是将总遗产税制和分遗产税制综合到一起的税制。在该税制下,对被继承人死亡时遗留的遗产份额先征收一次遗产税,在个人得到的税后遗产达到一定数额的情况下,再次征收遗产税。纳税人包括遗产管理人、遗嘱执行人、遗产继承人、受赠人等,税率多采用累进税率。目前采用或曾经采用这一模式的国家有加拿大、意大利、菲律宾、伊朗等国家。

三种不同模式对于税源和征收成本产生不同影响。"先税后分"的总遗产税制模式的税源可靠,征管便利,征费的成本较少,但因未能考虑到被继承人和继承人之间的亲疏远近关系以及各个继承人的经济和收入情况,税负分配不太合理,较难体现公平的原则;"先分后税"的分遗产税制模式不仅考虑各个继承人的经济状况,还会考虑继承人的负担能力,较为公平合理,但这种税制容易给纳税人留出偷税漏税的机会,并且分遗产税制的计算较为复杂,征费成本较高;"先税后分再税"的总分遗产税制模式,不仅能够保证税收收入,防止纳税人偷税漏税,而且还能根据现实情况区别对待不同的继承人,然而由于对同一笔遗产进行两次征税,手续烦琐导致计税复杂,不利于遗产税的便利征收。

(二) 遗产税和赠与税的特征

作为调节社会财富再分配和增加财政收入的税种,遗产税和赠与税具有以下主要特征:

第一,具有公平性特征,可以实现纵向公平和横向公平。纵向公平也称"税负垂直公平"(Vertical Equity),指经济能力或纳税能力不同的人应当缴纳数额不同的税额,遗产税体现了纳税能力强的人多纳税这一原则,遗产数额较大时,达到了起征点的部分才需要纳税,而遗产数额在起征点以下时,则免于纳税;纵向公平有助于实现横向公平。横向公平,亦称"税负横向公平"(Horizontal Equity),指经济能力或纳税能力相同的人应当缴纳数额相同的税额。遗产税的征收,使"富二代"所继承的财产减少,缩小与没有财产继承或财产继承额很少的普通民众后代之间的差距,在财产方面能使他们在基本相同的起点上公平竞争,实现横向公平。

第二,可以鼓励投资和消费行为,促进经济增长。对遗产课税,一方面可以促使人们正确处理投资理财与保有财产之间的关系,由于将持有财产作为死后的遗产只能维持已有的财产价值,不仅不能增值,还可能因通货膨胀而贬值,死后还需要缴纳高额的遗产税,为了避免这种现象,人们可能会通过增加投资来实现自己财富的增长,这又有助于社会经济的增长;另一方面可以促使人们树立正确的消费观念,遗产税的开征可以促使人们把注意力从为后代积累财产转为生前的消费,从而通过刺激消费来拉动经济增长。

第三,征税面窄,税收收入较少。遗产税和赠与税的课税对象只是被继承人死亡时遗留的财产或赠与人发生赠与时转移的财产,并规定对一定数额以上的部分征税,征税面相对较窄,即使在发达国家,遗产税的课税件数也只占死亡人数的1%—6%。遗产税和赠与税收入相对较少,在多数国家,遗产税和赠与税的税收收入只占全部税收收入的1%左右。

第四,征收烦琐,控税难度较大。遗产税和赠与税的免征额大,起征点高,税前扣除较多,课税等级严格细密,最高边际税率较高,税源表现形式多种多样,权属关系归向不清,存在非正常状况及转移流动的隐蔽性大,透明度不高。因而对这一税源的控制和课征在很大程度上依赖于纳税主体的自觉性和税务部门的征税积极性与责任心,同时也需要建立和健全有效的遗产继承与课税监督机制,否则,在现实利益关系推动下,常态性遗产税逃税避税行为难以杜绝。

第二节　日本现行的遗产税和赠与税及其特征

日本现行遗产税和赠与税税制是在历年的税制改革过程中不断完善形成的,无论在征收模式还是征税对象上,还是在最高边际税率和征税管理等方面,都呈现了一定的特色,尤其是继承精算课税制度开启了赠与税和遗产税并轨的先河。

一、日本现行遗产税和赠与税税制

从税制模式上来看,日本实行分遗产税制,即先允许法定继承人分得遗产,再对各继承人分得的遗产净值征税。表6-2分别介绍了日本遗产税和赠与税课税对象、纳税义务人、课税基础、扣除、税率等方面内容。

表6-2　日本遗产税和赠与税概况

	遗产税		赠与税	
课税对象	土地、房屋、有价证券、现金、存款等			
纳税义务人	无限纳税义务人和有限纳税义务人			
课税基础	通过继承或遗赠获得的全部财产价值减去债务和丧葬费用后的余额（特殊优惠项目除外）		每一公历年度内通过接受赠与获得的财产	
扣除 基础扣除	3000万日元+600万日元×法定继承人人数		110万日元（每年）	
扣除 税额扣除	未成年人扣除、残障者扣除和其他税额扣除等		配偶扣除、教育扣除	
加算	遗产税加算		—	
抵免	已在外国交纳的遗产税税额可进行抵免		受遗赠人在被继承人死亡三年前获得赠与财产，并且该财产已经包含在继承或受遗赠财产总额之内，则在征收遗产税之前已经缴纳的赠与税可以进行抵免	
税率	应税遗产额（万日元）	税率（%）	应税赠与额（万日元）	税率（%）
	0—1000	10		
	1000—3000	15	0—200	10
	3000—5000	20	200—300	15
	5000—10000	30	300—400	20
	10000—20000	40	400—600	30
	20000—30000	45	600—1000	40
	30000—60000	50	1000以上	55
	60000以上	55		
租税特别措施	不足200平方米的小规模宅基地享有以下优惠措施：特定居住用宅基地可以从评估值中扣除70%，一般事业或居住用时可扣除50%；其他租税特别措施等		—	

资料来源：财政部《税收制度国际比较》课题组：《日本税制》，中国财政经济出版社，第88—93页。http://www.nta.go.jp/shiraberu/ippanjoho/pamph/sozoku/aramashi/pdf/02.pdf。

（一）纳税义务人

日本遗产税和赠与税的纳税义务人分为无限纳税义务人和有限纳税义务人，其中，无限纳税义务人是指通过继承或者赠与获得财产，并且在日本有住所的个人；有限纳税义务人是指通过继承或者赠与获得位于日本的财产，但在日本没有住所的个人。凡是继承遗产的个人均为纳税义务人，在日本遗产税制度中，以民法中的遗产继承人为纳税人，即使有的继承人放弃遗产继承，也视其为继承人而作为纳税人对待。需要注意的是，日本赠与税是针对个人对个人的赠与财产进行课税，针对法人对个人的赠与情形，则需要课征个人所得税。

（二）课税基础

遗产税的课税基础为通过继承或者遗赠获得的全部资产价值减去债务和丧葬费用后的余额，此外，遗产税的课税对象还包括视同继承遗产，即从结果看纳税人所获得的与继承获得财产同等效力的经济价值的收入。最具代表性的视同继承遗产为继承人或者遗嘱规定领取人所获得的死亡保险赔付和死亡退职金等。① 但下列项目不包括在课税基础之中：一是从事宗教、慈善、科学或其他活动的人，为公共福利和用于公众目的继承或遗赠所获得的上述财产；二是地方政府按其有关规定在从事的伤残者互助制度所支付的款项；三是因死者去世，继承人获得的人寿保险和人身事故保险（最高限额为250万日元×法定继承人人数）；四是继承人获得的死者死亡的退职津贴和类似津贴（该项津贴应是该死者死亡后三年内所裁决的支付款项，并且该津贴的最高限额为200万日元×法定继承人人数）。

赠与税的课税基础为每一公历年度通过接受赠与获得的财产，该项财产按获得时的价值估价。但以下几项不属于赠与税的课税对

---

① 高强、项怀诚：《日本税制》，中国财政经济出版社2000年版，第166—169页。

象:一是从法人得到的赠与财产,也就是说,只有个人得到的赠与财产才能被视为课税对象;二是抚养义务者之间为了弥补生活费、教育费而赠与的财产;三是公益事业接受的赠与财产中用于公益目的部分;四是公职候补者为进行选举接受的财产赠与。

(三) 扣除和加算

遗产税的扣除项目包括基础扣除和税额扣除,其中,基础扣除额即为起征点;税额扣除是在根据各个法定继承人所继承的课税遗产和税率计算出纳税额后,依据法定继承人的个人情况再进行一次扣除的制度。

遗产税的基础扣除额是就一笔遗产的价值总额而言的。日本现行规定的基础扣除额为 600 万日元乘以法定继承人人数再加上3000 万日元的金额,也就是说,只有当一笔遗产的金额大于基础扣除额时才课征遗产税。

税额扣除包括未成年人扣除、残障者扣除和其他税额扣除。当法定继承人未满 20 岁时,可从其计算出的遗产税额中做未成年人扣除,扣除的金额为 10 万日元乘以该未成年人从继承发生至 20 岁为止的年限数,即:10 万日元×(20-现在的年龄数)。当法定继承人为残障者时,可从其计算的遗产税额中做残障者扣除,扣除的金额为10 万日元(或 20 万日元[①])乘以该残障者从继承发生至 85 岁为止的年限数,即 10 万日元(或 20 万日元)×(85-现在的年龄数)。

赠与税的基础扣除额为每年 110 万日元,此外,还包括配偶扣除和教育扣除。其中,配偶扣除指:结婚 20 年以上的配偶之间发生的赠与行为,赠与配偶并仅用于配偶本身连续居住使用的土地、所有权、房屋和该类物权时,可享有 2000 万日元的扣除[②];教育扣除指:

---

①　一般残障者扣除金额为 10 万日元,特殊残障者的扣除金额为 20 万日元。

②　[日]尾崎护:《日本等工业化国家的税制》,中国税务出版社 1995 年版,第 90 页。

祖父祖母等长辈在孙辈 30 岁之前可以一次性赠与最高限额为 1500 万日元的教育基金,这部分赠与将免予征税,而这些资金只能被用做教育资金,如学费、留学费用等,另外,如果资金被用于课外活动或其他学习项目,500 万日元以下将不会被征税。

同时,对某些特殊的法定继承人(主要指非配偶、非直接血缘关系的法定继承人),设置有税额加算制度,当继承人为被继承人配偶及直接血缘关系以外的法定继承人时,对其计算出的遗产税税额要进行 20% 的加算。该类继承人的纳税额为法定继承人的 1.2 倍,但加算后的纳税额以相当于继承人继承遗产金额的 70% 为最高限。

(四) 税率

日本现行的遗产税和赠与税按照应纳税额的不同实行 8 档超额累进税率,具体内容详见表 6-2。日本遗产税和赠与税的税率在世界上名列前茅,即使是在经过多轮的减税政策之后,最高边际税率仍高达 55%。很多民众积累的财产在经过短短几代的继承之后所剩无几,所以在日本通常有"富不过三代"的说法。

(五) 税额的计算

本部分将主要介绍遗产税税额的计算。遗产税的计算比较复杂,步骤如下:

第一,课税遗产的确定。从遗产税总额中扣除债务和丧葬费用,如果在此前三年以内被继承人对法定继承人有财产赠与,则将赠与财产加入课税对象金额中,若最后计算得出的金额低于起征点,则无须申报纳税;反之,则需要在此金额的基础上减去基础扣除额,求出课税遗产额。

第二,遗产税总额的计算。以各法定继承人按法律规定继承的遗产为基础,计算出各法定继承人的遗产税额(这里暂不考虑税额扣除),将其加总合计,求出遗产税总额。

第三,各继承人分配税额的计算。将遗产税总额按照各继承人依法继承遗产金额占遗产总额的比例分配到各继承人。

第四,各继承人应纳税额的计算。从各继承人的分配税额中减去与其相对应的税额扣除等,求出各继承人应纳税额。[1]

二、日本遗产税和赠与税的特征

与世界上其他主要国家相比,日本的遗产税和赠与税无论在征收模式还是征税对象、最高税率、征税管理等方面,都形成了自己的特色。

(一) 从遗产税税制模式上来看,从最初的总遗产税制逐渐改革并确定了分遗产税制

日本自 1905 年开始征收遗产税,采取总遗产税制模式,一直持续到 1949 年。第二次世界大战结束之后,日本税制受美国影响较大,根据夏普教授率领的美国税制考察团 1949 年给予日方的建议,将总遗产税制改为对终生累积获得进行课税的制度,随后由于这种累积课税制度征税过程复杂且偷漏税的途径较多,又在随后的 1953 年废除该项制度,改为分遗产税制,同时开征遗产税和赠与税,按照继承或者赠与的次数进行征收。至此,日本开始采用分遗产税制,并经过其后若干年的改革不断使遗产税制和赠与税制符合日本经济社会的发展规律。

(二) 从遗产税和赠与税构成要素来看:征税对象范围广泛,最高边际税率较高

1. 纳税人界定严格,征税对象范围广泛,优惠和税收抵免现象普遍

遗产继承人为遗产税的纳税人,即使有的继承人放弃遗产继承,也将其视为纳税人对待。民法中规定的法定继承人按照优先继承顺序有配偶、子女、直系长辈亲属、兄弟姐妹等。此外,遗产税法对于作

---

① 高强、项怀诚:《日本税制》,中国财政经济出版社 2000 年版,第 173—174 页。

为继承人的养子数量也有明确规定：当被继承人有直接血缘关系的男性后代时，只可有一名养子参加遗产继承；当被继承人没有直接血缘关系的男性后代时，参加遗产继承的养子可为两名。

在征收过程中，征税对象包括符合征收条件的一切动产和不动产，依据取得财产时的市场价格进行评估。既拥有众多的税收扣除项目，还有与之配套的种种税收优惠政策，不仅具有高额的基础免征额，还对未成年人和残障者作出了特定的减免税规定。

2. 实行超额累进税率，最高边际税率较高

由于发达国家长期主张对遗产征收高额遗产税，故税率大多较高。而日本的最高边际税率一直处于世界前列，最高边际税率曾一度高达90%。在税制改革浪潮中，日本采取与多数国家类似的做法，也降低了遗产税和赠与税的税率，并减少了纳税等级。在2002年之前，日本实行的是9档超额累进税率，2003年进行的税制改革将税率改为5%—50%的6档超额累进税率，最高边际税率从70%下降到50%。近年，为应对少子高龄化的威胁和财政赤字不断加重的现象，2013年日本政府又将税率改为10%—55%的8档超额累进税率，将最高边际税率从50%调整到55%。

（三）从遗产税和赠与税征收管理来看：税制复杂，征税成本较高

日本对遗产税征收采取的是纳税人自行申报纳税的方法。为确保遗产税收入的及时足额入库，还规定了连带纳税义务和实物纳税制度，依据规定，遗产继承人之间，受赠人之间以及被继承人和赠与人之间负有连带纳税义务，当其中一方不履行遗产税或赠与税纳税义务时，负有连带纳税义务的一方应代为缴纳税款。对于通过延期纳税也难以缴清的税款，纳税人可以用规定种类的财产，如国债、不动产和股票等来缴纳税款。

由于财产的转移，尤其是不动产的转移，往往难以界定，为此，日

本的遗产税设置了许多条款,以避免税收流失。同时,遗产税的征收需要设置专门的机构,而遗产的核实、评估和征收又需要具有专业知识的人员花费相当多的时间和精力。在日本,遗产税收入占财政收入的比重虽然不高,但从事遗产税征管工作的税务人员却相对较多,约占全国税收人员总数的7%。因此,日本遗产税的征收成本较高。

(四) 首创继承精算课税制度

针对可能出现的赠与税负担高于遗产税负担的情况,2003年日本政府创设了"继承精算课税"制度,该制度规定,当赠与人年满65周岁(2013年将该适用年龄降低至60周岁),受赠人为赠与人的法定继承人并年满20周岁时,免税部分可以达到2500万日元,超过2500万日元的部分,一律按照20%的税率缴税,在此后发生继承时,将原来缴纳过赠与税的相关的财产,与其他应税财产放在一起成为计算遗产税的对象,计算出遗产税后,与以前缴过的赠与税再做比较,采取多退少补的原则,当计算出来的遗产税额高于原来缴纳过的赠与税税额时,要补缴不足,反之则可以享受差额返还。

这种把赠与税和遗产税"合为一体"的计算方式,与之前只计算赠与税时需要缴纳的税额相差不多,故而继承人可以选择普通赠与税制度,也可以选择继承精算课税制度。但如果首次从亲人那里得到的赠与财产选择继承精算课税制度,那么这之后从该亲人处得到的全部赠与都适用该项制度,且此后的每次赠与都不必进行申报,这在很大程度上提高了民众缴纳赠与税的便利性。

第三节　日本遗产税和赠与税的改革历程

第二次世界大战之后,日本对遗产税和赠与税进行了若干次调整,在具体的实施过程中,前期大体上采取的是不断降低税率、提高免税额度的方法来缓和遗产税和赠与税;后期则通过扩大税基、适度提高税率的方法来强化两税,从而达到增税目的,以此在一定程度上缓解财政危机,并积极应对来自少子高龄化社会的威胁。

一、日本遗产税和赠与税征收体系的确立

日本遗产税起源于 1905 年,设立之初带有明显的军国主义色彩,主要是为了提高财政收入以应对战争消费。战后日本遗产税和赠与税制经过"夏普劝告"及此后数年的改革,分别对课税方式和两税的配合方式进行了一系列的探索,基本形成了现代遗产税和赠与税体系。

(一) 日本遗产税的起源

"明治维新"之后,随着综合国力的不断增强,作为当时迅速崛起的新兴国家,日本与邻近的传统大国俄国之间的矛盾日益激化。1904 年 2 月,"日俄战争"爆发,为了筹集对俄战争的军费,缓解政府巨大的财政压力,日本于 1905 年开始征收遗产税,当时采取的是总遗产税制。

第二次世界大战期间,日本的经济、政治、文化环境遭遇重创。战时国内的军事活动全面绑架了正常的社会活动,为了适应不断扩大的侵略战争财政需要,日本政府对当时的税制进行了大幅度的修改,修改的重点放在大幅度增加税收方面,修改后,课税的最低额度大幅降低,从而扩大了遗产税的课税范围,此时遗产税实行的是以所得税为核心的课税大众化税收体系。

因此,日本近现代遗产税的起源以军需为导向,以缓解财政赤字和扩充军备为主要目的,基本不具备收入再分配功能,具有鲜明的军国主义色彩和较强的历史局限性,与日本现行的遗产税制度有相当大的差异。

(二) 日本遗产税制度的成型阶段

日本遗产税真正成型是在第二次世界大战之后,侵略战争阻碍了日本遗产税发展的脚步,使它的成型与成熟相比英、美等传统资本主义强国要晚得多。

表 6-3 1946—1953 年日本遗产税和赠与税沿革

年份	遗产税				赠与税
	课税方式等	免征点（基本扣除额）	税率	其他扣除项目	
1946	总遗产税制	3 万日元	2.6%—70%	对战争中死亡的军人及其家属免税	—
1947	申报纳税制度开始实行	5 万日元	税率由与遗产继承人的亲疏远近关系不同。第一种：(直系亲属)10%—60%；第二种：(兄弟姐妹)13%—63%；第三种：(其他)15%—65%	如果继承人或受遗赠人在被继承人死亡两年以前获得赠与财产，并且该财产已经包含在继承或受遗赠财产总额之内，则在征收遗产税之前已经缴纳的赠与税可以进行抵免	对赠与人一生累计赠与财产进行课税；基本扣除为 5 万日元；税率：15%—65%
1950	对由于赠与或继承获得的财产进行累积纳税制度开始实行	15 万日元	最高 5000 万日元 90%，最低 20 万日元 25%，14 档累进税率	无限纳税义务人的所有财产为纳税对象；有限纳税义务人的国内财产为纳税对象。18 岁以下的未成年人免征	与遗产税结合，统一征收
1952	—	30 万日元	最高 1 亿日元 70%，最低 20 万日元 20%，11 档累进税率	—	—
1953	累积纳税制度结束，重新设立遗产税和赠与税	50 万日元	最高 1 亿日元 70%，最低 20 万日元 15%，12 档累进税率	在被继承人死亡两年以前获得赠与财产，并且该财产已经包含在继承或受遗赠财产总额之内，则在征收遗产税之前已经缴纳的赠与税可以进行抵免	重新开始征收赠与税；对受赠者征收。基础扣除：10 万日元；税率：最高 3000 万日元 70%；最低 20 万日元 20%

资料来源：根据 1946—1953 年日本税制改革大纲整理，见 http://www.mof.go.jp/tax_policy/summary/property/142.htm。

表6-3所示为1946—1953年期间,日本遗产税和赠与税成型时期的改革历程。从该表中可以看出,在二战结束初期,税收优惠主要偏向于在战争中死亡的军人及其家属,对其发生遗产继承时给予免税的优惠。考虑到战后低下的经济发展状况,免征点也较低,税率跨度较大,为2.6%—70%。为了完善并改善税收制度,日本政府曾积极向美国寻求制度建设方面的帮助,在"夏普劝告"的建议下,昭和政府随后推行全面的税制改革,并于1950年制定了全新的《继承税法》,将总遗产税制改为对终生累积获得进行课税制度,在这种税制模式下,将纳税人一生中因受赠及受遗赠而取得的所有财产进行累积计算作为税基,并对其累积总额采取累进税率课征继承税,实行20%—90%的14档累进税率。虽然这种制度消除了被继承人可能通过生前多次赠与从而逃避纳税义务的弊病,但终究不敌征收管理程序上的烦琐,同时由于遗产税的征收额较高,从税收安全的角度考虑,日本政府于1953年对遗产税进行较大范围的改革,作出两项重要修订。第一项修订是将之前的总遗产税制改为分遗产税制,即遗产税以遗产继承人取得的财产份额为征税对象,先分配遗产再根据各继承人取得的遗产份额分别课税,其间充分考虑亲疏关系及纳税人的实际承受能力,在不损失效率的同时更好地兼顾了公平;第二项重要修订是将之前一直被日本民众用来避税的生前赠与行为归入法律规范的范畴,将"赠与税"正式确立为遗产税的补充税种。

在这一阶段,日本遗产税逐渐摆脱了军国主义色彩,开始更多承担起财政调节职能,日渐成为日本政府缩小收入差距,实现社会财富再分配的有效工具与手段,为随后日本经济的腾飞创造了有利条件。至此,战后日本遗产税制体系基本建立,并在随后的阶段中通过不断的改革以使税制趋于完善从而更符合经济和社会的发展规律。

二、遗产税缓和阶段（1953—2014）：增加基础扣除额，降低税率

1953 年以后，日本遗产税和赠与税制基本成型，随着战后日本政府一系列休养生息政策的实行，战争中受到重创的经济开始逐渐恢复，个人财富急剧积累增加。为适应这种现状，在遗产税和赠与税方面，为激励人们增加个人储蓄、积极投入生产和生活中，创造更多的社会财富，日本政府在随后的 60 年间多次对《遗产税法》进行修订，数次调高免税额度和最高税率适用额度，调低最高边际税率来实现遗产税形式上的弱化，以此来缓和遗产税，使遗产税的征收与社会的发展情况相对应。

（一）增加遗产税的基础扣除

1953 年后，日本针对遗产税的免税额实行定额扣除和比例扣除相结合的基础扣除制度。基础扣除由定额扣除和比例扣除两部分组成，最终计算的结果作为当次缴纳遗产税的基础扣除额，即免征额=定额扣除+比例扣除×法定继承人人数。随着法定继承人数量加入基础扣除的计算因子中，基础扣除额的变动范围大幅度扩张，法定继承人数越多，免税额度越大。表 6-4 所示为 1953 年至今的基础扣除变化情况。

表 6-4　1953 年至今日本遗产税基础扣除额变化轨迹

年份	基础扣除额
1953	150 万日元+30 万日元×法定继承人数
1962	200 万日元+50 万日元×法定继承人数
1964	250 万日元+50 万日元×法定继承人数
1966	400 万日元+80 万日元×法定继承人数
1973	600 万日元+120 万日元×法定继承人数
1975	2000 万日元+400 万日元×法定继承人数
1988	4000 万日元+800 万日元×法定继承人数
1992	4800 万日元+950 万日元×法定继承人数
1994	5000 万日元+1000 万日元×法定继承人数
2015	3000 万日元+600 万日元×法定继承人数

资料来源：根据日本 1953 年至今的税制改革大纲中对于遗产税基础扣除额的相关数据整理得到。

从表6-4可以看出,不同于战后初期设定的单一免税额制度,1953年后的基础扣除额更受到法定继承人数的影响,改善了改革之前免税额度单一的问题,根据继承人数的变化更合理地确定遗产税的基础扣除额。从定额扣除的额度上来看,自1953年的150万日元以50万日元的步长逐渐上升到250万日元后,开始加快增长的幅度,尤其是在1975年从600万日元飙升到2000万日元,增长了两倍多,这也在一定程度上体现了遗产税的缓和趋势,随后在1988年又将定额扣除数量加倍至4000万日元。在此基础上,定额扣除额经过1992年和1994年的两次增加后更是达到了5000万日元,并一直延续至2014年。比例扣除额度的变化情况与定额扣除类似,从最初的30万日元不断增加到1994年的1000万日元,也提升了30多倍,这其中,较为明显的提升发生在1975年和1988年,通过考察日本历年税制改革大纲可以知道,这两年都是日本遗产税改革历史上变动较大的年份。

(二) 降低遗产税税率

税率是对征税对象的征收比例或征收额度,是计算税额的尺度,也是衡量税负轻重与否的重要标志。日本遗产税和赠与税均采取超额累进税率,即对征税对象的金额按照与之相适应等级的税率计算税额。在征税对象金额提高到一个级别时,对该部分金额都按高一级的税率征税。与世界上其他主要国家类似,日本遗产税和赠与税针对税率也设定了上限,即最高税率。表6-5所示为1950—2008年日本历年遗产税税率的变动情况,从不同纳税额度对应的税率来看,该阶段历次改革之后,同一纳税额度对应的税率都有不同程度的下降趋势,以纳税额度为2万—3万日元部分为例,税率从1950年的50%到1958年就大幅下降到了25%,到1975年更是下降到了15%,至此,该纳税额度的税率甚至不到最初阶段(1950年)的1/3,此外,从最高税率和累进税率的变化中也可以明显看出日本遗产税的缓和趋势。

表 6-5　1950—2008 年日本遗产税税率变动轨迹　　　　（单位:%）

纳税额度（万日元）	1950—1951	1952	1953—1955	1956—1957	1958—1965	1966—1974	1975—1987	1988—1991	1922—1993	1994—2002	2003—2008
							税率				
0—0.2	25	20	15	10	10						10
0.2—0.3	30	25	20	15		10					
0.3—0.5											
0.5—0.6	35	30	25	20	15		10				
0.6—0.7								10			
0.7—1					20	15			10		
1—1.5	40	35	30	25						10	
1.5—2	45				25	20					
2—3	50	40									
3—4	55	45	35	30	30	25	15				
4—5	60										
5—7	65	50	40	35	35	30		15	15		
7—8	70						20				
8—9				40	40			20			
9—10			45			35					
10—12	75	55		45			25		20	15	
12—14						40					
14—15											
15—16	80		50	50	45			25			15
16—18							30				
18—20											
20—23		60		55	50	45			25	20	
23—25			55								
25—30	85						35	30			
30—33											
33—35									30	25	
35—40			60	60	55	50	40				20
40—48								35			
48—50											
50—65	90	65			60		45	40			30
65—75			65	65		55			35	30	
70—75								45			
75—100						60	50				
100—140		70					55	50	40	40	
140—150							60				
150—180			70					55	45		40
180—200					65	65	65				
200—250						70	70	60	50		
250—270										50	
270—300				70	70				55		
300—350											
350—400								65	60		
400—450											
450—500									65	60	50
500—1000											
1000—2000							75	70			
2000—									70	70	

资料来源:根据山崎福寿《土地税制と地価の変動》,第 70—71 页相关数据整理。

根据表6-5可以看出,日本遗产税税率的变化具有以下特点:

第一,最高税率不断降低。第二次世界大战之后,日本遗产税受美国影响较大,与之类似,一直采取的是高额的累进税率,最高税率曾在战后初期曾一度高达90%,这也是世界上最高的。即使是在经过多轮的减税之后,最高税率也长期保持在70%左右。与之对应,最低税率除50年代初期经历了25%—15%的调整外,此后一直保持在10%不变。在世界上大多数国家都进行减税的大环境下,2003年,日本政府将遗产税的最高税率大幅下调至50%,2013年的税制改革大纲又将最高税率从50%上升到55%。

第二,税率调整频繁。日本历年的税制改革大纲都会对遗产税和赠与税进行小范围的微调,针对税率的调整虽不至于每年都有,但调整周期很短。从表6-5可以看到,日本每隔几年都会对遗产税税率进行范围或大或小的调整,调整最频繁的周期甚至只有一年,这在一定程度上能够使税率的变化适应经济和社会发展的变化,然而,不可避免的是由于政策的滞后性,以及遗产税税收监管的复杂性,如此频繁地对遗产税税率进行调整难以维持税收收入的稳定。

第三,税率等级数量整体上呈现下降趋势。从税率等级的划分来看,日本遗产税税率基本以5%为单位,等级数量最多曾达14档,在此后数十年的税制改革过程中,税率的等级划分虽然发生过细微的变化,不过从数量上来看,基本保持在12档—14档的范围内。这符合累进税率为实现纵向公平的基本原理,但由于税率等级划分较多,在征收过程中繁冗复杂。直到1994年,日本政府对遗产税进行了大幅调整,实行9档累进税率;在2003年又进一步减少税率等级,实行从10%—50%的6档累进税率,2013年又计划将税率等级从6档增加到8档,开始采取10%—55%的8档累进税率。

第四,阶梯税率呈现下降趋势。在连续多年减税的过程中,同等纳税额度所对应的阶梯税率呈现明显的下降趋势。以纳税额度在

50 万—70 万日元范围内为例,战后初期的 1950 年,其税率高达 90%,1952 年,其税率就降至 65%,在随后的调整过程中,该额度范围的税率经历了 65%、60%、55%、45%、40% 的过程,并最终在 1994 年降至 30%。其他相应的纳税额度也呈现类似规律,与此同时,最高税率所对应的纳税额度在不断上升,从最初的 50 万日元逐渐飙升到 2000 万日元,增长了 40 倍。

三、遗产税和赠与税的强化阶段(2015):降低免税额度,提高阶梯税率

根据"理性人"的假说,纳税人会不断通过多种多样的规避纳税行为来追求自己效用最大化,因此,与经济状况相适应的适当减税政策也有利于减少纳税人规避纳税的行为,这确实在一定程度上规范了税收体系。然而由于长期以来日本社会福利的高额支出导致的巨大的财政赤字状况不容小觑,为了维持国内经济的稳定,与之配套的对遗产税和赠与税增税势在必行,这也得到了日本执政党和在野党的一致支持。在对遗产税的征收应该加强还是缓和的认识方面,虽然日本政权频繁更迭,增税方案几经沉浮,但是在增税的方向上各政党保持一致,目的也基本一致,即防止贫富差距固定化。

2013 年日本税制改革大纲对遗产税法进行进一步修订,规定自 2015 年 1 月 1 日开始实施,此次针对遗产税的修订涉及免税额、最高税率、继承精算课税制度的年龄限制(65 岁以上改为 60 岁以上)、非上市公司的相关遗产税、教育赠与的免税等方面。该项修正减少了遗产税的免征额,增加了课税对象的范围,同时将遗产税和赠与税的最高税率从 50% 提高到了 55%,推迟征收非上市公司的事业遗产税,对关于教育赠与的财产免征赠与税。2013 年税制改革大纲涉及遗产税的主要内容如下。

(一)降低遗产税的基础免征额

2015 年起,基础免征额中定额扣除和比例扣除都缩小到原来的

60%,即由改革之前的(5000万日元+1000万日元×法定继承人人数)变为改革后的(3000万日元+600万日元×法定继承人人数)。应纳遗产额在基础免征额以下的可免除申报遗产税的义务,2015年改革之前,日本遗产税的申报比例约为4.2%,预计改革后这一比例将提升到6%。

(二) 提高遗产税税率

将改革之前从10%—50%的6档累进税率改为10%—55%的8档累进税率,具体的税率变动如表6-6所示,其中,高于2亿日元并且低于3亿日元的部分,税率将会由原来的40%变为45%,而超过6亿日元的部分,税率将会由50%上升到55%。

表6-6 2015年税制改革前后日本遗产税税率变化 (单位:%)

各法定继承人应纳税额	改革前税率	改革后税率
0—1000万日元	10	10
1000万日元—3000万日元	15	15
3000万日元—5000万日元	20	20
5000万日元—1亿日元	30	30
1亿日元—2亿日元	40	40
2亿日元—3亿日元		45
3亿日元—6亿日元	50	50
6亿日元以上		55

资料来源:见 http://www.nta.go.jp/shiraberu/ippanjoho/pamph/sozoku/aramashi/pdf/02.pdf。

(三) 促进中小企业事业继承的税制

随着中小企业经营者的高龄化,为有助于继承者顺利继承家业,采取了降低遗产税和赠与税的措施,意在维持就业和地方经济的活力,2009年税制改革中,引进了非上市公司遗产税等的纳税延迟制度,即继承者继承前人家业的非上市公司,以有表决权股票等的三分之二为上限,继承资产的80%可以享受延期纳税的优惠,赠与税可以享受 100% 的延期纳税优惠。但由于规定条件过于苛刻或制度内容不明确、手续烦琐等问题,许多中小企业没有享受到这一优惠。在 2013 年改革中,放松了雇佣人数和时间的限制,还将遗产税的延期纳税比例从 80% 提高到 100%。

(四) 赠与税和遗产税并轨的改革

日本赠与税改革相对滞后。1987 年之前,赠与税的基础扣除确定为 60 万日元,50 万日元以下的赠与税率为 10%,7000 万日元以上的赠与税率为 75%,对于取得住宅等的赠与免税额为 300 万日元,1987 年最高税率从 75% 降为 70%,1992 年调整了最高税率的适用范围,从原来的 7000 万日元提高到 1 亿日元,最低税率的适用范围提高到 150 万日元。由于赠与税率低于遗产税率,为促进资产早日转移给子女,对于 65 岁以上老龄者赠与子女的资产,在计算遗产税中可以将已经缴纳赠与税部分从应缴遗产税中扣除,多退少补,这称为继承精算课税制度。在 2013 年的税制改革中,赠与税改革的出发点是促进老年人的资产尽早向子孙转移,对于 20 岁以上受赠者来自直系亲属的赠与,采取了降低税率或增加扣除政策;下调了遗产精算课税中的年龄限制,从 65 岁降至 60 岁,并将第三代增列为赠与的对象;建立了教育资金相关的赠与免税制度,购置房产的赠与免税等优惠措施,意在促进日本的当前消费。

2015 年日本政府提高遗产税税率,并降低免税额度的改革,将对部分国民特别是在大都市繁华地带拥有住房的人产生较大影响。按照新税制的规定,遗产继承时,具有 3 名法定继承人的情况下免税额不足 5000 万日元。有评论称,新遗产税制实施后,住在东京山手线(东京城区环状轨道交通)内居民都将成为纳税对象,还有的民众甚至称之为"狙击东京计划"。关于日本遗产税和赠与税的经济效应,将在第四节进行分析。

第四节 日本遗产税和赠与税的经济效应

组织财政收入并适度调节社会成员的收入分配是税收赖以存在的根本原因,遗产税也不例外。西方普遍认可的最优税制理论认为,征收遗产税不仅能获得一定的财政收入,而且能适当调节社会成员的财富分配。战后日本遗产税和赠与税的改革对财政收入、资产价格以及收入分配的影响是分析税制改革经济效应的重要依据。

一、遗产税和赠与税的财政效应

遗产税和赠与税的财政效应表现为对国家财政收入的影响。开征遗产税和赠与税可以在一定程度上清算纳税人生前财产,征缴一部分在所得税或流转税体系中流失的税收,具有筹集财政收入的作用。尽管遗产税和赠与税是日本财产课税体系中的重要组成部分,但近年来,两税税收收入呈现缓慢下降趋势,在税收总额中的占比较低,其财政收入效应正逐步减弱。

(一) 两税税收收入在经历一路走高的态势之后呈现缓慢下降趋势

从 1965 年起,为刺激经济、提高居民的生产和生活水平,日本政府在很长一段时期内都采取减税措施。在减税措施中,税率一路降低,基础扣除额一度增加,但由于经济在不断发展,伴随着日本经济的腾飞,直到经济泡沫崩溃,遗产税和赠与税的税收收入如图 6-1 所示一路走高,甚至在 1973 年和 1979 年两次石油危机对日本工业的重创下,两税仍能保持稳定增长。

从图 6-1 中可以看出,1993 年,日本遗产税和赠与税的税收收入为 2.9 万亿日元,达到顶峰。此后,两税持续增长的态势开始终结,进入缓慢下降期。在经济泡沫崩溃后的低速发展时期,日本政府不断调整税收政策,但由于经济状况没有出现大幅波动,且遗产税的

（单位：10亿日元）

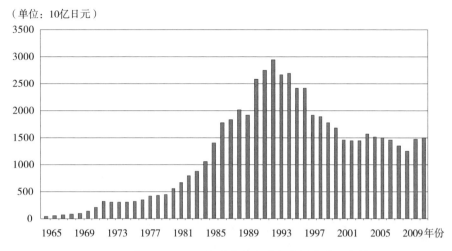

图 6-1　日本 1965—2012 年遗产税和赠与税税收收入走势图

资料来源：根据 OECD 数据库中日本税收收入数据整理制成。

税率和基础扣除额变动不大，故而遗产税和赠与税的税收收入也呈小幅波动，基本保持稳定。由此可见，近年来税制的调整基本符合经济社会的发展规律，并未对经济产生重大影响。

（二）两税收入在税收总额中的占比较低

从遗产税和赠与税对财政的贡献来看，遗产税在政府收入方面确实起到一定作用。从税收的经济效应上来看，由于遗产税和赠与税税收弹性过大，所以对该税种税收总额的影响也较大，这使得遗产税和赠与税的税收收入受政治环境和经济环境影响较大。纵观世界范围内，遗产税收入占全部税收收入的比例一般不高，美国联邦遗产税收入约占联邦税收总额的 1.5%；英国、德国、西班牙的遗产税收入约占全国税收总额的 0.6%。

如图 6-2 所示，日本遗产税和赠与税在税收总额中的占比，与经济发展状况密切相关。峰值都出现在日本经济状况良好的时代，而随着日本经济的低迷，遗产税和赠与税在税收总额中的占比也逐渐下滑。1965年以后，伴随着日本经济的腾飞，两税收入在税收总额中的占比一路走

（单位：%）

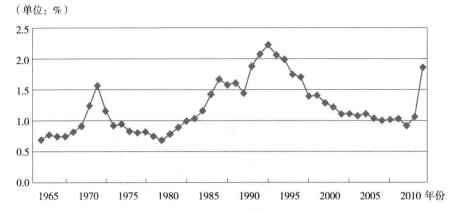

图6-2　1965—2012年日本遗产税和赠与税收入在全部税收收入中的占比

数据来源：根据 EIU 数据库中日本税收的数据进行整理制成。

高,1972年达到第一次顶峰。1973年第一次石油危机中,日本工业产值下降了20%以上,1974年的经济增长率为-3.25%,与此相对应,遗产税和赠与税的税收收入也出现明显下滑。泡沫经济时期,资产价格大幅膨胀,但由于税收存在滞后性,遗产税和赠与税在税收总额中的占比于1993年达到顶峰,约为2.3%。此后,两税在税收总额中的占比缓慢下降,基本维持在1%—2%之间。由此可见,近年来遗产税和赠与税的财政收入效应正逐渐减弱,这是由两税本身的性质和特点决定的。

二、遗产税和赠与税的价格效应

遗产税和赠与税的价格效应表现为对资产价格的影响。经济学中,税收对资产价格的影响主要通过对市场供求关系的影响来实现。考虑到缴纳税款时的便捷性以及减少变现时不必要的损失,遗产税和赠与税的纳税人需要考虑资产构成以确保按时、足额缴纳税款,这就会影响流动资产和非流动资产的相对价格。[1] 基于此观点,本节将主要分析遗产税和赠与税对土地市场价格和股票市场价格的影响。

---

①　韩晓琴:《遗产税赠与税开征的效应分析》,《扬州大学税务学院学报》2001年第2期,第30—33页。

（一）对土地市场价格的影响

如前文所述,遗产税和赠与税发生在土地的取得阶段,其中遗产税中来自土地、房屋的应税财产占到了 60% 以上。图 6-3 所示为 1983—2014 年间,日本遗产税的税率、基础扣除和土地价格指数的变化轨迹,从图中可以看出,伴随着遗产税的调整,土地价格也呈现出相应的变动,这成为分析遗产税对土地价格影响的基础。

20 世纪 80 年代初期,在宽松的金融政策与土地税收政策的背景下,日本土地交易市场极度繁荣。从图 6-3 中可以看出,1983 年,三大都市圈商业用地的公示地价开始迅速上升,到 1986 年,地价的这种上涨态势扩大到全国范围内,此后公示地价均继续走高,1991 年达到顶峰。此轮价格上涨的背后,离不开遗产税政策的推动,正如本书第二章所述,出于保护农业用地的目的,日本政府规定继承人继续经营农业时,连续经营时间超过 20 年的免征遗产税,该政策使保有农地的隐性收益增加,限制了土地供给,从而推动了地价上升。

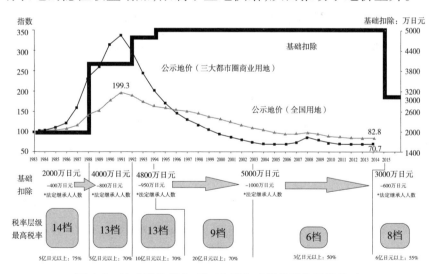

图 6-3　遗产税的税率、基础扣除与土地价格指数的关系

资料来源:http://www.mof.go.jp/tax_policy/summary/property/142.htm。

如图 6-3 所示,由于日本遗产税和赠与税税率过高等问题,在泡沫经济时期,伴随着地价飞涨,需要缴纳遗产税的人数激增,甚至还出现过继承了大片不动产,因无力缴纳遗产税而不得不放弃继承的案例。泡沫经济崩溃后,三大都市圈商业用地和全国范围的公示地价经历了非常明显的下降,但是日本政府对遗产税税率以及扣除额并没有进行相应的回调,为减少需要缴纳的遗产税和赠与税,众多日本民众选择卖出城市中心地带的自家宅邸,从而减少由于累进税率所导致的高额税费。此时,由于土地供给增多,需求减弱,地价开始下跌,伴随着地价下跌,土地评估值也随之下降。这样一来,遗产税的高额累进税率与土地评估值偏低的矛盾又刺激了土地交易,进而加速了地价的下跌,三大都市圈商业用地和全国范围的公示地价仅在 2008 年出现过短暂峰值。在此期间,遗产税经历了几次重大调整,其中定额扣除额首先由 4000 万日元提高到 4800 万日元,最终提高到 5000 万日元;税率层级首先由 13 档降为 9 档,最终降为 6 档;最高税率由 70% 降为50%。但由于土地价格还受保有阶段和转让阶段税收的影响,遗产税和赠与税并非土地价格的决定性因素,因此在泡沫经济崩溃后,上述缓和措施并未有效缓解土地市场不景气的现象。此外,从图中可以看出,在地价上升阶段,三大都市圈商业用地公示地价的提升速度明显高于全国范围内的公示地价;在地价下降阶段,前者的下降速度也明显快于后者,这说明三大都市圈商业用地价格对税收政策的变化更为敏感。

(二) 对股票市场价格的影响

从财产的流动性上来讲,遗产税的征收,促使人们考虑持有更多流动性较强的资产,用以保证按时、足额缴纳税款。因此,遗产税在理论上会提高流动性相对较高的资产价格。[1] 遗产税和赠与税的课

---

[1] 林丹虹:《基于遗赠动机的遗产税经济效应问题研究》,《商情》2014 年第 1 期,第46 页。

税对象分别是被继承人死亡后遗留的财产和生前赠与他人的财产,这些财产中,股票等这类流动性较强的财产无疑是很重要的一部分。因此,在考虑遗产税和赠与税改革的经济效应时,也必须把税制改革对股票价格指数的影响考虑在内。

图6-4所示为1980—2012年间日本股票价格指数和遗产税、赠与税的税收收入。从图中可以看出,20世纪80年代开始,遗产税和赠与税税收收入的上升趋势一直持续到1993年,此后开始缓慢下降。而日本股票价格指数在整个20世纪80年代呈指数型增长,并在1989年达到最高峰。泡沫经济崩溃后,股票价格指数急剧下降,此后,日本股市交易萎靡不振,股票价格长期处于"超低空飞行"状态。

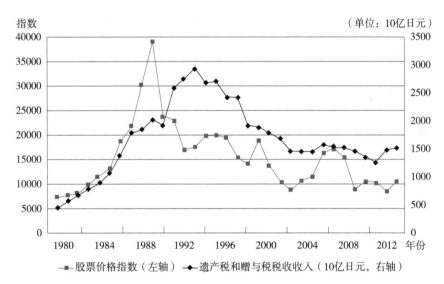

图6-4 1980—2012年间日本股票价格指数和遗产税和赠与税税收收入

资料来源:根据日本财政部公布的税收数据和EIU数据库中股票价格指数统计数据整理。

从日本股票价格指数和遗产税和赠与税税收收入的走势可以看出,两者具有一定的关联性。尤其是在1987年之前,两者的变化轨迹几乎完全相同,此后,由于经济泡沫的过度膨胀,股票资产价格的波动脱离了经济基础面,再加上税收政策的滞后性,两者的变化轨迹出现显著差异。泡沫经济崩溃后,遗产税和赠与税延续宽松的改革思路,相对较低的税负使人们对资产的构成并不十分敏感,即资产中流动资产和非流动资产的比例变化不大,因此,缓和的遗产税和赠与税,并不会从根本上改变低迷的股价,从图6-4中可以看出,无论是股价指数还是两税税收收入都在震荡中下行。

三、遗产税和赠与税的收入分配效应

只考虑遗产税和赠与税的征收对财政收入和资产价格的影响,不能作为判断遗产税和赠与税优劣的全部依据,其更加积极的意义体现在对收入分配的影响上,具体体现在调节社会财富分配、限制不劳而获和促进公益事业发展等方面。

一是调节社会财富分配。遗产税和赠与税的课税依据之一的"均富说",就是设想运用此税将少数人过于集中的部分财富收归国有,然后再通过转移支付等手段,限制社会财富向少数人集中。由于遗产税和赠与税均实行超额累进税率,税率较高,且设有高额起征点,使该税成为对富裕阶层征收的税种,有助于社会财富的公平分配。

二是鼓励勤劳致富,限制不劳而获。通过继承或者赠与获得财产,被认为是一种典型的"不劳而获"行为,国家通过征税将被继承人的一部分财产收归国家所有,从而在一定程度上制约和限制财产的代代相传,防止"富二代""富三代"的形成,间接鼓励人们通过正当劳动提高生活水平,不依赖遗产过寄生生活。

三是促进公益事业发展。遗产税和赠与税的开征,使富裕阶层面临两个选择:一是缴纳高额的遗产税和赠与税;二是在生前将部分财产捐赠给社会公益事业。由于遗产税和赠与税有对捐赠的扣除项目,这也会间接鼓励人们关心社会公益事业,实现经济社会和谐健康

发展。

　　就日本而言,橘木俊诏通过研究发现,在日本的家庭财产总额中,遗产占比将近一半,达44.5%,而遗产中土地、房屋等实物财产占比超过八成,达83.17%,这意味着,实物财产分配的不公平有相当一部分是由于遗产继承造成的,因此,纠正财产分配不公平的最有效手段是强化遗产税。[①] 从日本的税收实践来看,遗产税和赠与税的租税负担率相对较高,收入再分配能力较强,但近年来相对宽松的税制使纳税者比例下降,在一定程度上限制了其收入分配功能的发挥。

(一)　日本租税负担率与收入再分配

　　如前所述,租税负担率是一个国家在一定时期(通常为一年)内的税收总额占国内生产总值的比例,是考察政府财政负担轻重程度的一个指标,针对具体税种的租税负担率能体现该税种的税收负担。一般来说,遗产税和赠与税的租税负担率是可以影响收入分配公平的,一个国家遗产税和赠与税税负水平越高,就越能体现其收入再分配能力。[②]

　　纵向考察近年来日本遗产税和赠与税的税收收入和当年GDP的相关数据,将日本遗产税和赠与税的租税负担率变化制成图6-5。对比前文中图6-2可以看到,日本遗产税和赠与税的租税负担率变化趋势与日本遗产税、赠与税在全部税收中的占比变化趋势基本相同,可见,日本税收收入与GDP的变化趋势基本相同,这也说明,伴随着日本经济的发展变化,历年的税制改革基本实现了既定目标,对经济社会的负面影响不大。1965—1977年,日本遗产税和赠与税的租税负担率基本保持平稳的增长状态,在1972年达到短暂的高峰之

---

　　① [日]橘木俊诏:《日本的贫富差距——从收入与资产进行分析》,丁红卫译,商务印书馆2003年版,第113—150页。
　　② 刘双:《遗产税公平与效率分析》,山东大学硕士论文,2007年。

后开始下降。随后 1973—1981 年间,呈现小幅度波动状态。自 1981 年开始,呈现飞速增长状态,直到泡沫经济崩溃时期达到小范围的高点,经济泡沫崩溃后,两税的租税负担率开始持续下降。

（单位：%）

图 6-5　1965—2008 年遗产税和赠与税的租税负担率趋势图

资料来源：根据日本统计局公布的名义 GDP 数据和 EIU 数据库中日本遗产税和赠与税收入数据制成。

　　横向比较日本和其他 OECD 国家的遗产税租税负担率可以看出,日本遗产税的租税负担率远大于其他国家。以 2006 年的数据为例,从图 6-6 可以看到,OECD 主要国家中,日本遗产税的租税负担率超过位于第二位的美国该项数据指标的一倍多,甚至是位于末位的加拿大、波兰、匈牙利等国指标的 28 倍。由此可以看出,日本遗产税的租税负担率相对较高,其收入再分配能力较强。

（二）　日本纳税者比例与收入分配能力的局限性

　　日本遗产税和赠与税对收入分配的影响还体现在两税纳税者比例的变化上。从人口结构来看,过去,日本人口年轻,劳动力充裕,老年人被视为弱势群体而给予税收优惠;从家庭生活方式来看,过去,

（单位：%）

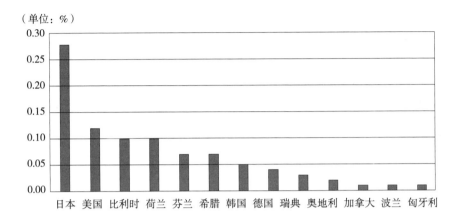

图 6-6　2006 年 OECD 主要国家遗产税租税负担率比较

资料来源：根据 2006 年世界税收研究报告的相关数据整理。

多数已婚妇女在家从事家务劳动，妇女外出工作的很少，因此，某些税收优惠（如配偶免税、配偶专项免税）适用于过去的家庭生活方式，但已经不能适用于当今男女趋于平等的家庭现状。

以纳税者比例为例，根据日本国税厅发布的《遗产税课税状况调查》进行分析后发现，20 世纪 50 年代，在每死亡百人中，应履行遗产税纳税义务者约为 1 人，纳税者比例为 1%左右；泡沫经济时期由于地价的飞涨，这一比例曾一度上升至 7%；1995 年后，纳税者比例呈下降趋势，至 1998 年纳税者比例下降为 5.3%；2002 年又进一步下降为 4.5%；2013 年纳税者比例仅为 4.1%。

鉴于此，绝大多数日本国民认为，遗产税和赠与税只不过与少数有产阶层相关，涉及面相对较小。而过去日本实行的大量减税政策又导致了纳税人、税基和税收收入的减少，在一定程度上限制了遗产税和赠与税调节收入分配功能的发挥。

日本现行的遗产税和赠与税制在经过大起大落后已经逐渐发展成熟，形成了一套较为完善的调整与运行机制。其主要目的是防止大量财富集中于少数个人，调节社会财富比例，缩小贫富差距，简化

税制、降低税收对经济的扭曲效应。日本历次的税制改革涉及遗产
税方面的主要途径包括：适度调整税基、控制免税额度、实施不同阶
段的分段税率、改进税收优惠政策等方式。探索中进行的各项税制
改革对日本经济的发展起到了无可替代的作用，然而也不可避免地
出现过这样或者那样的问题，随着日本遗产税征收体系的完善，加上
日本对于税收政策的及时调整，改革正在不断进行中，遗产税和赠与
税制度也在不断趋于完善。

第七章　日本的不动产登记和评估制度

不动产的登记和评估是征收不动产相关税收的前提和基础。只有在明晰不动产产权及价格的前提下,才能够实现对其相关税种的征收。为了对不动产确权、征税,从私有制出现后,日本就开始了对不动产的登记和评估制度的探索。战后经济的恢复和西方(尤其是美国)不动产登记、评估方面的经验等对日本起了巨大的引导和示范作用。日本在战后将西方的制度与本国情况相结合,将不动产登记与评估规范化、制度化,使其在不动产取得、保有和转让等各个阶段相关的税收得以顺利征收。

第一节　日本不动产登记制度

不动产登记制度,是指经权利人申请,国家登记部门将有关申请人的不动产物权变动事项记载于不动产登记簿的一项制度。不动产登记既是国家行使权力进行行政管理的一项重要内容,也是一种个人财产处理的民事行为。国家对不动产征税,首先要具有完善的不动产登记制度,对全国范围内的不动产进行准确、翔实的登记。日本在长期探索中形成的不动产登记制度,为不动产征税提供了依据。

一、不动产登记制度的沿革

日本的不动产登记制度经历了较长时间的发展。最早的不动产登记概念是伴随着私有制的出现而产生的,随着土地交易与征税的需求而不断完善,并由现代法律制度规范下来。

(一) 不动产登记制度萌芽时期

日本在公元 7 世纪进入了封建社会,随着农耕技术的不断发展,人们开始定居,土地的所有观念已经形成。公元 646 年,作为"大化改新"的重要内容,日本推行了"班田收授法",将土地的所有权收归国有,每六年按人口把田地分给农民,田地不能买卖,授田者死亡后土地归公。公元 745 年实施的"垦田永年私财法"规定凡是本人新开垦的土地,一律归个人所有,承认了土地的私有权利。这推动了日本封建庄园的发展,尤其是土地交易的出现,更加快了土地私有化进程。

16 世纪末,为了征收地租及规范土地买卖,1582—1598 年的 16 年中,日本进行了全国范围内第一次地籍调查,确定了土地的所有权,对所有田地的相关信息进行了登记,史称"太阁检地"。在这一时期,日本通过制作相关的文件来收集土地的面积、用途等信息,称为"检地账"。1603—1867 年的江户时代是日本封建统治的最后一个时代,这个时期的不动产登记制度起到承上启下的作用。1643 年,日本政府公布了永久农田禁止买卖令,对"检地账"上标示的需要缴纳贡赋的田地实施限制,禁止买卖。"检地账"上的相关统计信息是以村为单位的,村长负责管理、监督村民的土地登记,并持有土地公簿,称为"村长公印制"。虽然在当时需要缴纳贡赋的土地是禁止买卖的,但允许对开发的新田地和宅地进行交易。在进行土地买卖时,交易方需要向村长提供土地交易的合同,由村长对合同进行审核,确定交易合同中的标的物产权是否为出售者所有,及与土地公簿(即检地账)上登记的信息是否一致。经过确认后,村长在合同书上盖章。后来,随着日本政府"土地担保抵押规则"的出台,"村长公印"制逐渐发展成为"土地骑缝章"制度。这就是日本不动产登记制度的萌芽时期。

（二）不动产登记制度形成时期

日本进入明治时期,资本主义经济蓬勃发展,明治政府取消了对土地禁止买卖的规定,实现土地交易的自由化。原有的土地登记制度已经不符合当时的土地交易或利用的现状,因此,明治政府推出了"地券"。地券由当地政府发行,记录交易土地的地址、面积、地价、所有者信息等内容,正本交土地所有者持有,副本编入地券台账,成为土地登记的凭证。在进行土地交易时,同时进行地券的转让。由于地券上同时标示着土地价格,所以地券可作为收税的标准。1873年(明治6年),日本政府公布"地租改革条例",利用地券制度征收标示价格3%的地税,这成为固定资产税的雏形。由于3%的税金负担较重,招致了农民的强烈反对,甚至出现农民起义,衍生出一系列社会问题,这也为废除地券制度埋下了伏笔。

随着日本的经济发展和对外开放,地券制度已经不适应现实的需要,伴随着西方的法律制度逐渐传入日本,现代化的不动产登记制度呼之欲出。1884年(明治17年),日本当局开始调查和研讨不动产登记法律法规。1886年(明治19年),《不动产登记法》颁布,即"旧登记法",它标志着近代不动产制度的开端,是规范土地关系,保障交易者权益的新的尝试。"旧登记法"分为五章,分别对交易转让、担保质押等交易行为及手续费等作出规定,将登记事务交由法院负责。"旧登记法"有以下两个特点:第一,旧登记法创立了登记制度,规定合同的双方必须到登记所登记,从而有了正式的不动产登记机构和程序;第二,旧登记法采用"物的编成主义"。所谓"物的编成主义"即指一宗土地或一个建筑物用一张纸,以物为单位进行登记的方法,物居于登记簿的核心位置,在每一宗土地登记簿的后边列明土地状况及各种物权关系等信息。

（三）现代不动产登记制度的确立和完善

近代以来,日本以《民法典》为基础,《不动产登记法》为核心,建立起了一整套不动产登记的法律法规体系。《民法典》制定于明治年间,历史悠久,以法国民法典和德国民法典为基础制定,属于大陆法系。法典中关于不动产登记的规定主要有不动产的意思主义和登记对抗主义两点原则。[1] 不动产的意思主义是一种物权变动模式,分为绝对意思主义与相对意思主义。日本实行的是相对意思主义,具体指交易双方形成合意,达成契约,所有权即完成转移。但没有经过登记或交付的物权,无法对抗第三方。而登记对抗主义,则是指只有在登记簿上对固定资产进行登记,才能够保护产权所有者的权利,对抗第三人具有法律上的效力。

作为现代不动产登记制度的雏形,旧登记法的基本框架较为完备,但仍然存在着很多细节问题。比如法律规定不够细致、具体事项规范不到位、手续烦琐、交易成本高等。因此,1899 年(明治 32 年),政府又颁布了新的《不动产登记法》。新的《不动产登记法》对"旧登记法"进行了完善,增加了法律条文,规定了不动产登记的组织、登记程序、内容等不动产登记事务中的具体事项。《不动产登记法》制定后,经过了反复修正,其中比较重要的是第二次世界大战之后的三次修正。1947 年的修正中,把登记事务的管辖机关从法院改为法务省等机构。《不动产登记法》规定,不动产的登记工作由法务局、地方法务局和派出所组成登记所负责完成。每个登记所内有数量不等的登记官。登记官由法务局长或者地方法务局长指定,办理相关事务。[2] 每个县均有不动产登记所,若不动产位于多个登记所的管辖区域时,可由法务大臣指定一个登记所负责登记。不动产登记工作严肃谨慎,对工作人员的要求十分严格。日本不动产登记法规定,在不动产登记过程中由于登记官的失误而造成的他人遭受损失的,国

---

[1] ［日］《日本民法典》176 条、177 条。

[2] 郭永银:《日本不动产登记制度研究》,山东大学硕士论文,2012 年。

家对不动产登记错误不承担责任,而由登记官对其承担责任,并负责赔偿。情节严重还会被开除公职。此外,登记官及其直系亲属进行登记时,不能由登记官自己进行登记。此外,《不动产登记法》还新设了不动产假登记和预告登记制度。1960 年新登记法对固定资产登记台账和不动产登记簿进行修正。台账为国家征税土地税提供数据,登记簿为保护财产私有权力而设立,修正后,二者实现了统一。最近一次为 2004 年的修正,设立了电子登记申请,引进了登记识别信息制度。除此之外,日本还颁布了《不动产登记法实施令》和《国土调查法》(1951 年)等相关法律法规配套执行,使日本的不动产登记制度更加完善,适应不动产市场的发展。

二、日本不动产登记程序及登记簿

(一)不动产登记程序

日本不动产登记有严格的程序,从提出申请到审查、登记,每个环节都有详细的规定。

首先,由不动产交易的双方向登记机关提出申请。为了保证不动产登记符合真实权利关系,《不动产登记法》规定双方有义务共同对不动产交易进行登记,即共同申请原则,法律规定的特殊情况除外。登记的当事人分为登记权力者和义务者,分别指从登记簿上获得利益和失去利益的人,双方需对不动产权利的改变到登记机关进行共同申请。在不同的国家和地区,不动产登记机关的归属有所差异。大致分为三种情况,第一类是依法设立专门负责不动产登记的国家机关;第二类是由司法机关负责不动产登记;第三类是由房地产行政管理部门负责不动产登记事务。日本属于第一类,由法务省依法设立的专门负责管理不动产登记工作的机关称为"登记所"。法务省实行中央垂直领导模式,根据实际需要设立中间机构,从上到下分别为法务局、地方法务局、支局、派出所四种形式,遍布全国各个地区。全国共设有 8 个法务局,42 个地方法务局,278 个支局,886 个派出所,总计共上千个不动产登记所。① 每个登记所根据需要设置若干登记官。

其次,审查及登记。在双方提出申请之后,登记官对不动产登记进行审查,并填写不动产登记簿。登记官在工作中被赋予了两种权力,书面审查权与实际审查权。日本采取形式审查主义,登记官要依法认真负责对不动产进行登记,纳入不动产登记簿中。

(二) 不动产登记簿与固定资产台账

在日本,不动产登记簿的编制具有其特点。根据日本法律的规定,不动产为"土地及其定着物",其外延界定十分宽泛。新的不动产登记法沿用了明治时期旧登记法"物的编成主义"原则,即以物为单位进行登记。日本的不动产登记簿分为土地登记簿和建筑物登记簿两种。土地登记主要包括土地的编号、所在地、种类、面积等。建筑物的登记主要内容有建筑物的构造和编号等。登记簿为表题部和权利部两部分,表题部用于记录不动产的自然属性,如土地的位置、性质、面积等。权利部分为甲区和乙区,甲区用于记录不动产的所有权,乙区用于记录除所有权以外的权利的变更及相关事项。一般的不动产登记簿是为进行不动产交易、转移等行为而设立的,为了进行固定资产税的征收,日本还专门设立了固定资产台账。

固定资产征税台账是日本政府在征收固定资产税时,对固定资产进行登记形成的账目。日本实行中央和地方的分税制度,为了征收固定资产税,市町村的不动产登记机构还需要对固定资产税的征税依据进行登记。在《固定资产征税台账》中,记录了不动产的评估价格。《固定资产征税台账》同样将土地与建筑物分开登记,共包括五部分,分别为《土地征税台账》《土地补充征税台账》《房屋征税台账》《房屋补充征税台账》和《折旧资产征税台账》。在固定资产评估员对固定资产进行评估并出具报告后,需要将不动产在《固定资产

---

① 赵莹:《中日不动产登记制度比较研究》,华东政法大学硕士论文,2012 年。

征税台账》中进行注册。固定资产税以在《固定资产征税台账》中登记为不动产所有者的人为纳税义务人,以固定资产课税总账登记的固定资产价格为课税标准。①每年的 3 月 31 日前,政府在完成对不动产固定资产价格评估工作后,将该价格登记在《固定资产征税台账》中,并于 4 月份公示。该信息对外公开,一般市民可以查阅该台账。2003 年开始,不动产的纳税人、租赁人均可查阅涉及的不动产固定资产台账上记载的信息。

成熟的不动产登记制度有利于日本政府对全国范围内的不动产实行监督和管理,为不动产交易的实现和相关税种的征收提供依据,不动产登记簿和固定资产征税台账的建立很好地实现了这个目的。

第二节　日本不动产评估制度

针对不动产征收财产税的课税基础是不动产的评估价格,不动产评估的效率直接决定财产税的成功与否。日本不动产评估制度形成于明治维新之后,尤其在战后经过了一系列的改革完善,形成了一套适应日本不动产市场发展现状的评估方法,明确了土地资产评估中的各种价格,建立了较为完善的不动产评估体系。

一、不动产评估制度的沿革

不动产评估,又称为不动产鉴定,是指从业人员依照法律的规定,运用科学的方法对不动产的价值进行估算和判定。1868 年明治维新以后,日本建立了以天皇为中心的中央集权制度,步入资本主义。此时,封建土地贡奉制度已经严重阻碍了商品经济的发展,而地租是明治政府税收收入的重要组成部分。为了奠定国家财政的基

---

① ［日］金子宏:《日本税法》,战宪斌、郑林根等译,法律出版社 2004 年版,第 302 页。

础,1873 年日本发表"地租改正"的布告,公布《地租改正条例》和
《地租改正实施规则》,改革日本的土地政策。主要内容包括废除了
田地贡纳制,取消了按村摊派、对土地使用者征税的方式;承认农民
具有土地私有权,对土地所有者征收相应的地租,地租为土地价格的
3%,并由货币税取代实物税,税基由粮食产量变为土地的价格,按地
价纳税,不受农作物的产量和价格影响。而农地价格的确定,就成为
征收地租的前提,由此推动了不动产评估制度的出现。

    近代日本不动产鉴定业务最早是由日本劝业银行(现日本瑞穗银
行)进行代理。日本劝业银行成立于 1897 年 6 月,由日本政府控制,
为振兴日本工农业,专门负责为日本农业、工业提供长期低息贷款。
劝业银行在业务发展的过程中,需要对以不动产为担保抵押的贷款作
出评估,所以制定了《鉴定规则》作为不动产鉴定的原则和方法。此规
则奠定了日本不动产鉴定的基础,并广泛运用在实际评估工作中。

    第二次世界大战之后,银行由于本身的业务调整,逐渐剥离不动
产的鉴定工作。同时,战后经济的复苏导致大量人口拥向城市,带来
城市土地交易量大幅增加,对不动产鉴定的需求也随之上升。但此
时日本尚未建立起全面的不动产评估制度,评估机构无序发展,评估
人员水平参差不齐,从而导致了土地交易的混乱,公用土地征费提
高,土地价格大幅上涨。同时,日本在基于"夏普劝告"而制定的夏
普税制改革中,取消了以土地、房屋租赁价格为课税标准的地租和房
屋税,改为市町村征收固定资产税,其课税标准为固定资产的评估价
格。为了固定资产税的需要,必须对不动产价值进行合理的评估,要
求建立起一整套不动产评估体系。

    为了解决这些问题,1961 年,日本公共用地取得制度调查会向
建设大臣建议建立不动产鉴定评估制度[①],并于 1962 年在建设省成

---

①　李泰来:《日本不动产估价制度概述》,《北京房地产》1995 年第 11 期,第 38 页。

立了"宅地制度审议会"。1963 年审议会提出了"关于建立不动产鉴
定评估制度的申请"①。为了规范不动产鉴定行业，日本政府于当年
通过了《不动产鉴定评估法》，将不动产鉴定工作收归政府统一管
理，并于 1964 年开始实施。此后不动产鉴定业界成立了不动产鉴定
协会及其他机构，专门负责不动产评估的事务。本法律共分为六章，
分别为总则、不动产鉴定师、不动产鉴定公司、不动产的监管、杂项与
罚则。② 该法律对不动产评估的目的、不动产鉴定师资格的取得与
登记、不动产鉴定所的监督与管理等内容做了详细的说明，建立了不
动产鉴定资格制度。

　　战后美国对日本的单独占领对日本经济产生了重大影响，不动
产评估方面也是如此。1964 年 3 月，日本参考美国不动产评估的理
论和方法，制定《不动产鉴定评估基准》，成为日本不动产评估行业
的统一标准，规范了日本的不动产评估业。此后，政府多次修改该基
准，又颁布了《不动产鉴定评估基准注解》《不动产鉴定评估法实施
令》《不动产鉴定评估实施规则》等配套法律，使得日本不动产评估
制度日益完善。

　　1969 年，日本通过了《地价公示法》，1970 年开始正式实施，这
是日本地价公示制度的开端。《地价公示法》规定了公示地价的区
域、标准宗地的选择、公示地价的评估人员及评估方法等内容，与
《地价公示法执行令》《地价公示法实施细则》一起构成了地价公示
的法律体系。

　　1975 年，日本《国土利用计划法》开启了都道府县基准地价的评
估。各都道府县选取辖区内的基准地进行评估，为了服务于从中央
到地方征收不同税种，都开始了对不动产的估价。此后，日本不动产

---

　　①　苏迪：《日本地价考察》，《中国国土资源报》2002 年 10 月 18 日第 3 版。
　　②　徐思远：《日本不动产估价制度概述》，《价格月刊》1994 年第 5 期，第 42 页。

评估相关的法律经过不断的修订,逐步确立了较为完整的不动产评估体系。

二、日本不动产的评估方法

日本将国际上通用的不动产评估方法与本国的实际情况相结合,形成了一套适合本国的不动产评估方法。关于不动产评估的具体方法,《不动产鉴定评估基准》中也作出了相关规定,应由获得不动产鉴定师资格的从业人员对需要鉴定的不动产进行评估,综合使用重建成本法、市场比较法和收益还原法,充分考虑各种方法的特征和适用范围,对其进行合理估价。

(一)重建成本法

重建成本法又被称为成本法,是以需要评估的不动产的重建成本为估价依据的评估方法。基本思路是先确定需要评估的不动产在评估时点的重建价格,再根据已使用年限对不动产价值进行折旧,用重建价格减去折旧,最终得到评估价格。重建成本是指在不动产评估时点重新建造同样不动产所需要耗费的成本。重建成本可以通过两种方法取得,第一种为直接法,是对评估的不动产各个部分所使用的材料进行调查统计,依据市场价格得到施工成本,再加上其他成本,得到建设的总体费用,最终算出重建成本;第二种为间接法,在需评估的不动产周边找到相似的不动产,调查其建设费用再加以修正,得到目标不动产的重建成本。

计算折旧的方法大致分为两种:第一种是计算法,即将不动产在使用年限内对其进行折旧计算,每年按相同的数额或折旧率进行折旧;第二种为观察法,即评估员通过直接调查不动产各个部分,检查其破损、老化情况,得出折旧数据,最后用重建成本减去折旧得出不动产的评估价格。

重建成本法对于房屋的价值评估是十分有效的。但是,由于土地很难通过"生产"取得,所以很少用于对土地的价值评估。

（二）市场比较法

市场比较法又被称为比较法或成交事例比较法。市场比较法的评估原理是在市场上获取大量的成交案例，在其中寻找出与需要评估的种类、位置等条件相同的不动产，对其进行评估，再对比需要评估的不动产，对评估价值进行修正，从而得到目标不动产的评估价格。

使用市场比较法的前提是获取充足、有效、真实的市场价格信息。由于市场比较法评估的基准是市场上同类不动产的价格，所以需要大量的不动产评估案例进行参考估价。通常情况下，至少需要十个对比对象进行评估，而且这些对比对象必须和目标不动产具有很大的相关性，尽量减少人为修正带来的评估偏差。根据《不动产鉴定评估基准》的规定，成交的案例需要与评估对象位于临近地区，在规模、建筑材料等具体细节上具有可比性，并且价格可以进行修正。市场比较法操作起来相对简单，尤其是市场交易活跃、成交案例众多的地区，这是一种评估成本低、应用最为广泛的方式。

（三）收益还原法

收益还原法又被称为收益法，是指通过对不动产未来使用年限内预期收益的总和进行贴现，从而得到不动产现值的方法。该方法的基本思路认为，决定不动产现值的不是过去已获得的收益，而是未来的预期收益。因此，使用收益还原法需要评估和计算未来土地预期收益与贴现率。预期收益的计算方法与重建成本法相似，既可以直接评估不动产未来收益，又可以根据临近属性相似的不动产的预期收益推算，有时是同时使用两种方法计算预期收益。贴现率的确定较为复杂，由该不动产面临风险的大小、金融市场同期利率水平的高低等因素共同决定。并且，贴现率的微小变动会导致不动产标的价格的大幅变动，因此需要谨慎确定贴现率。

收益还原法适用于商业区等不动产交易发达、预期收益显著的地区,相同的不动产面积和区位具有一定的相似性,按照预期收益确定不动产价格体现了公平原则,可信度和认可度较高,在不动产评估中具有广泛的应用价值。但不适和预期收益较低的土地评估,存在一定的局限性。

三、日本不动产的评估价格体系

日本不动产评估在长期的探索过程中,形成了由五种不动产价格组成的体系,这些价格各有不同的形成路径,既有联系又有区分,也分别成为征收不同财产税的课税依据。

第一种为公示价格,是不动产鉴定中最重要的部分,其他价格的评估均建立在公示价格的基础之上。公示价格是由日本国土交通省主持调查,以每年1月1日为基准日期,由两名以上不动产鉴定师对在全国范围内选定的每块标准地进行实地调查评估汇总,并将评估结果提交到国土交通省,由土地鉴定委员会于当年3月对外公布公示价格。

第二种为基准地价,由都道府县每年安排一名以上不动产鉴定师对选取的基准地块进行评估,是征收地方税的重要依据。1975年,日本政府根据《国土利用计划法》的规定,在都道府县由都道府县知事负责组织地价调查,公布基准地价,规定以每年7月1日为评估基准日,9月份公布。公示地价与基准地价体系的建立,形成了覆盖日本全国的标准地价网。

第三种为实际价格,即不动产在市场上实际成交的价格。此价格以公示价格为基础,综合考虑不动产的具体区位因素和供求关系而形成。

第四种是路线价格,由日本国税厅主持调查,主要用于评估临近道路的土地价格,是征收赠与税与遗产税的基准。路线价的形成分如下步骤:首先将行政区域划分为商业用地、工业用地、住宅用地等区域,从中挑选出与主干道临近的标准地块,对标准地块进行估价,成为主干道的"路线价格"，之后再参考主干道的路线价格，结合实际情况进行修正，评估出其他各级街道的路线价格。

第五种价格是固定资产评估额，由市町村进行调查，用来评估征收固定资产税、城市规划税等税种。其价格评估以公示价格为基础，约为公示价格的70%。每三年评估一次，第一年为基准价格，第二年、第三年可以进行个别调整。

通过使用科学的评估方法得到的上述不动产的价格，可以满足不动产评估的基本要求，能够对土地、房屋等的价值作出较为准确的评估，供出售、征税使用，这也是不动产评估的基本内容。

第三节　日本地价公示制度

在日本的不动产评估价格体系中，占据核心地位的是国土交通省公布的公示价格，这是其他不动产定价的基础。在土地鉴定委员会的监管下，通过严格考试选拔出来的不动产鉴定师按照法律规定的公示流程，科学合理地对全国各地的土地价格进行评估，同时，地价公示制度也保障了日本不动产征税和交易的顺利进行。

一、公示地价的评估机构及评估人员

（一）不动产评估机构和职能

公示价格，即日本政府在全国范围内选取若干标准地，由国土交通省组织不动产鉴定师对其进行价格评估，以此作为其他征税价格的评估参考。地价公示制度始于1969年《地价公示法》的实施，该制度规定每年定期公布全国城市中选定的标准地块价格，为征收财产税或进行土地交易提供指导价格，并实施对地价的控制和引导，成为市场上的"合理地价"。原来该工作由建设省负责，后移交给新设立的国土厅下设的土地局。2001年1月6日，日本实行中央省厅重组，国土厅与运输省、建设省及北海道开发厅统合，更名为国土交通

省。根据《地价公示法》规定,日本国土交通省下设的土地鉴定委员会成为不动产评估的监督管理机构。土地鉴定委员会由七人构成,委员均为日本国会批准,并由国土交通省长官任命的具备丰富不动产评估知识与经验的专家,任期三年,其主要工作为组织全国范围的公示地价的评估和公示;组织不动产鉴定师的考试注册和管理,向国土交通省及其他行政机关提供不动产评估的资料、意见和建议等。土地鉴定委员会的日常工作由国土交通省地价调查课地价工作室完成。

不动产评估业务的委托对象主要为政府、企业及个人。政府委托不动产评估机构进行评估,主要目的如下:第一,确定公示地价与基准地价;第二,为确定遗产税、赠与税征税标准而评估路线价;第三为国家征用土地及处理国有资产进行估价。

(二) 不动产鉴定师资格的获得

根据法律规定,在日本从事不动产鉴定工作首先需要取得国家承认的资格,即不动产鉴定师。为了考察申请者不动产鉴定的业务能力,国土交通省土地鉴定委员会每年都会主持不动产鉴定师考试。

不动产鉴定师考试一方面要广泛吸纳社会上各种人才参与进来,另一方面由于其重要性与严肃性,又要严格甄选,提高从业者的整体素质。所以不动产鉴定师考试具有"易进难出"的特点。对于考生报考资格的要求很低,对年龄、学历、国籍等均无特殊要求,鼓励人们踊跃报考。但是,该考试又具有很高难度,每个阶段的通过率都十分低,所以真正能够取得不动产鉴定师资格的人很少。不动产鉴定师考试与注册会计师考试、律师考试并称为日本国家三大资格考试。《不动产鉴定评估法》中对不动产鉴定师考试制度作出了详细的规定,并于 2006 年实行考试改革,实行新的考试制度。此考试共分为三个阶段,第一阶段考试称为简答式考试。任何公民均可参加考试,本阶段考试分为两个部分,一为不动产行政法规,二为不动产评估理论。每部分满分均为 120 分,考试形式为各 40 道选择题。不动产行政法规部分考的内容广泛,包括上文中提到的《地价公示法》《不动产鉴定评估法》等在内的几十部法律法规,考查考生对法律法规的掌握程度。不动产评估理论部分考查考生对不动产评估基准和鉴定所需的方法及注意事项。两科成绩达到满分 70% 以上,并且单科符合要求的予以通过。本阶段通过率低于 25%,此阶段通过资格保留两年。第二阶段的考试称为论文式考试。考生在通过了第一阶段考试后并在资格保留期内可以参加本阶段考试。本阶段考试均为主观题。共分五科:民法、经济学、会计学、不动产评估相关理论讨论题和论文题。[①] 前四科满分均为 120 分,第五科满分 240 分。五科成绩达到满分 60% 以上,并且单科符合要求的予以通过。本阶段通过率仅为 10% 左右。第三阶段为评估实务。完成了前两阶段考试的人员需要进行一至三年的评估实务学习,通过参加评估课程,并参与评估实践。完成评估实务学习后考生还须通过结业考试,最终成为一名不动产鉴定师。通过不动产鉴定考试的人还须向国土交通省登记,由国土交通大臣认证后,才算正式取得资格,可以进行不动产评估工作,该登记终身具有法律效力。

二、日本地价公示制度

日本的地价公示制度是评估体系的重要一环,保证了评估的公正、公平和信息的公开。

(一) 设置标准地块

在地价公示制度推行初期,标准地的范围仅限于日本三大都市圈——东京圈、大阪圈、名古屋圈的建成区,此后范围逐步扩大到人口 50 万以上的城市建成区,再到人口 30 万以上的城市建成区。

---

① 白武钰:《日本不动产评估师考试制度分析及对我国的借鉴》,《中国资产评估》2009 年第 8 期,第 34 页。

1973 年修订的《地价公示法》规定将标准地扩大到全国的城市规划区域。城市规划区指的是制定城市规划,并按照城市规划对其中的开发、建设活动进行综合控制的范围。[①] 城市规划区又分为市区划地区和城市化控制区。建成区是市区化地区中已经完成城市建设的部分。随着城市化的发展不断进行,标准地的数量不断上升。截至 2012 年,标准地的数量为 26000 个,土地鉴定委员会于上一年 8 月到 9 月确定标准地块及候补地块。

(二) 确定标准地价

土地鉴定委员会针对全国设置的标准地块,于上一年 12 月前完成对统计资料的收集工作,并绘制标准地位置图,在当年 1 月安排两名以上不动产鉴定师,以 1 月 1 日为评估的基准日期对其进行评估。不动产鉴定师根据第二节叙述的不动产鉴定方法,对标准地块进行实地调查,综合考虑周边土地的交易价格及其他因素进行评估。若二者对不动产评估价格产生分歧,则需要上报至国土交通省,由土地鉴定委员会决定其最终评估价格。在标准地价评估完成后,不动产鉴定师评估结果出具书面报告,将评估内容记载下来,向土地鉴定委员会提交《不动产鉴定书》,此工作在 1 月上旬完成。

(三) 公示标准地价

土地鉴定委员会在取得对全国标准地块的评估价格后,对鉴定评估的价格进行审查和适当调整,并于当年 2 月 20 日前完成对标准地价格的判定,在 3 月下旬以政府公报的形式在规定日期向公众发布相关内容,包括标准地块的价格评估基准日期、所在行政区域、土地使用情况、附属基础设施、交通运输状况及其他相关信息。此外,土地鉴定委员会还须向有关部门提交评估的图纸、文件等具体资料,

---

① 谭纵波:《日本的地价高涨与城市规划——对中国的启示》,《国外城市规划》1994年第 2 期,第 45 页。

并于有关市町村事务所内存档,以便查阅。

公示价格的确立是日本不动产价格体系的核心,规范的确定程序和地价公示程序,对于实现不动产评估的监督和管理起了非常重要的作用。

第四节　固定资产评估制度

固定资产评估价格不仅是市町村征收固定资产税的基础,也是许多财产税征收的基础。因此,固定资产评估制度在财产税中的地位是不言而喻的。本节主要介绍固定资产评估额定价的基准、评估的方法以及固定资产税的负担调整制度。

一、固定资产定价基准和评估方法

(一) 固定资产定价基准

日本自中央到地方建立起了固定资产额的评估系统。为了确保固定资产评估在全国的统一性,在总务省,总务大臣参考不动产的市场价格制定"固定资产定价基准",并在政府公报上颁布,供全国各市町村长和固定资产评估员进行参考,依照基准评估出固定资产价格。"固定资产定价基准"具有很高的约束力,是构成地方税法的一部分,市町村长、道府县知事在决定固定资产价格时,不得背离此标准,否则将视为违法。同时,在总务省和道府县设立中央、道府县两级固定资产评估审议会,负责对固定资产评估事项提出意见和建议。当道府县知事认为市町村所提供的固定资产评估结果存在问题时,听取固定资产评估审议会的意见,对市町村长提出劝告,对不动产评估价格进行修正。不动产评估的细则和具体方法则由地方政府自己作出规定。

(二) 固定资产评估方法

日本法律规定,土地和房屋均为固定资产,但分开进行登记、定价、征税。一般而言,土地价值约占不动产总体价值的四分之三,房屋价值约占四分之一。

1. 土地价格的评估

根据地方税法,所有具有使用价值的土地均为固定资产税的征税对象。对于土地价格的评估使用"路线价"方式,借助附近标准宅地的价格确定。首先,按土地的用途将类似的土地划分到一起,一般分为商业用地、住宅用地与工业用地;其次,对划分好的地块根据位置、公用设施情况等再细分,选取具有代表性的地块,作为定价的标准宅地,以该地块土地公示价格的 70% 作为该宅地的价格,每平方米宅地的价格也就是该地区主要路段的路线价格;再次,求得划地补正率。划地补正率是反映待评估土地与标准宅地之间差异的指标。由于待评估土地的面积、形状、区位条件、周边环境等要素与标准宅地有所不同,所以在评估其价格时,需要在参考该地块土地主要路线价格的基础上进行修正,"划地补正率"即反映了这种差异;最后,根据"划地补正率"和路线价格计算出该块土地的最终评估价格。

2. 房屋价格的评估

在日本,作为固定资产税征税对象的房屋,是指在赋税日期当日的住家、店铺、工厂、仓库及其他建筑物。对房屋评估时通常采用"重建成本法",首先计算出房屋重置价格,然后根据房屋的建筑时间计算折旧,用重建价格减去折旧费用,最终得到评估价格。使用这种方法评估房屋价格时,评估额受物价水平的影响很大。若物价上涨较快,会导致房屋再建成本上升,从而使得房屋的评估额上升,使纳税人税负增加。对此,日本规定如果出现上述情况,将维持上一年的评估额不变。固定资产由市町村每三年进行一次定价,如果在基准年后第二年、第三年不动产由于变更用途或其他原因导致的价格发生变化的,需要参考周围性质相同的不动产重新评估,确定新的价格。

二、固定资产评估人员及程序

为了对固定资产价值作出正确的评估,日本在市町村设置了固定资产评估员,评估员的任务是协助市町村长确定固定资产的价格。由于固定资产评估员在不动产鉴定中的重要作用,其选拔条件十分严格,不但要求其具备系统的专业知识,还需要具有丰富的工作经验,由道府县知事负责培训,辅导其使用总务大臣提供的定价基准和其他资料进行科学的评估。市町村长在选定了固定资产评估员并由市町村议会批准后,每年组织其对本地不动产进行实地考察、评估,出具不动产评估报告。有些市町村不设立固定资产评估员,则由市町村长代理行使职责,对不动产进行估价。日本法律规定,固定资产评估员不能兼职担任,也体现了对其管理的严格性。

每年的 1 月 1 日为统一的计税日期。固定资产评估员在规定的日期内和纳税人一起对不动产进行实地考察,对固定资产进行公正、准确的评估后,计算出应纳税额,出具评估报告,交由市町村长,并向都道府县寄送概要报告书,如果都道府县知事对评估结果有异议,则需要根据相关的不动产定价法规提出劝告,市町村长及其他从事固定资产评定的职员按照劝告对价格进行修正,将评估结果于 3 月 31 日之前登入《固定资产征税台账》。固定资产征税台账上登记的固定资产所有人根据此结果缴纳固定资产税,并于 4 月公示。政府在公示价格的同时需向纳税人发出纳税通知书,纳税人在规定的缴税日期(分别为当年 4 月、7 月、12 月和次年的 2 月)内按时纳税。

三、固定资产税的负担调整制度

根据实际情况,日本政府对一部分特殊性质的不动产税收实行减免。如政府、皇室、学校法人、公益设施等,均不需要缴纳不动产税;居民住宅用地固定资产税收也有优惠,规定面积在 200 平方米以下的小规模住宅用地按照评估价格的六分之一征税,一般住宅用地按照评估价格的三分之一征税。同一纳税人名下土地价值不足 30

万日元,房屋价格不足 20 万日元予以免征。①

与此同时,日本通过缴税系数的变化完成对固定资产税税负的调整。1997 年开始,日本政府通过"负担水平"和"负担调整率"在不同年份间来调节税负的高低,维持税收的稳定。调整固定资产税缴纳额的第一步是确定"负担水平"。负担水平是指上年度固定资产课税标准价格与本年度应税固定资产评估价格的比值,它取决于固定资产评估员对本年度固定资产评估的价格和上一年的固定资产课税标准价格。由于不动产每年的评估价格较上一年几乎都会发生变动,因此不动产的负担水平的数值也会发生变化。当负担水平大于 1 时,表示不动产的价格较上年有所下降。当负担水平小于等于 1 时,表示不动产的价格较上年持平或上升。在确定了"负担水平"之后,还需要确定固定资产税的"负担调整率"。"负担调整率"是日本政府为了应对不动产价格变动而设置的调节应税价格的系数。用上一年的课税标准价格乘以本年度相应的负担调整率可以得到本年度的应税标准价格。每年不动产价格增幅的不同,决定了采取不同的"负担调整率",从而导致当年固定资产税课税的标准额不同。在确定"负担调整率"时,需要参考不动产相应的"负担水平"。在土地使用性质相同的情况下,不同的负担水平对应着不同的负担调整率。负担水平越小表示不动产价格上涨明显,则对应着更高的负担调整率,从而导致缴纳更多的固定资产税。反之,则减少缴税金额。如果土地使用性质不同,则即使两块不动产具有相同的负担水平,其对应的负担调整率也有可能不同。这样,通过"负担水平"和"负担调整率"两个指标,可以实现对不同年份、不同土地性质固定资产税的调节。这种负担调整制度,既保证了税源的稳定,又能防止居民固定资

---

① 孙德轩、宋艳梅:《日本房地产税之经验及借鉴》,《税务研究》2011 年第 11 期,第 91 页。

产税负担的增加。

　　日本立足于本国国情并吸取国内外经验,经历了战后几十年的发展,建立了较为完整的不动产登记和评估的制度框架,并严格依据相关法律法规的规定,培养高素质的从业人员,规范登记和评估流程,运用科学的评估方法完成不动产评估工作,能够较为真实地反映不动产的价值,为征收不动产相关税收提供了翔实的依据,使财产税的征收更加透明和合理。

第八章　日本财产税征收及其效率

税收征管是整个税制运行的关键环节。日本税收征管制度经历了百余年的建设与发展,特别是在"夏普劝告"以后重新确立的税收体系,不仅规范而且特色鲜明。本章旨在介绍日本政府在税收管理尤其是财产税征收方面的制度特点和征收现状,并在全面揭示财产税税收滞纳情况的基础上,通过实证分析来探究影响征税效率的因素。

第一节　日本的税收征管制度概述

日本高效的征管机构、健全而缜密的征管法律体系以及创新的征管制度是其确保税收收入和税收机制正常运转的关键。本节除了重点介绍日本税收征管的法律体系、征管机构和基本制度之外,还特别阐述了课税处罚中与滞纳处分相关的制度。

一、日本税收征管的法律体系与征管机构

(一)税收征管的法律体系

日本的税收分为国税、地方税两个体系,而地方税又可分为都道府县税和市町村税两类,这也对应了第一章提及的中央、都道府县、市町村三级课征制度。日本宪法及地方自治法分别赋予中央政府及地方政府征税的权力,从而形成中央、地方兼顾型分税制。

为了确保税收收入和税收机制的正常运转,日本在明治维新时代确立现代税收体系的同时,创立了税收征管的法律体制。日本的

税法体系属于以德法为代表的并列式模式,即在税法之外独立形成成文法,规定有关税收征管的法律,形成税法与税收征管法并列的格局,突出了税收征管的重要性。日本的税收立法权集中在中央,统一于国会,各种税法都要经国会批准。主要税种的管理权集中在中央,地方政府只有法外地方税的立法权、地方税种和税率的有限选择权。日本的国税是由财务省主税局和关税局负责调查研究及起草税收法案,经内阁讨论报送国会参众两院审议批准后实施的。而地方税根据征收的依据不同分为法定地方税和法外地方税,但以法定地方税为主。法定地方税法案的调查起草工作由总务省与财务省协商完成,拟定的法案经内阁提交参众两院审议、批准后形成正式法律。法外地方税主要是地方政府根据特殊需要,如财政收入不足、特定公益事业等在法律之外征收的税种。法外地方税法也有严格的程序,一般由地方政府根据需要,对拟开征税种进行充分调查论证、起草征收条例,提交本级议会审议批准。尽管这种立法权必须得到中央的审批和授权才能实现,从实质上看还是使地方政府具备了有限程度的税收立法权。下面重点介绍与财产税征收相关的法律、法规。

1.税收征管的法律法规

国税中的财产税都有相应的实体税法,包括《遗产税法》《印花税法》《登记许可税法》《地价税法》《有价证券交易税法》和《交易所税法》。与此相对比,地方税中的财产税则没有单独的实体税法,相关内容全部包含在《地方税法》之中。

关于国税中财产税征收方面,日本不仅有详尽具体的实体税法,而且在税收征收管理方面也有相当严密的立法。这些立法主要有《国税通则法》《国税征收法》《国税犯则取缔法》《租税特别措施法》《行政不服审查法》《国税不服审判所组织章程》《税理士法》等。除立法外,还有一系列的法令、规则作为辅助保障,如《国税征收法实施细则》《国税征收法实施令》《国税通则法实施令》《滞纳处分及强制执行时手续调整的法令》。涉及地方税征收管理的,主要是《地方税法》《地方税法实施令》《地方税法实施细则》。

2.《国税征收法》的主要内容及其修订

《国税征收法》是日本国税征收的基本法律,共分 10 章计 189 条,于 1960 年 1 月 1 日开始实施。其主要规定了国税局的自主执行权、国税债权的优先权、第二次纳税义务、国税中的滞纳处分和其他应征而未征税收的管理。自主执行权即国税局的税收行政执法权力;国税债权的优先权,即国税的征收优于其他捐税和债权,但税法中另有规定或民法规定的特定负有担保的私债权除外;第二次纳税义务规定了纳税义务的拓展权力;滞纳处分确立了强制征收的程序。关于第二次纳税义务与滞纳处分的相关规定参见本节的第三部分内容。从实现税收这个角度来看,《国税征收法》是最具实际意义的法律,因为该法规定了如果税务人员无法从纳税人那里征收到货币性税金,则采用实物抵税的实施程序。不过同时也规定了欠税人在特定情况下的财产保全权利。截至 2014 年 12 月 31 日该法共进行了 78 次修改,其中与财产税密切相关的有 5 次,涉及印花税、登记许可税、有价证券税、交易所税以及固定资产税。

3.《国税通则法》的主要内容及其修订

《国税通则法》是税收执法管理的基本程序法,于 1962 年 4 月 1 日开始实施,共分 10 章 129 条。这部法律主要规定了税收行政执法管理的一般程序,如缴纳义务的确定程序,税收的申报缴纳程序,缓缴、退税程序,欠税担保程序,税收检查程序,税收争议解决程序等。截至 2014 年 12 月 31 日该法共进行了 78 次修改,其中与财产税密切相关的有 7 次,如 1967 年因《印花税法》附则第 14 条而进行的修改,免除了相关情形下的汽车重量税和登记许可税的纳税义务。

4.《地方税法》的主要内容及其修订

《地方税法》主要规定了地方政府的课税权,都道府县税、市町村税的税种,法定外普通税,地方税的课征手续等,于 1950 年 7 月 31日开始实施。与财产税相关的规定,分别出现在该法的第二章第四节(不动产取得税)、第十一节(道府县法定外普通税),第三章第二节(固定资产税)、第八节(特别土地保有税)、第九节(市町村法定外普通税),第四章第五节(事业所税)、第六节(城市规划税)、第八节(法定外目的税)。该法自实施以来修订频繁,已有 864 次(截至2014 年 3 月 31 日),但与财产税密切相关的并不多。

5.《租税特别措施法》的主要内容及其修订

《租税特别措施法》实施于 1957 年 3 月 31 日,是规定国税各税种相关特例的法律,可以视为相关各实体法的特例法。租税特别措施既包括以减轻税负为内容的租税优惠措施,也包括以加重税负为内容的租税重课措施。由于该法涉及国税中所有财产税类的税种,对财产税的征收产生很大影响。同时,由于该法几乎每年都要修订,制度的修订、废止与新设过于频繁,给纳税人也造成一定的困惑。

(二) 税收征管机构

由于日本的税收分为国税、地方税两个体系,其税务机构也有国家税务机构和地方税务机构两套。国税和地方税组织是两个相互独立的体系,在行政管理上没有直接的隶属关系,只有业务工作上的协调配合。鉴于财产税系的各税种分属于国税和地方税,下面分别介绍两套税收征管机构。

1.国税征管机构

日本国税的税政和征收归属于财务省(原大藏省)的职责范畴。作为国税的征管机构,其税政和征收职能分别由下属的不同部门负责,税法制定及制度建设等税政职能主要由主税局和关税局承担,而征收工作则是由国税厅和海关来完成。其中,国税厅是挂靠在财务省的相对独立的外设部门,是以征收国税为主要任务的税务管理机构。财产税中遗产税、赠与税、登记许可税、印花税以及曾征缴但目前已废止的地价税、有价证券交易税和交易所税的征收工作就是由国税厅负责的。

国税厅除设在东京的总部外,按区域下设札幌、大阪、东京等 11 个国税局以及冲绳国税事务所(职能与国税局相同),国税局(含冲绳国税事务所,下同)又下设 524 个税务署,从而形成了由上至下的三级征管体系。截至 2014 年 5 月末,国税系统职员共计 54992 人,其中国税厅 818 人,占比 1.5%;国税局 11508 人,占比 20.9%;税务署 42666 人,占比 77.6%。

国税厅的设置和职责权限由《国家行政组织法》和《财务省设置法》规定。国税厅的内部设有厅长办公室、征收部、课税部、调查监察部,其主要职责包括制定税务管理工作的总体规划,统一宣传和解释税法,指导和监督地方国税局、税务署的税收征管工作,国税厅还设有处理国税争议的国税审议会、负责税务系统职员培训工作的税务大学校以及负责对纳税人的申诉进行审查的国税不服审判所;国税局作为国税厅的派出机构,除在国税厅的监督指导下对辖区内的税务署进行管理、协调外,本身也负责处理大宗的国税征缴工作,还是大规模、广域、棘手税务调查以及滞纳处分业务的一线部门;税务署是国税征管的基层单位,同纳税者关系最为密切,其资产课税部门与财产税的征收工作关联度也最大。

2. 地方税征管机构

日本地方税的税政与税收征管由总务省的自治税务局以及各地方政府负责。总务省的自治税务局主要负责对都道府县和市町村等地方税务工作的指导和监督,下设局长室、企划科、都道府县税科、市町村税科以及固定资产税科。企划科负责地方税制度的普及、税政制度的企划、法外地方税的新设或变更管理等工作。财产税中的不动产取得税由都道府县税科负责,事业所税由市町村税科负责,固定资产税、特别土地保有税以及城市规划税由固定资产税科负责。各都道府县为了进行都道府县税税收条例、规程等的调查规划和方案起草工作,按其规模分别设置了主税局(东京都)或税务部(大阪府)等机构。为了确定和征收各都道府县的税收,还设置了财务局、税务所等派出机构。而市町村税的税收工作由当地政府(役所、役场等)设立的税务科负责。在这里需要特殊说明的是,在东京都的特别区(东京市所辖的 23 个区)除了征收正常的道府县税外,市町村居民税(法人部分)、固定资产税、城市规划税以及事业所税等市町村税税种也被纳入都税中,这也是前面经常提到的道府县税的原因。

二、日本具有特色的税收征管制度

经过百余年的建设与发展,日本的税收征管制度已相当完善,其中诸如"蓝色申报制度""税理士制度"等具有日本特色的制度备受亚太国家推崇。

(一) 申报纳税制度

诸如预提所得税、源泉所得税、登记许可税、延滞税以及利息税等税收,其应纳税额在纳税义务成立的同时即可确定,在税法中称之为自动确定的税收。而对于大多数税种而言,税额的计算较为复杂,日本的《国税通则法》对于纳税人应纳税额的确定规定了两种方法,即申报纳税法和核定纳税法。

日本广泛施行的是申报纳税制度,即由纳税人自行计算税额进行纳税申报。只有在纳税人无自主申报和申报不准确的情况下,才根据税务署长的"处分"、"更正"(申报与调查相异时)、"决定"(无申报时)以及"再更正"(更正或决定有误时)的核定纳税法确定应纳税额。在申报纳税中还有蓝色申报与白色申报的区分。蓝色申报是按照美国夏普教授的建议于 1950 年引入的申报制度,旨在增强纳税人的纳税意识,引导纳税人遵从税收,降低税收成本。只有那些具备健全账簿文书,一贯诚信守法并被税务部门核实为能正确进行申报纳税的纳税人,经税务署长许可后,才有资格使用蓝色申报表进行申报。而没能达到相应条件的纳税人只能使用白色申报表申报,因其不是以账簿为基准的申报,在审查方面会特别严格。对于使用蓝色申报表的纳税人,日本的《租税特别措施法》《个人所得税措施法》《企业所得税法》等税法中,有一系列专门设计的优惠措施,如对于个体纳税人可享受10万日元或65万日元的特别扣除政策;对于企业纳税人,当年的经营亏损,允许向前结转1年,向后结转7年等。蓝色申报制度是日本的一个创举,对于督促纳税人建立健全财务记账、依法纳税具有重要意义。

核定纳税法是指纳税人的应纳税额完全按照税务行政机关的"处分"加以核定的方法,在日本称为课赋纳税法。凡法律未规定申报义务的税收均适用这一方法来确定应纳税额。所谓"处分"大致分为两种情形:一种是纳税人已提出的《课税标准申报书》中的课税标准与调查一致时,由税务署长签发的《纳税告知书》;另一种是没有提出《课税标准申报书》或所提出的课税标准与调查不一致时,由税务署长签发的《核定决定通知书》。固定资产税、不动产取得税等地方税税种采用这种方式的居多。国税中,由于所得税、法人税和遗产税等三大税种均采用了申报纳税方式,只剩下特殊场合的酒税、作为行政制裁的加算税和过怠税等税种采用核定纳税的方式。加算税是指为了谋求申报纳税制度的稳定与发展,对未正确履行申报义务的情况课征的一种具有行政制裁性质的税,实际上是带有惩罚性质的附加税。根据课税条件的不同,可以分为虚减申报加算税、未申报加算税、未缴付加算税以及重加算税四类。过怠税也是附加税,基于《印花税法》第20条规定,在课税文档编制完成时应纳而未纳付印花税的情况下追征的税。

(二) 税务代理制度

日本是世界上最早实行税务代理制的国家,其依据《税理士法》建立的税务代理制——"税理士制度"也是世界上最为健全和完善的税务代理制度。根据《税理士法》的规定,日本税理士的业务范围主要有以下几项:税务代理(各种税金的申报、申请以及不服申诉)、税务文书起草和税务咨询。

为了保证税务代理业的健康发展,日本把规范税务代理人的行为看成最具关键意义的环节。因此,他们要求税理士必须是能站在独立、公正的立场上专门代理和帮助纳税人依法履行纳税义务的,具有法律、经济管理、会计核算等多方面知识的税务专家。《税理士法》第3条规定,只有下列人员才具备税理士资格:通过税理士资格考试并有相关工作经验两年以上者、在税务署工作达23年以上的国税部门职员、公认会计师以及律师。上述人员在日本税理士会联合会①备置的税理士名册上登记后成为税理士。税理士享有多种权利并负有多项义务,既独立于国家税务机关,也独立于被代理人,以协助纳税人谋求法律规定的有关租税纳税义务的适当实现为使命。可以说,税理士制度既能保证为纳税人提供专业服务,减轻税收负担,也有利于政府部门精简税务机构,直接降低成本,尤其是在推进公民依法纳税、政府以法治税这个层面贡献卓著。

(三) 税务调查制度

税务调查是日本征税工作中的重要环节,旨在纠正因自行申报引起的误报和漏报、打击虚假申报等犯罪行为、确保税收实现和纳税公平。

税务调查包括行政调查和刑事调查两种基本形式,调查方式分为随机调查和强制调查两种。随机调查是在取得纳税者同意的情况下对其提交的申报书、所附资料、财务报表等进行口头或书面的质问,而被质问者不得保持沉默或做虚假陈述;强制调查一般是针对有偷税漏税嫌疑者,在取得法院的许可后进行的现场检查、搜查或扣押,而被调查者对此类调查无抗拒权。税务调查主要针对三种情况,

---

① 日本对税理士进行管理和规范的机构共分为三个级别,最高层的税理士会联合会、中层的15个税理士会、基层的税理士分会。目前共有登记在册税理士75002人(截至2014年12月31日日本税理士会联合会的统计数字)。

一是对规模以上法人的经营、申报情况进行的常规性检查,是税务调查中最基本的形式。检查对象通常是依据国税综合管理系统中存储的法定信息、行业特性以及公司规模①来选定的。经过初步分析,对确定的调查对象接下来会开展深度不同的核查,包括信息送报及申报审核、审核审计处置和实地调查。主要调查公司的现金管理是否账实不符、盘点是否存在遗漏、票据是否齐全、经费是否存在伪造等方面。二是对大额滞纳税款情况的调查。这是滞纳处分中重要的一环,也是滞纳处分中财产扣押的前提。这种调查以随机调查为主强制调查为辅。三是对重大的、比较严重的偷税漏税案件进行的调查。以查明税收犯罪案件而进行的调查也叫做税收犯罪调查属刑事调查,主要由国税局的监察部负责。

关于调查结果有以下几种处理方式:确认纳税人申报无误的,会向其寄送"申报承认"通知;对申报内容的错误予以承认的纳税人,适于被推荐进行"修正申报",当然纳税人有权提请不服申诉;对纳税人申报有误却没有提出修正申报的,税务署长有权更改其申报内容,并向其送交"更正通知"或"决定通知",按期限追缴延滞税和加算税;对于偷税漏税性质严重,在证据确凿的情况下,可以移交检察机关,追究其刑事责任。

税务调查的最主要手段是实地调查,有时也会开展第三方调查(对其客户交易的调查)和银行调查(对其在开户银行中的资产及交易情况的调查)。根据国税厅报告(2014年版)显示,2011年度实地调查处理申报遗漏(所得额和课税价格)金额达20609亿日元,追缴税款3762亿日元,其中遗产税的申报遗漏课税金额为3993亿日元,追缴税额为757亿日元。②

---

① 由于税务人员人手有限,原则上对规模以下零售企业几乎不做调查。

② 参见日本国税厅网站:http://www.nta.go.jp/kohyo/katsudou/report/report.htm。

（四）权利救济制度

1. 订正申报制度

日本的申报纳税按时限标准可分为如期申报、过期申报和订正申报三种。如期申报是指以申报纳税方式纳付税金的纳税人，在法定申报期限前向税务机关提出纳税申报书的申报；过期申报指虽过了法定的提出期限但在课税处分之前提出纳税申报书的申报。这里只介绍第三种订正申报方式。日本的税法规定，纳税申报书一经提交不经过一定程序不得更改。《国税通则法》规定了两种相应的订正程序——更正申请和修正申报。更正申请是针对已提出的纳税申报书中所记载的税额，纳税人发现多报予以改正而适用的程序。原则上，该类申请的法定申报期限国税为 5 年，地方税为 1 年（特定情况为两个月）。申请的内容被认可后，多纳税金将予以退还。与此相反，纳税人在申报过程中少申报应纳税额需要补缴的，这时可以进行修正申报。根据《国税通则法》第 19 条第 1 款的规定，存在以下四种情况时，可以进行修正申报，一是已提出的纳税申报书中所载应纳税额中存在不足额的情况，二是已提出的纳税申报书中所记载的纯损失等方面的金额过大时，三是已提出的纳税申报书中所记载的相当于退还款的税额过大时，四是在已提出的纳税申报书中应该记载而遗漏的应纳税额存在时。

对不同税种，日本税法还有若干特别规定，如《遗产税法》就规定了提出如期申报或过期申报的纳税人，可就已确定的遗产税额为缴纳不足的情况提出修正申报书（《遗产税法》第 31 条）。此外，因修正报告的提出而产生的新应纳税额，还应追缴法定期限日的翌日至修正申报书提出日期间的延滞税。

2. 行政救济制度

日本在税务行政上给予纳税人的权利救济主要通过两个途径实现，即行政救济和司法救济。虽然日本法律对一般的行政不服案件普遍适用"选择复议"原则，即是指对属于法院受案范围的行政案件，在法律、法规没有明确规定必须经过复议的情况下,当事人对具体行政行为不服时,既可以先向上一级行政机关或者法律规定的特定机关申请复议,对复议决定不服,再向法院起诉,也可以不经复议直接向法院起诉。但在处理税务争议问题时,根据《国税通则法》的特别规定,纳税人对税务行政处罚不服的,原则上应先进行复议程序,对复议裁决不服的才可以提出税务诉讼,寻求司法途径解决争端,即诉诸司法救济。而且,日本对国税实行的是"二级复议"体制,即在一般情况下,应首先向税务署长进行"异议申诉",对相当于申诉回复的"异议决定"仍然不服的情况下,才可以向相关部门提出"审查请求"。日本有专门机构处理国税争议,那就是隶属于国税厅又相对独立的"国税不服审判所",其主要职责就是对纳税人提出的"审查请求"进行调查和审理,并作出裁决。2012 年该机构共处理"审查请求"6406 件,其中与课税相关的 6076 件,另外 330 件与征收相关。

而对地方税的课赋处分、征收处分存在不服的情况时,可以在知晓处分的翌日起 60 天以内,原则上与都道府县税相关税收,向都道府县知事进行"异议申诉",与市町村税相关的税收向市町村长进行"异议申诉",对相关的裁决仍然存在异议的可以在之后的 6 个月内提起诉讼。地方税中,关于对固定资产评估价格存在不服的,可以向各市町村设置的固定资产评估审查委员会提请不服审查,期限为从《固定资产征税台账》的价格公示日起至接到纳税通知书后的 60 日内。

三、日本税收中的滞纳处分或强制征收

纳税义务人在法定交纳期内未按规定完成税款缴纳的行为被称为税收滞纳。滞纳处分是指在发生税款滞纳的情况下,国家或地方税务机关进行督促后纳税人仍未完纳税款时,可以通过处理纳税人的财产,强制实现税收债权的一种行政上的强制执行。与国税相关的滞纳处分,其宗旨由《国税通则法》规定,具体的操作手续则由《国税征收法》规定。与地方税相关的滞纳处分由《地方税法》依税种分别规定,

但基本上是比照《国税征收法》的条款,所以在程序是类同的。

(一) 滞纳处分的程序

1.财产调查

财产调查与督促一样,被视为滞纳处分的先行程序。为了解滞纳处分对象有无可以以物抵税的财产及其抵税的程度,征收人员在施行扣押之前,对纳税人财产进行调查是十分必要的。财产调查归属于税务调查,调查方式也分为随机调查(提问与检查)和强制调查(搜查),需要注意的是提问、检查或搜查权限,是专门为执行滞纳处分而设置的方式,不得用于刑事搜查。

2.滞纳处分的程序

滞纳处分有狭义和广义之分,狭义滞纳处分指国家或地方税务机关直接通过扣押纳税人财产,以满足税收债权的程序;广义滞纳处分则在狭义的基础上增加了要求交付的规定,即国家或地方税务机关可以要求正在执行强制扣押的执行机关,用拍卖款交付滞纳人的税款,以满足税收债权的程序。

(二) 狭义滞纳处分

狭义滞纳处分由财产扣押、扣押财产的折抵、折抵资金的分配等一系列行政处分组成。滞纳人受到督促,在督促书发出之日起10日内仍未完纳税款时(在北海道此期限为20天),税务行政机关可以对其财产进行扣押。

1.扣押

扣押是禁止滞纳人对其财产进行处分的行为,属于滞纳处分的第一阶段。日本税法规定,扣押滞纳人财产有以下几点限制:首先,所扣押财产价值不得超过所欠税款与滞纳处分费之和,即禁止超额扣押。其次,扣押滞纳人财产时,如不妨碍滞纳处分的执行,必须努力做到不损害第三方的权益。如扣押的是第三方拥有典当权、抵押权、优先获取权、留置权或租赁权的财产时,第三方有权请求置换成对保护自己权利有利又能抵补全额税款的滞纳人的其他财产。最后,涉及继承的扣押,如果因被继承人的欠缴而扣押继承人的财产时,应先扣押继承财产。因被继承人的欠缴,继承人固有财产被扣押时,继承人在不损害第三方权益且能全额抵补税款的条件下,可以申请以继承财产置换。

作为扣押对象的财产还必须满足以下条件:必须是位于日本法律管辖范围内属于滞纳人本人所有的财产,必须能兑换成货币即有金钱价值,必须具有可转让性,必须是非禁止扣押的财产。日本的税法将禁止扣押财产又分为绝对禁止扣押财产和附加条件禁止扣押财产。禁止扣押财产包括关乎生计的衣物、寝具、可供 3 个月所需的食物以及燃料等;工资中需要扣除的最低生活费以及应付税金;依据社会保障制度所得的退休年金、老龄年金等;还包括对滞纳人具有特殊意义的祭祀用品、系谱、荣誉勋章等。附加条件禁止扣押财产是指滞纳人如能提供可置换的财产就不得扣押的财产,包括从事农业所必需的机械、种子、化肥等;从事渔业所必需的渔网、饵料、鱼苗等;事业和职业所必需的机械器具、原材料等。财产扣押的顺序为:动产及有价证券、债权、不动产、无形资产等。如果滞纳人结清了所欠税款,则与此有关的财产扣押当予以解除。

2. 扣押财产的折抵

将扣押财产兑换成现金的程序,被称为财产折抵。这是滞纳处分的第二阶段。折抵的方法包括公开出售(包括投标与竞拍)、协议合同出售和国家买入。为保证制度的公正性,税法对买受人做了限制,滞纳人无论采取直接或间接的途径,都不得购入正在折抵的自己的财产,税收人员也不得购入。

3. 折抵资金的分配

扣押财产折抵后,将出售款分别交纳税收及给付其他债权人,这在法律上称为分配。这是滞纳处分的最后阶段。分配的去向包括与扣押有关的税收,已提出交付要求的税收与租税公课,与扣押财产相关的典当权、抵押权、优先获取权、留置权以及担保债权,符合规定的损害赔偿请求权和与租赁相关的债权等。进行上述分配后仍有余额时,须将余额交给滞纳人。如果拍卖款项不足支付税收及其他债权总额时,要根据民法及其他法律规定的优先顺序进行分配。日本税法规定,滞纳处分中,税收债权与其他债权同时发生时,税收征收原则上应优于其他债权,这被称为税收债权的一般优先权。这是由于税收是满足公共需要的,具有很强的公益性。

(三) 广义滞纳处分

在狭义只能处分基础上增加要求支付的内容,要求支付也包括两个方面。

1. 狭义的要求交付

狭义的要求交付是指在滞纳人的财产已被执行强制折抵程序时,税务行政机关谋求从已执行程序转向滞纳税款交付的程序。税务署长意欲进行要求交付时,必须就滞纳款项向已进行强制折抵的执行机关(行政机关、法院、执行官和破产管理人)递交要求交付书,并通过交付要求通知书把情况告知滞纳人。不同于滞纳处分中的财产扣押、扣押财产的折抵与折抵资金的分配,要求交付程序本身并没有实现滞纳国税的强制征收,而是借助了其他执行机构的法定程序。它既避免了重复扣押的麻烦,又能满足税收债权。如果滞纳人拥有其他容易折抵、无损第三方权益且折抵后能抵补全部税款的财产时,税务机关不能进行要求交付。

2. 广义的要求交付

广义的要求交付在狭义的要求交付的基础上还包括参加扣押。欲参加扣押需满足以下条件:滞纳人的财产已因滞纳处分而被扣押;滞纳税款具备进行财产扣押的条件;滞纳处分所扣押的财产限于动产、有价证券、不动产、船舶、飞机、汽车、建筑机械、小型船舶、电话加入权。满足上述条件后即可以向先行进行滞纳处分的行政机关递交参加扣押书。税务行政机关进行参加扣押时还必须通知滞纳人、质权人、第三债务人（涉及电话加入权的），如果参加扣押的财产为不动产、船舶等时，还必须委托相关机构进行参加扣押的登记。

（四） 第二次纳税义务

在纳税义务人滞缴税款的情况下，当税务机关认定即使对其财产执行滞纳处分也不能足额缴纳应纳税款时，由与纳税人具有一定关系的主体代替其承担缴纳税款的义务。法律上将这种义务称为第二次纳税义务，将承担这一义务的人称为第二次纳税义务人。

1. 第二次纳税义务人

承担无限责任的公司职工对其公司的滞纳税金负有第二次纳税义务。通常是指在"合名公司"或"合资公司"工作的正式员工，区别在于，"合资公司"的正式员工对公司债务的负担以个人的出资比例为最大限额，而"合名公司"没有这个上限。

法人解散时的清算人等。公司解散对出资人进行剩余财产分配时，清算人和接受剩余财产分配的出资人，对公司滞纳的税款负有第二次纳税义务，但该义务的承担仅以其接受分配或转让财产的份额为限。

其他的义务人还包括同族公司、共同事业者、事业受让人、无法人资格的社团等。

2. 法律要件

第二次纳税义务制度是大陆法系国家税法中关于纳税义务特有的制度。日本的《国税通则法》第 32 条和《地方税法》第 11 条对第二次纳税义务做了详细的规定，其征收程序遵循税收征管法律的规定。国家或地方团体准备向第二次纳税义务人征收应由原纳税义务人负担的税款时，必须向其发出缴纳通知书。如果第二次纳税义务人在规定的缴付期内未尽纳税义务，经催缴通知（相当于督促）后仍未缴纳的，税务机关可以在对原纳税人的财产进行滞纳处分的同时对第二纳税义务人的财产采取强制执行措施。而第二纳税义务人就其缴纳或被征收的税金,可向原纳税义务人行使求偿权。[1]

日本税法对第二次纳税义务的规定弥补了第一次纳税义务的不足,能更好地保障国家税收的实现。

第二节　日本财产税的征管模式

税收征管有狭义和广义之分,狭义的税收征管是指国家或地方税务机关要求纳税人履行确定的纳税义务,而广义的征收征管是在狭义的基础上,还包括纳税人、应纳税额等征收前提的确定以及课税处分。由于上一节已详细介绍了滞纳处分的相关规定,本部分的"征收"虽采用的广义上的概念,但不会再细述课税处分部分的内容。鉴于日本的财产税分布在国税和地方税两个层面,遵从不同的法律体系,由不同的机构征管,形成了不同的征管模式。

一、国税中财产税的征管模式

(一)纳税义务的确定

国家对国民的租税给付请求权发生之时意味着纳税义务的成立。表8-1比较详细地介绍了国税中财产税各税种纳税义务确定的相关要件。关于遗产税、赠与税和地价税的课税标准与税率等内容,前面的章节已做了介绍,此处增加了其他税种(如登记许可税、印花税)与纳税义务相关的内容,重点总结了各税种在纳税义务成立时间、法定申报期限与法定缴付期限上的规定。这里需要补充说明的是应纳税额的确定。在前面的"申报纳税制度"中已经介绍过,除自动确定的税收外,应纳税额的确定还因适用申报纳税方式还是核定征收方式的不同而不同。财产税中,属于自动确定方式的国税

---

① ［日］金子宏:《日本税法原理》,刘多田等译,中国财政经济出版社1989年版,第101页。

是登记许可税;属申报纳税方式的是遗产税、赠与税和地价税。印花税的课征方式最为复杂,依《印花税法》第11、12条规定的情形应遵循申报纳税方式;依《印花税法》第20条规定,其"过怠税"申报遵循核定征收方式;根据《国税通则法》第3条第4款规定,其余的印花税遵循自动确定方式(可参考表8-2)。

表8-1　财产税(国税)纳税义务相关内容一览表

分类	财产税类别	纳税义务人	课税标准	税率	纳税义务成立时间	法定申报期限	法定缴付期限
直接税	遗产税	继承人或受遗人	课税价格(继承财产的合计额)	10%—55%的八档超额累进税率	因继承或遗赠取得财产时	知晓继承之日的翌日起10个月内	同左,详见《遗产税法》第33条及27条第1款
	赠与税	受赠人	课税价格(一个公历年度受赠财产价额的合计)	10%—55%的八档超额累进税率	因赠与取得财产时	翌年2月1日至3月15日	同左,详见《遗产税法》第33条及28条第1款
	登记许可税	登记人或登录人	详见《登记许可证税法》附表一	详见《登记许可证法》附表一	登记、登录时	—	登记、登录时
	地价税	保有土地(含借地权和地上权)的个人或法人	课税价格(课税时保有土地价额的合计)	0.3%(1992年为0.2%)	当年的1月1日	当年的10月1日至10月31日	当年的10月31日交二分之一,余额截至翌年的3月31日
间接税	印花税	课税文档的编制完成人	详见《印花税法》附录一	因课税文档而异的分级定额制	课税文档编制完成时	因课税文档的不同而异,详见《印花税法》第11、12条	同左,详见《印花税法》第11、12条

注:a. 地价税已于1998年废止。
　　b. 此表未包含废止于1999年、原属财产税的有价证券交易税及交易所税。
资料来源:依各实体税法整理而成。

表8-2　财产税(国税部分)税额确定及缴付手续一览表

税种	分类	税额确定方式	税额确定程序	缴付手续	
遗产税、赠与税、地价税、印花税(《印花税法》第11、12条所规定的部分)	主税	申报纳税方式	纳税申报更正决定	除缴纳相当于税额的现金,还要同时提交缴纳书	
	加算税	核定征收方式	核定决定	除缴纳相当于税额的现金,还要同时提交缴纳书	
印花税(限于《印花税法》第20条规定部分)	过怠税	核定征收方式	核定决定(课税标准申报书所载项正确时为纳税告知)	除缴纳相当于税额的现金,还要同时提交纳税告知书	
印花税(适用《印花税法》第11、12、20条规定以外情形)	主税(无加算税)	自动确定	无	贴付印花缴纳税款;《印花税法》第9、10条所规定情形适用缴纳书方式	
登记许可税				除缴纳相当于税额的现金,还要同时提交缴纳书;税额小于(含)30000日元的情况,可以贴付印花缴纳	忘记贴印花会有纳税告知书送达,此种情况,以现金缴纳,还要同时提交告知书

注:主税是指各税种法定期限内应申报、缴纳的税额,是计算延滞税、加算税、过怠税等附加税的基础。

资料来源:根据各税法整理而成。

　　此外,还存在纳税义务的承继问题。在继承、法人合并以及与信托有关的受托者变更等情况下,被继承人、被合并法人以及旧受托者的缴付义务,与一般私法上的金钱债务一样,由继承人、合并法人以及新受托者承继。

(二) 财产税的缴付

　　国税的缴付方式可以分为两种,这和前面所提及的应纳税额的确定方式也是息息相关的。核定征收方式的国税,在接到纳税的通知后方才缴付税款。而申报纳税方式的国税以及自动确定的国税,原则上必须自主缴纳,国税中的财产税也遵循这些原则。财产税的缴付期限可以分为两种,法定缴付期限和具体的缴付期限。前者是指,与国税相关法律规定的财产税本来应缴付的期限,也是作为纳税义务的消灭时效和延滞税的计算期间,各自确定起算日的基准日。后者是指已确定应缴税额的财产税,实际上应缴付的期限。这个期限对纳税者而言是被赋予的权利,原则上是不许被剥夺的。但是如果到了期限仍然没有交纳税款的话,将被执行由督促到滞纳处分等强制征收手续。所以,这个期限不仅是应履行纳税义务的期限,也是在债务不履行情况下送出督促状的基准日。由图 8-1 我们不难看出,除了申报纳税方式中的如期申报和自动确定方式中的自主缴付部分适用法定的缴付期限外,财产税的缴付均适用具体的缴付期限。

此外,不同税种的财产税在缴付手续上也有所不同(详见表 8-2)。在纳付方法上有现金缴纳、有价证券缴纳、印花缴纳和实物缴纳四种。现金缴纳是纳税的基本方法,原则上须用以日元为单位的通用货币缴纳。依据《国税通则法》的规定,作为现金的替代,可使用支票或国债证券的息票这两种有价证券来纳税,但支票必须是凭票即付支票或记名式凭票即付支票,而国债证券的息票必须是无记名式且到支付期的。第三种是印花缴纳方式。财产税中可以使用这种方式的只有登记许可税(税额 30000 日元以下)和部分印花税。最后一种是实物缴纳,这是一种以物抵税的方式,目前在日本只有征税对象是遗产税,并且满足下列条件时才被允许,一是即使延期依然难以用现金缴付税款,二是须经税务署长的许可,三是继承财产为指定财产,包括国债和地方债,不动产及船舶,公司债券、股票以及证券投资信托或贷款信托的受益证券,动产这几类。

纳税义务人可以在日本银行的总部、分支机构、代理店,税务代

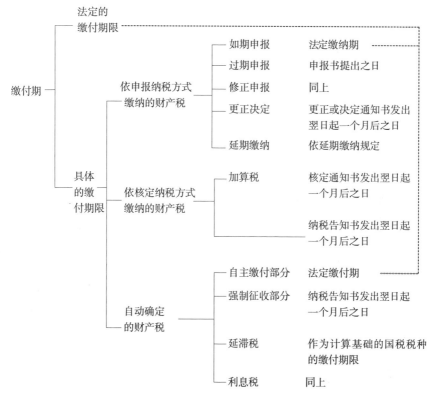

图 8-1　财产税的法定缴付期和具体缴付期

注:延期缴纳是为给纳税义务人预留纳税资金的筹备时间而设立的制度。

资料来源:根据《国税征收法》相关资料整理而成。

理店缴纳税金,或直接向负责国税征收的税务部门缴纳。而缴付方式除表 8-2 中给出的以现金等形式缴纳税款同时提交缴纳书或纳税告知书这两种形式外,还可以通过银行转账或利用网上的 e-Tax 系统电子纳税。

（三）财产税的征收

狭义上的国税征收是指依据纳税告知等要求纳税人缴付已确定税款所需的一系列手续,而广义的征收还包括课税处分等手续,具体包括缴付的请求和滞纳处分。依据《国税通则法》确定的缴付请求包括纳税的告知、督促以及提前征收,而滞纳处分是依据《国税征收法》确定的。本小节主要阐述狭义上的财产税征收,为保证内容的系统性,其他国税征收的相关内容也一并介绍。有关滞纳处分的内容,因其是广义征收上的一个相当重要的环节,已在本章第一节详细论述。

1. 纳税告知

纳税告知是指由税务署长对纳税人送达法定格式的纳税告知书的行为。该告知书通常指定应缴税额、缴纳期限和场所等事项。需要进行纳税告知的包括以下几类情况:核定征收方式的国税①;在法定期限内没有缴纳的源泉征收的国税;在法定期限内没有缴纳的汽车重量税和登记许可税。对需递交《课税标准申告书》的核定征收方式的国税而言,纳税告知书具有确定税额的效力。有时,纳税告知书还有"提前请求"的效果。对于被纳税告知的国税,有中断其征收权消灭时效的效力。

2. 督促

督促是针对国税缴付期已到却没有完全缴付的情况进行的程序。但有些紧急保全国税债权的情况(如提前请求、提前保全扣押或保全扣押等)是不需要督促的,与国税相关法律规定的既定事实下需立即征收的国税也不需要督促。督促需经督促书的送达才能生效,口头上的督促没有法律效力。原则上,督促书要在法定缴付期满后的50日内发出。国税的延滞税和利息税的督促要与主税同时进行。

督促本来是作为缴付的催告进行的,但其不仅仅有催促的效果,同时还可以作为扣押的前提条件,并具有中断征收权消灭时效的效果。不经过督促的滞纳处分是违法的,从滞纳者方面而言,没有收到

---

① 申报纳税方式的国税的加算税不包括在内。

督促书就可以不接受扣押处分。

3. 提前征收

依民法规定,缴纳期限对于纳税人而言是其权益,原则上税务署长是不能剥夺这个权益的。但是,当税务署长认定待到缴纳期限届满征收将难以进行时,为了确保国税债权,可以例外地剥夺纳税人的此项权益,在缴纳期届满前征收税款,这项制度被称之为提前征收。

根据《国税通则法》的规定,提前征收又可以分为提前请求和提前保全扣押。当发生下列情况(提前请求客观条件),诸如纳税人死亡而继承人为限定继承、法人纳税者解散、纳税人企图通过不正当手段少纳或不纳税款时,税务署长认定缴付期内已确定税额无法完全缴纳的,拥有提前征收期限,请求其履行缴付的权限,此被称为提前请求。而提前保全扣押是指提前请求的客观条件发生时,税务署长为了确保税款征收,可以先决定应纳税额,然后命令税务职员扣押能与该应纳税额相抵的财产,此种做法被称为提前保全扣押。

二、地方税中财产税的征管模式

上文中对国税中财产税的征收做了比较详尽的论述,而地方税中财产税的征收与之具有一定的相似性,也有一定的差异性,这里主要从差异性的角度分析地方税中财产税征收的特点,主要包括纳税义务的确定、财产税的普通征收和固定资产税的征收三个方面。

(一) 纳税义务

地方税的纳税义务,在与地方税相关法律规定的课税条件得以满足的情况下,其成立无须任何手续。而纳税义务一旦成立,基于课税标准完成相应计算等纳税申报的确定手续,就可以确定应纳税额。而应纳税额的确定意味着缴付和征收程序的开始。不同于国税征收有众多法律、法规的保障,地方税征收的主要法律依据只有《地方税法》一部,其在"总则"之后依税种对课税标准、税率、征收、罚则等做了详细的规定。表8-3给出了地方税中财产税相应税种征税设计

的一些基本规定。可以看出,除事业所税外,其他税种的课税客体多
与土地、房屋等不动产相关。与国税中财产税不同的是,地方税中的
财产税不全是普通税,事业所税和城市规划税归属于目的税。此外,
在税率方面地方税中的财产税基本为单一的固定税率。

表8-3 财产税(地方税部分)征税基本设计一览表

分类	税种	纳税义务人	课税客体	课税标准	税率
都道府县税	不动产取得税(间接税、普通税)	不动产取得者	不动产(土地或房屋)	取得不动产的价格	4%(住宅及土地在2006年4月1日至2015年3月31日期间为3%)
	固定资产税(特例)(直接税、普通税)	大额折旧资产的所有者	大额折旧资产	超过市町村固定资产课税标准额度的金额	1.4%
市町村税	固定资产税(直接税、普通税)	固定资产所有者	固定资产(土地、房屋、折旧资产)	评估价格(土地及房屋每3年重新评估一次)	1.4%
	特别土地保有税(直接税、普通税)	土地保有者或取得者	土地的保有或取得	土地的取得价额	对土地保有者课税1.4%
					对土地取得者课税3%
	事业所税(直接税、目的税)	个人或法人	事业	资产标准(依据事业所的使用面积)	对每平方米课税600日元
				职工标准(依据从业者工资总额)	0.25%
	城市规划税(直接税、目的税)	市区土地或房屋所有者	土地或房屋	评估价格(同固定资产税)	0.3%(限制税率)

资料来源:根据《地方税法》整理而成。

在继承问题上,地方税法涉及的范围要更加广泛,除上文提及的
《国税通则法》规定的课税义务承继外,还包括因市町村的废置分合、

分界线变更以及都道府县的分界线变革产生的课税权的承继问题。

此外,《地方税法》还规定了连带纳税义务。依照规定,地方团体对共有物、共同使用物、共同事业、共同事业衍生物件以及共同行为课征的税款,作为特别征收义务人的共有人、共同使用人、共同事业人以及共同行为人负有连带纳税义务。

(二) 地方税中财产税征收

典型的地方税征收方法主要有两种,分别是普通征收和特别征收。普通征收是指征税官员(主要是地方公共团体的负责人),依据法律和条例规定的方法,确定应缴税额,并将记载有税额、缴付期、缴付场所等事项的纳税通知书交付给纳税人,并借此来征收地方税的方法。而特别征收不是纳税人直接支付,而是由发放纳税人工资或年金等的机构扣缴税金的方式,类似于国税中的源泉征收方式。地方税中财产税的征收一般采用普通征收的方法,如不动产取得税、市町村税中的固定资产税以及城市规划税等。

《地方税法》对于督促的规定虽然是根据税种制定的,但内容趋同。无论是固定资产税、不动产取得税、特别土地保有税还是事业所税,都要求税务官员在地方团体的征收金①缴付期内未完全缴纳的情况下,缴付期满后 20 天内必须寄出督促书。城市规划税部分虽然没有明确规定,但有以固定资产税为例的表述。

关于纳税的告知和提前征收的规定,可以参考国税中财产税征收部分的相关内容。

(三) 固定资产税的征收

地方税中财产税的征收也是因税种而定,如表 8-4 所列,比较复杂。其中固定资产税的征收是其重点。不仅因为固定资产税与居

---

① 包括地方税以及相应的督促手续费、延滞金、虚减申报加算金、未申报加算金、重加算金和滞纳处分费等。

民税同为地方政府的主要财源,而且固定资产的评估、登记也是征收不动产取得税、特别土地保有税以及城市规划税的基础。下面重点介绍一下普通固定资产税(不含特例)的征收。

表8-4 财产税(地方税部分)征收相关规定一览表

分类	税种	申报/征收	课赋日	缴付期	备注
都道府县税	不动产取得税	依相关都道府县的条例报告;普通征收	规定期限内	依相关都道府县的条例而定	纳税通知须在缴付期届满十日前送达纳税人
	固定资产税(特例)	核定征收方式	每年1月1日		大额折旧资产的确定一般由道府县知事来完成
市町村税	固定资产税	核定征收方式;普通征收	每年1月1日	当年4月、7月、12月以及翌年2月;由所属市町村的条例决定,允许特例存在	纳税通知一般应在缴付期届满十日前送达纳税人
	特别土地保有税	申报纳税方式	每年1月1日(保有部分)	申报同时缴付。当年1月1日保有的5月31日前申报;上一年1月1日至12月31日取得的2月末前申报;上年7月1日至本年6月30日取得的8月31日前申报	有关更正、决定条款与国税中相应部分类同;因更正或决定而发生的应纳税额在接到通知后一个月内必须缴纳
	事业所税	申报纳税方式		申报同时缴付。法人:事业年度结束后的两个月内;个人:翌年3月15日	个人申报中,如果出现中途停业,要在停业一个月内;纳税义务人死亡的要在四个月内完成申报
	城市规划税	普通征收	每年1月1日	当年4月、7月、12月以及翌年2月;由所属市町村的条例决定,允许特例存在	该税的课赋征收可参照固定资产税,通常与固定资产税一起征收

注:特别土地保有税已于2003年废止。

资料来源:根据《地方税法》相关内容整理。

　　根据《地方税法》第 5 条第 2 款的规定,固定资产税的课税主体为相应固定资产所在的市町村。不过,在东京特别区(23 个市区),固定资产税由东京都(而非各个区)来完成(依据《地方税法》第 734 条的规定)。固定资产税的纳税义务人是指在赋税课征日时点固定资产的所有者。此外,对于以质权或有百年以上存续期地上权为目的的土地,其质权者或地上权者也是纳税义务人。固定资产税课赋日为每年的 1 月 1 日。此后一年内即便因交易所有权发生转移,课赋日登记的所有者也要负责当年 4 月 1 日起一年份额的固定资产税的缴付。

　　征收固定资产税遵循的是"台账征收主义",即按地方税法规定以《固定资产征税台账》上登记的内容为依据进行征税,征收基准也以台账上登记的价格为准。其征收涉及中央、都道府县、市町村三级管理系统,在征收过程中各级系统各司其职。中央和都道府县主要负责评估标准的制定以及评估员的培训等事务(相关内容详见第七章)。具体征收由市町村负责。纳税依据为市町村寄出的纳税通知书,市町村最迟也须在缴付期届满十日前将纳税通知书送达纳税义务人。缴付期原则上一年周期内有四次,分别是当年的 4 月、7 月、12 月以及次年的 2 月,这由市町村的条例来决定。当然,若有特别的理由,是可以重新确定缴付期的(《地方税法》第 362 条第 1 项)。

　　此外,固定资产税的征收还包含一些特例(减免政策)。如根据地方税法第 351 条规定,除财政上的特殊需要或条例上有规定外,不得对征税标准额度不足 30 万元的土地、不足 20 万元的房屋以及不足 150 万元的折旧资产征收固定资产税。

第三节　日本财产税征收及其效率

　　健全的征管制度体系是租税征收的保障,而实际的征收状况是检验征管制度效力的最重要标准。本节首先在揭示日本租税征收总体状况的基础上,通过对中央和地方两级政府租税收入调整措施,明确了中央和地方财政收支的变化轨迹;其次,通过不同层次征收率的分析,发现了税收及财产税的征收效率的差异;最后,通过对固定资产税征收效率和过征收问题的分析,发现了固定资产税征收效率低下的原因。

一、日本的租税征收及其调整措施

在分析日本财产税的具体征收状况之前,我们需要从宏观层面整体把握日本的租税征收概况及中央和地方政府财政收入构成。

(一) 总体税收现状及税收结构

1965 年到 2013 年日本的租税总收入规模增加了近 16 倍,税收的峰值出现在 20 世纪 90 年代,1990 年税收总额达到了 96.2 万亿日元,之后有明显的回落,详见图 8-2。这是因为在 1991 年泡沫经济破裂后,日本的经济形势持续低迷,经历着"失去的 10 年"或"失去的 20 年",严重影响了税收收入的增长。下面从两个方面分析日本的税收结构。

首先从征管主体来看,各级政府的征税范围错位分布。依照表 8-5 所列 2011 年度的决算额可以看出,国税中所得课税、消费课税和财产课税的构成比为 52 : 42 : 6,其主要税种为所得课税中的个人所得税和法人所得税以及消费课税中的消费税。三者中最少的法人税征收额为 9.4 万亿日元,占比 21.6%,而资产课税中征税最多的遗产税征收额为 1.5 万亿日元,仅占国税总额的 3.4%。地方税中三种课税的构成比为 50 : 19 : 31,其中道府县税的构成比为 61 : 37 : 2,市町村税构成比为 43 : 5 : 52。这也意味着各级政府税收征管范围是错位分布的。中央政府税收主要依靠数额巨大、易于征收的所得税和消费税,都道府县一级的地方政府倚重的是事业税和相应级别的居民税,而对于市町村级别的政府,其主要的税收来源为固定资产税和相应级别的居民税。地方税中最主要的税种为居民税和固定资产税,两者占地方税收总额的比例分别为 39.2% 和 25.2%。

表 8-5　2011 年度日本国税、地方税主要税种的税收概况

(单位:万亿日元)

		所得课税		消费课税		财产课税		合计	
国税		所得税	(13.5)	消费税	(10.2)	遗产税	(1.5)		
		法人税	(9.4)	挥发油税	(2.6)	其他			
				酒税	(1.4)				
				香烟税	(1.0)				
				汽车重量税	(0.4)				
				石油天然气税	(0.0)				
		个人(30.9%)	法人(21.4%)	其他					
		52.3%	(22.8)	41.9%	(18.3)	5.8%	(2.5)	100.0%	(43.6)
地方税	道府县税	法人事业税	(3.8)	地方消费税	(2.6)	不动产取得税	(0.3)		
		个人道府县民税	(4.5)	汽车税	(1.6)				
		法人道府县民税	(0.8)	轻油交易税	(0.9)				
		道府县税利息分成	(0.1)	汽车购置税	(0.2)				
		个人事业税	(0.2)	道府县香烟税	(0.3)				
		个人(31.2%)	法人(29.9%)	其他					
		61.1%	(9.4)	36.5%	(5.6)	2.4%	(0.4)	100.0%	(15.3)
	市町村税	个人市町村民税	(6.7)	市町村香烟税	(0.9)	固定资产税	(9.0)		
		法人市町村民税	(2.0)	小排量汽车和摩托车税	(0.2)	城市规划税	(1.3)		
				其他		特别土地保有税	(0.0)		
						事业所税	(0.3)		
		个人(32.8%)	法人(9.8%)	其他					
		42.7%	(8.7)	5.4%	(1.1)	51.9%	(10.6)	100.0%	(20.4)
		50.6%	(18.1)	18.7%	(6.7)	30.7%	(10.9)	100.0%	(35.7)
合计		51.6%	(40.9)	31.5%	(25.0)	17.0%	(13.5)	100.0%	(79.3)

注:a. 国税中不含地方法人特别税,地方税中含有地方法人特别让与税。

　　b. 加下画线的税种以外的地方税税种其课税标准参照国税或与国税类似。

　　c. 由于四舍五入,存在各相关项之和不等于 100% 的情况。

资料来源:见日本总务省官方网站:http://www.soumu.go.jp/main_sosiki/jichi_zeisei/czaisei/czaisei_
　　seido/ichiran02.html。

其次,从课税种类来看,不同税种的国税地方税结构存在差异。表8-6显示,国税与地方税额在2011年的租税总额中的比例为55:45,所得课税中国税与地方税的结构基本相同,为56:44。而在消费课税中,国税占比高达73.2%,地方税占比为26.8%,其中归市町村征收的部分仅占4.4%。在财产课税中,国税所占比例为18.7%,地方税比例高达81.3%,其中绝大部分(78.5%)为市町村征收,这可以证实财产税是地方政府的主要税收来源。

表8-6 2011年度日本不同税收种类的国税、地方税税收比例

(单位:%)

		所得课税	消费课税	财产课税	合计
国税		55.8	73.2	18.7	55.0
地方税	道府县税	22.9	22.4	2.8	19.3
	市町村税	21.3	4.4	78.5	25.7
		44.2	26.8	81.3	45.0
合计		100	100	100	100

资料来源:依据表8-5整理而成。

在租税整体收入上,2011年的决算额为79.3万亿日元,按照所得课税、消费课税及财产课税这三种方式的比例为52:31:17(见表8-5),这与1950年的52:37:11和1989年的66:19:15相比[①],也可以证实第一章所得出的结论,即所得税的比重经历了先升后降的过程,税收结构依然是所得税为主;消费税的比重则呈现先降后升的趋势,位居第二位;财产课税有稳步上升的趋势。

(二) 租税调整与地方财政收支变化

中央与地方的租税调整是日本财税制度中的重要内容,正像第一章分析的那样,日本的中央和地方政府的租税调整经历了长期的

---

① 宋山:《日本税收现状》,《日本问题研究》1994年第2期,第53页。

探索过程。从效果来看,根据事权与财权统一原则进行的租税调整,极大地改变了中央政府和地方政府的财政收支状况。

1. 中央和地方租税收入调整措施

事权、财权统一是每一级政府正常运行的前提。在日本,中央财政负责中央政府一般行政费用、全国性公共事业、地区和社会各阶层的收入分配、科研和教育协调、国土开发等方面的支出。地方财政支出的范围是教育、基础设施建设、社会福利、保健卫生费用等。

如前所述,在日本的税收结构中,由于税收权限划分上实行的是中央集权制,国税一直以来都在租税比重中占有优势。在1965年,国税占租税总额的比重为67.9%,是地方税收入的两倍还多。之后国税占比出现减少趋势,在2010年国税与地方税之比降到了历史最低点的56∶44,但国税仍占据半壁以上江山。

为平衡地方政府的税收收入与事权之间的关系,日本政府一直采取措施调整中央与地方政府的财政收入规模。主要通过三个途径加以实现。一是1954年出台的地方交付税制度。地方交付税是不指定用途的一般补助金,通常基于各公共团体的基准财政需求额和基准财政收入来计算财源的不足部分,而交付税的征收就是为了补足这一差额。地方交付税的94%被分配给那些财源不足的地方政府,其余6%作为机动份额,以备在某些地方政府遇到意外事故或特殊情况时使用。

二是1954年成立的地方让与税制度。这是将作为国税征收的某些特定税种的收入,实行单项分成,按照一定的客观标准退还给地方公共团体。最早实行让与的税种包括以下五个,即地方汽油让与税(全额)(含地方道路让与税)、石油天然气让与税(1/2)、汽车载重让与税(1/3)、航空燃料让与税(2/13)和特别吨位让与税(全额)。2008年增加了地方法人特别让与税,是将地方法人特别税的全额让与都道府县,成为地方让与税中规模最大的一项。如根据

2013 年的地方让与税统计数字,地方汽油让与税为 2746 亿日元,石油天然气让与税为 104 亿日元,汽车载重让与税为 2641 亿日元,航空燃料让与税为 149 亿日元,特别吨位让与税为 125 亿日元,地方法人让与税为 19803 亿日元。①

三是国库支出金,即国家向地方公共团体支付的以促进特定事业为目的的资金,包括国库补助金、国库负担金和委托金等。国库补助金是中央为支持和鼓励地方政府兴办的活动而给予的补助。国库负担金是在中央与地方共同承担的事务中,由地方具体负责,中央按照自己的份额拨给地方政府的经费。国库委托金是本应由中央政府承担的项目,但因发生在地方而委托地方承办的事务,由中央负担全部费用。

2. 租税收入调整与国税地方税比例的变化

图 8-2 描绘出了租税总额、调整前后的中央地方税收占比情况的变化轨迹。1965 年的租税总额为 4.8 万亿日元,未调整前国税地方税的比重为 68∶32,调整后为 52∶48。经过调整,两种税收比例在 20 世纪 70 年代完成了逆转,地方税的比重逐渐增加,并超过了国税比重,如 1970 年调整前的国税地方税比基本与 1965 年相同,但调整后两者比例接近达到 51∶49,1975 年调整后的比例为 48∶52。这主要是因为 20 世纪 70 年代两次石油危机后的经济增长速度下滑和社会福利开支的扩大,日本地方政府逐渐陷入"赤字财政"的旋涡,因而日本中央政府加强了税收调整力度,特别是扩大了地方支付税占地方财政收入的比重;同时受到"里根经济学"的影响,日本税收政策日益强调税收中性和横向公平。20 世纪 70 年代以后,这一趋势得以保持并有所增强,2010 年调整后的国税地方税比值为 39.6∶60.4,二者差距达到最大,之后有所缩小,2013 年为 41.3∶58.7。

---

① 参见日本总务省网页:http://www. soumu. go. jp/main _ content/000308553. pdf # search=%E5%9C%B0%E6%96%B9%E8%AD%B2%E4%B8%8E%E7%A8%8E。

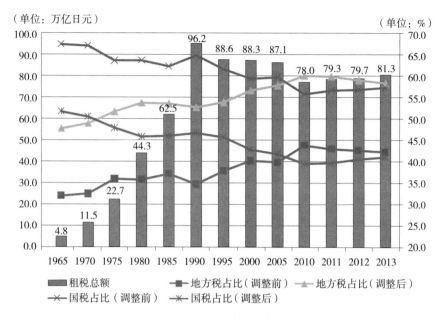

（单位：万亿日元）

（单位：%）

图8-2　日本的租税调整变化轨迹

注：a. 国税和地方税截至2011年的数字为决算额，余下年度为预算或预测值；

　　b. 调整意味着以地方交付税（处理后）和地方让与税的形式将国税中部分分配给地方税；

　　c. 租税总额的数值参看左坐标轴，其余为右坐标轴。

资料来源：总务省官方网站数据经笔者处理（见 http://www.soumu.go.jp/main_sosiki/jichi_zeisei/
czaisei/czaisei_seido/ichiran02.html）。

3. 租税收入调整后的地方财政收支结构

地方财政收入可以分为一般财源和特定财源两大部分。一般财源通常指地方税、地方交付税、地方让与税以及地方特例交付金（创设于1999年，其目的是降低永久减税对地方税收入的影响，在税收制度彻底改革之前将一直征收）的合计，也被称为标准财政规模。特定财源则包括地方债、国（县）库支出金以及其他特定财源。表8-7给出了1950年以后日本地方财政收入的构成变动。我们可以从中看到几个特点，首先是一般财源一直是地方财政的重要支撑，从1950年到2012年其比重一直在50%以上，而一般财源中的主角是地方税，占比均在30%以上，1990年更是达到了40%；其次，税收调

255

整是中央支持地方财政的主要形式,以地方交付税为主的财政补助近年来占地方财政收入的比重一直在 20% 以上;最后,特定财源方面,国库支出金比重有明显的下降,而地方债的比重则略有上升。国库支出金比重下降的原因主要有两方面,一是由于国家对公共投资的抑制,使得国库支出金中有关普通建设事业费的支出下降明显;二是由于"三位一体"改革,国库支出金中义务教育负担费支出比例相应下降。而国库支出金的减少,地方政府为了维持财政开支的稳定,增加了地方债的发行。

表 8-7　地方财政收入构成变化一览表　　　　　(单位:%)

年度	地方财政收入总额:5.45 万亿日元					
1950	一般财源(54.5)			国库支出金	地方债	其他
	地方税	地方让与税	地方交付税			
	34.6		19.9	23.2	6.0	16.3
1960	地方财政收入总额:1.12 万亿日元					
	一般财源(50.1)			国库支出金	地方债	其他
	地方税	地方让与税	地方交付税			
	33.9	2.0	14.2	24.9	8.6	16.4
1970	地方财政收入总额:1.01 万亿日元					
	一般财源(56.0)			国库支出金	地方债	其他
	地方税	地方让与税	地方交付税			
	37.1	1.1	17.8	20.6	6.4	17.0
1980	地方财政收入总额:4.68 万亿日元					
	一般财源(54.7)			国库支出金	地方债	其他
	地方税	地方让与税	地方交付税			
	34.0	0.9	19.8	25.6	10.1	9.6
1990	地方财政收入总额:8.14 万亿日元					
	一般财源(61.5)			国库支出金	地方债	其他
	地方税	地方让与税	地方交付税			
	41.6	2.1	17.8	13.3	7.8	17.4

续表

2000	地方财政收入总额:10.03 万亿日元						
	一般财源(58.6)				国库支出金	地方债	其他
	地方税	地方让与税	地方交付税	地方特例交付金			
	35.4	0.6	21.7	0.9	14.3	11.1	16.0

2005	地方财政收入总额:9.29 万亿日元						
	一般财源(59.2)				国库支出金	地方债	其他
	地方税	地方让与税	地方交付税	地方特例交付金			
	37.4	2.0	18.2	1.6	12.7	11.2	16.9

2010	地方财政收入总额:9.75 万亿日元						
	一般财源(55.3)				国库支出金	地方债	其他
	地方税	地方让与税	地方交付税	地方特例交付金			
	35.2	2.1	17.6	0.4	14.6	13.3	16.8

2012	地方财政收入总额:9.98 万亿日元						
	一般财源(55.2)				国库支出金	地方债	其他
	地方税	地方让与税	地方交付税	地方特例缴付金			
	34.5	20.7			15.5	12.4	16.9

注:各年度均为一般会计标准的决算额。

资料来源:根据总务省《地方财政白书》各年版整理。

　　从地方支出来看,日本中央对地方的财政分配力度远高于大多数 OECD 国家。表 8-8 显示了调整前的中央地方支出情况、双向税收调整和调整后的中央地方支出情况。2012 年日本中央政府年度财政支出额高达 1044969 亿日元,地方政府年度财政支出额为 964186 亿日元。这是调整前基于一般会计基准的统计数据,在完成相应的国家对地方的支付以及地方对国家支付的扣除后,国家年度财政支出纯计额为 68.3 万亿日元,地方的相应数值为 954878 亿日元,两者的比例为 41.7∶58.3。事实上,从 20 世纪 80 年代以来,国

家与地方的年度财政支出纯计额一直保持着 2∶3 的比例。① 2011
年,相对于 58.4% 的地方财政支出比例,日本税收的地方税占比为
43%,两者比值为 0.74,和其他 OECD 国家 0.55(平均地方支出比例
38%,地方税收比例 21%)的平均水平相比②,日本中央政府对地方
政府超大力度的税收调整可见一斑。

表 8-8　地方财政与国家财政的支出比较(纯计基准)

(单位:亿日元,%)

年度	财政支出总额		国家对地方的支出	地方对国家的支出	财政支出纯计额					
	国家	地方			国家	国家占比	地方	地方占比	合计
1941	81	31	11	0	70	69.3	31	30.7	101
1961	21645	23911	10279	381	11366	24.6	34896	75.4	46262
1995	864795	989445	331680	14952	533115	35.4	974493	64.6	1507608
2000	1007263	976164	377649	15467	629614	39.6	960697	60.4	1590311
2005	934347	906973	322145	12731	612202	40.6	894242	59.4	1506444
2006	909468	892106	310705	12749	598763	40.5	879357	59.5	1478120
2007	879327	891476	265771	12657	613556	41.1	878819	58.9	1492375
2008	902859	896915	283130	11854	619729	41.2	885061	58.8	1504790
2009	1056981	961064	344179	12836	712802	42.9	948228	57.1	1661030
2010	1001107	947750	339511	8507	661596	41.3	939243	58.7	1600839
2011	1058330	970026	373166	7698	685164	41.6	962328	58.4	1647492
2012	1044969	964186	362159	9308	682810	41.7	954878	58.3	1637688

注:a.“国家对地方的支出”为地方交付税(包括从前的地方分与税、地方财政平衡交付金等)、地
方特例交付金、地方让与税以及国库支出金等的合计,依地方收入决算额而定;“地方对国家
的支出”是根据《地方财政法》第 17 条第 2 款规定的地方公共团体负担部分。
　b.财政支出纯计额指的是将按一般会计标准和特别会计标准计算的财政支出汇总,然后扣除
会计支出中的重复计算所得的支出额。
资料来源:根据总务省《地方财政白书》各年版整理。

① 在表 8-8 的基础上,数据的延伸参考了刘凤平、陈仓柱:《中日财政体制比较研究》,
《经济研究导刊》2009 年第 32 期,第 103 页。
② 数据来源:财政支出纯计为 OECD statistics(General government accounts of Annual
national accounts);税收为 OECD revenue statistics。

对比表8-7和表8-8,我们不难发现,日本地方财政的收支大抵平衡,而国家的财政赤字主要是缘于国债的增长,而国债的增加主要是为了满足现有转移支付制度的需要,因此可以说,日本中央政府严重的财政赤字在一定程度上也是过度进行租税调整的结果。在经济持续低迷,少子高龄化日益严重的社会大环境下,如何更多地依靠地方的力量来缩小地方财源不足的缺口显得至关重要。而努力方向一是要抑制地方的财政支出,二是要确保地方税等方面的财政收入。

二、日本财产税征收绩效及其滞纳分析

前面的章节已经介绍了日本整体租税征收以及地方财政收支的现状,下面将基于征税主体的不同,分别介绍国税和地方税中各财产类税种的征收状况,侧重点在于对税收中滞纳情况的分析。

(一)国税及国税中财产税的征收绩效

1.国税征收状况

国税的征收数据由财务省国税厅官方网站发布。国税的征收统计不仅包括征收决算额,而且还包括实征收额、欠缴额和欠缴致损额。其中,征收决算额又细分为两部分:本年度发生额和上年度结转额。上年度结转部分即为截至上年度的滞纳额减去欠缴致损额的余额,欠缴致损额是指因某些事由致使纳税义务消除造成国税损失的金额,如因为停止滞纳处分后3年时效期终了或者消灭时效的成立等的情况。

表8-9总结了2004年以来国税及国税中财产税的征收绩效。从国税方面来看,欠缴率近年来有所下降,但因欠缴带来的税收损失仍然很严重。从2004年度国税的征收决算额(应征税额)为509751.09亿日元,实征收额为476363.14亿日元,两者之间的差额即滞纳额为33387.95亿日元,其中包括欠缴额31634.45亿日元和欠缴致损额1753.5亿日元,欠缴率为

6.2%。而2011年度国税的应征税额为469368.13亿日元,实征收额为448664.23亿日元,滞纳额为20703.90亿日元,欠缴额和欠缴致损额分别为19514.92亿日元和1188.99亿日元,欠缴率下降到4.2%。仅从欠缴率来看4.2%并不算高,但以万亿日元为单位的欠缴额所涉及的滞纳处理在人力、物力以及财力上的费用,严重加大了税款征收的成本。而且,仅表8-9所列的四年因欠缴最终导致的损失就高达5572亿日元,这本身就应该引起足够的重视。

表8-9　国税中财产税的征收状况　　(单位:百万日元,%)

年度	税目		征收决算额			实征收额	欠缴致损额	欠缴额	欠缴率
			本年发生额	上年度结转额	小计				
2004		国税总计	47879198	3095912	50975109	47636314	175350	3163445	6.2
	财产税类	小计	1995693	721893	2717585	1778336	21434	917817	33.8
			(4.2)	(23.3)	(5.3)	(3.7)	(12.2)	(29.0)	
		遗产及赠与税	1704452	713838	2418290	1486902	20400	910988	37.7
		地价税(残余值)	0	7124	7124	227	987	5911	83.0
		印花税	291241	892	292132	291207	47	879	0.3
		有价证券交易税	0	39	39	0	0	39	100.0
2009		国税总计	44055814	2184934	46240747	43932466	131972	2176309	4.7
	财产税类	小计	1791039	220706	2011744	1713235	5851	292659	14.5
			(4.1)	(10.1)	(4.4)	(3.9)	(4.4)	(13.4)	
		遗产及赠与税	1466991	217859	1684850	1389404	5350	290096	17.2
		地价税(残余值)	0	2119	2119	44	474	1601	75.5
		印花税	324048	728	324775	323787		27962	0.3
2010		国税总计	44642982	2124302	46767285	44517499	130919	2118867	4.5
	财产税类	小计	1845192	216656	2061848	1793966	4447	263436	12.8
			(4.1)	(10.2)	(4.4)	(4.0)	(3.4)	(12.4)	
		遗产及赠与税	1539121	214091	1753212	1487487	4383	261343	14.9
		地价税(残余值)	0	1613	1613	56	34	1523	94.4
		印花税	306071	952	307023	306423	30	570	0.2

续表

年度	税目		征收决算额			实征收额	欠缴致损额	欠缴额	欠缴率
			本年发生额	上年度结转额	小计				
2011	财产税类	国税总计	44867425	2069389	46936813	44866423	118899	1951492	4.2
		小计	1871825	187475	2059300	1817095	8549	233655	11.3
			(4.2)	(9.1)	(4.4)	(4.1)	(7.2)	(12.0)	
		遗产及赠与税	1574856	185407	1760263	1520194	8496	231573	13.2
		地价税（残余值）	0	1525	1525	145	28	1351	88.6
		印花税	296969	543	297512	296756	25	731	0.2

注:a.财产税的计算只包含所列具体年份所列项目,故未包括登记许可税。

b.为保持和资料来源统计标准的一致性,遗产税与赠与税的数额未作分离。

c.( )内的数值为财产税相关统计额占国税百分比。

数据来源:日本财务省国税厅。

2. 国税中财产税的征收绩效

如前所述,日本国税中财产课税的比重相对很小,2011 年仅为 5.8%,但这并不意味着国税中财产税征收的重要性低。而且从现实来看,财产税的滞纳情况更加严重。如表 8-9 所示,2004 年国税中财产税的应征税额为 27175.85 亿日元,实征收额为 17783.36 亿日元,欠缴额和欠缴致损额分别为 9178.17 亿日元和 214.34 亿日元,与国税整体欠缴率的 6.2% 相比,而财产税的欠缴率高达 33.8%。虽然随着时间的推移,财产税的征收情况有所改观,2011 年欠缴率已经下降到 11.3%,但仍然远高于同期国税 4.2% 的欠缴率。换言之,在 2004—2011 年期间,无论是国税还是其中的财产税,征收效率均有所提高,但是,财产税收的欠缴率远远高于国税整体水平,这也意味着如果提升了财产税的征收率在一定程度上还会提高国税的征收率。

从国税部分财产税的构成来看,遗产税和赠与税比重最大,其次为印花税,其他还包括现在已经废止的有价证券交易税和地价税的残余值。从表 8-9 中国税中财产税的分项数据中不难看出,左右财产税征收率的是遗产税和赠与税的征收,这将在下文中有更详细的分析;印花税的征收因其性质的缘故,征收率一直较高,欠缴率基本在0.3%以下;有价证券交易税仅在2004年有所涉及,征收率为100%;财产税征收中最为棘手的是地价税残余部分,表中所列四个年度,欠缴率最低的2009年为75.5%,而最高的2010年达到94.4%。

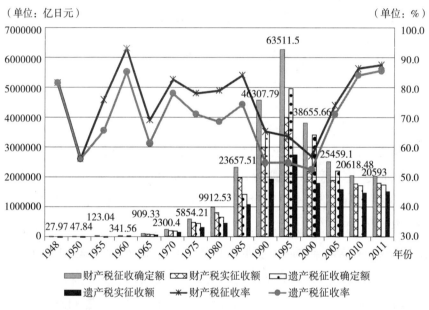

（单位：亿日元）   （单位：%）

图8-3　战后日本财产税（国税部分）征收情况变化一览

注：a. 此图所示遗产税实际包含赠与税。
　　b. 标签数值为相应年度的财产税征收确定额。
数据来源：日本财务省国税厅。

　　图8-3揭示了从1948年到2011年财产税及遗产税（含赠与税）征收的变动情况。首先,就财产税的征收额而言,其变动起伏很大,应征收额由1948年的27.97亿日元,攀升至1995年的63511.5亿日元,峰值（1995年）约为谷值（1948年）的2271倍,但在1995年以后,财产税的税收总额呈明显的下降趋势,2011年该数值下降至

20593 亿日元。其次,一直以来遗产税和赠与税构成了国税中财产税的主体,可以说,遗产税与赠与税的征收状况基本决定了国税部分财产税征收的走势,无论是从应征收额还是从实征收额而言,遗产税和赠与税占国税中财产税的比重最高曾达 100%(1948 年),除图中所列的 1960 年外,该比重一直在 50% 以上,2000 年以后这一比重一直保持在 80% 以上。最后,财产税与遗产税的征收率起伏波动较大,两者均在 1960 年达到一个高点,财产税为 94%,遗产税为85.9%。此后虽有起伏,但下降趋势明显,并在 2000 年同时降至期间最低点,而后又回升至较高水平。在 1950 年以后遗产税的征收率一直低于财产税的总体水平,这也意味着提高财产税征收率的关键在于提高这遗产税和赠与税的征收率。而且,由于两税种的征收率一直低于 90%,换个角度思考,说明还有相当大的提升空间。

(二) 地方税及地方税中财产税的征收绩效

1. 地方税征收状况

前文曾介绍过,地方税按课征主体不同可划分为都道府县税和市町村税两大体系,在谈及征收时也因循这个划分进行论述。表8-10 给出了 2009—2012 年间地方税的征收概况。从应缴额来看,这四年地方税的整体税收水平略有下降,而征收率却有相反的表现,这四年里地方税的征收率呈现缓慢上升的态势,从 2009 年的 94.4%增加至 2012 年的 95.1%。同时,滞纳额在四年内出现较大幅度的下降,即从 2.1 万亿日元下降到 1.8 万亿日元。若将地方税细分为道府县税和市町村税后可以发现,两者在地方税中的比重大致为 2:3。在租税征收表现上两者也略有区别,道府县税的征收率明显比市町村税高出 2 个以上的百分点,如 2009 年道府县税的征收率为96.1%,而市町村税为 93.3%,高出 2.8 个百分点。由于在征收率上的表现差异,使得两者在滞纳额上的比例变成了 2:5,这也意味着要提高地方税的征收率需要在市町村税的征收上多下功夫。

表 8-10　2009—2012 年日本地方税征收概况

(单位:亿日元,%)

年份	项目	地方税			财产税		
		总额	道府县税	市町村税	总额	道府县税部分	市町村部分
2009	应缴额	37.3	15.3	22.0	11.8	0.6	11.2
	实缴额	35.2	14.7	20.5	11.0	0.6	10.4
	滞纳额	2.1	0.6	1.5	0.8	0.0	0.8
	征收率	94.4	96.1	93.3	93.1	93.5	93.0
2010	应缴额	36.4	14.6	21.7	11.9	0.6	11.3
	实缴额	34.3	14.0	20.3	11.1	0.6	10.6
	滞纳额	2.0	0.6	1.5	0.8	0.0	0.8
	征收率	94.4	96.0	93.3	93.4	93.9	93.4
2011	应缴额	36.4	14.3	21.7	11.9	0.6	11.3
	实缴额	34.2	13.8	20.4	11.2	0.6	10.6
	滞纳额	1.9	0.6	1.4	0.7	0.0	0.7
	征收率	94.7	96.2	93.7	93.8	94.3	93.7
2012	应缴额	36.2	14.7	21.6	11.4	0.6	10.8
	实缴额	34.5	14.2	20.3	10.7	0.6	10.2
	滞纳额	1.8	0.5	1.3	0.7	0.0	0.6
	征收率	95.1	96.5	94.2	94.1	94.7	94.1

数据来源:《市町村税征收业绩调查》与《道府县税征收业绩调查》2009—2012 年,参见 http://www.soumu.go.jp/main_sosiki/jichi_zeisei/czaisei/czaisei_seido/czei_shiryo_ichiran.html(总务省)。经笔者计算、整理。

此外,相对于征收率和滞纳额,我们更应关注欠缴致损的情况。首先,市町村层面的欠缴致损最为严重。如图 8-4 所示,在 2000 年至 2011 年期间,地方税仅因欠缴导致的损失每年都有一两千亿日元,这 12 年的合计高达 23156 亿日元,其中市町村部分 15841 亿日元,道府县税部分 7315 亿日元。可见,税收损失更多来源于市町村税的征收。其次,地方税欠缴致损额远高于国税。对比表 8-9 可以发现,在其所列的 2004 年、2009 年、2010 年以及 2011 年,地方税因欠缴导致的损失均高于国税同年相应数值。如 2011 年,国税的欠缴致损额为 855 亿日元,而地方税的相应数值为 1583 亿日元。从这个角度来看,地方税的征缴工作更应加强。最后,欠缴致损额占税收的比重已经进入稳定状态。图 8-4 所示欠缴致损额占税收比重的曲线表明,该比例从 2000 年的 0.54% 增加至 2002 年的 0.68% 后,2003 年、2004 年基本保持在这个水平,但此后又呈迅速下降趋势,并在 2007 年以后稳定在 0.45% 左右。

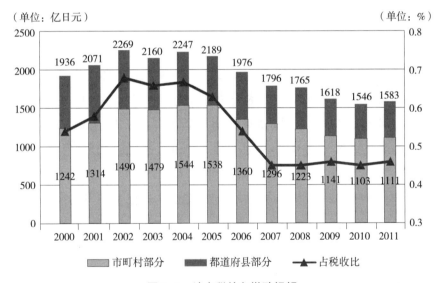

图 8-4 地方税的欠缴致损额

资料来源:总务省官方网站。

2. 地方税中财产税的征收绩效

表 8-10 也总结了近些年地方税中财产税征收的概况。由于地方税中财产税占据了 1/3 左右的比重,财产税的征收对地方税整体

征收的影响是非常大的。尤其是对市町村而言,财产税的比重高达50%以上,其重要程度更是不言而喻。从征收率来看,财产税的征收率略低于地方税总体,使得其征收滞纳额占地方税总体的比重达到了2/5左右。另外,从构成上看,地方税中财产税的滞纳主要来源于市町村税,占财产税总体滞纳额的4/5以上。

表8-11是在对地方税中的财产税按税种进行细分的基础上,对每个税种的征收情况进行了归纳。综合表中所列期间各税种的征收情况可以发现,地方税中财产税的征收率基本呈现出"U"型变化,即存在先降后升趋势,下面将分税种进行简要分析。各税种按构成比重排序为固定资产税、城市规划税、不动产取得税、事业所税和其他。其中最重要的为固定资产税,近年来占据了财产税80%以上的比重,而财产税中滞纳额的7成以上也是来自于这个税种,所以说固定资产税是地方税中财产税征收的重中之重,而关于固定资产税的征收情况,后文也有较为集中的分析;不动产取得税的征收率相对较低,平均水平尚不足90%,不过2001年以后有了较大幅度的提高,从84.5%提升至2011年的90.7%;事业所税的征收率在主要税种中一直是表现最好的,最低的2001年与2002年也高达97.6%;城市规划税的征收率从1993年的95.1%下降至2003年的90.1%后,近年来略有改观,2011年已提升至93.5%;表中的"其他"包括三个部分,即特别土地保有税、法定外普通税和法定外目的税,后两者在财务省的官方网站上也被列为财产税类,和其他四大税种相比,"其他"部分的征收率低得比较突出。虽然在表上没有单独的统计表示,但究其原因主要是特别土地保有税的征收率很不理想,1994年以后的征收率均不足五成,特别是在2003年这个税种废止以后,残余部分的征收变得更加困难,2011年的征收率只有7.7%。

表 8-11　地方税中主要财产税征收率变动表

（单位:亿日元,%）

年度	财产税			固定资产税			不动产取得税			事业所税			城市规划税			其他		
	应缴额	滞纳额	征收率	应缴额	滞纳额	征收率	应缴额	滞纳额	征收率	应缴额	滞纳额	征收率	应缴额	滞纳额	征收率	应缴额	滞纳额	征收率
1993	92080	5597	93.9	69891	3266	95.3	7003	863	87.7	2424	26	98.9	10295	510	95.1	2468	932	62.2
1994	97131	6656	93.1	73916	3895	94.7	7706	1095	85.8	2279	30	98.7	10843	622	94.3	2387	1014	57.5
1995	103785	7687	92.6	78311	4447	94.3	9311	1435	84.6	2256	30	98.7	11573	715	93.8	2335	1060	54.6
1996	108412	8442	92.2	82158	5068	93.8	9493	1420	85.0	2289	32	98.6	12189	816	93.3	2282	1106	51.6
1997	108227	9073	91.6	83073	5720	93.1	8589	1279	85.1	2398	35	98.5	11971	902	92.5	2196	1137	48.2
1998	110630	9686	91.2	86595	6441	92.6	7439	1091	85.3	2363	40	98.3	12349	1004	91.9	1885	1109	41.2
1999	112727	10176	91.0	89351	7122	92.0	6793	997	85.3	2356	43	98.2	12640	1084	91.4	1588	931	41.4
2000	110115	10584	90.4	87383	7586	91.3	6665	998	85.0	2397	50	97.9	12220	1128	90.8	1448	822	43.2
2001	111194	10963	90.1	88871	8015	91.0	6358	983	84.5	2328	55	97.6	12292	1159	90.6	1344	751	44.2
2002	111556	11237	89.9	89662	8418	90.6	6172	932	84.9	2333	55	97.6	12253	1183	90.3	1136	648	42.9
2003	106544	10964	89.7	86156	8429	90.2	5628	823	85.4	2131	41	98.1	11644	1150	90.1	986	521	47.2
2004	106215	10597	90.0	86270	8288	90.4	5300	736	86.1	2094	36	98.3	11534	1105	90.4	1018	432	57.6
2005	106462	10048	90.6	86541	7963	90.8	5441	675	87.6	2122	31	98.5	11442	1038	90.9	916	342	62.7
2006	102595	9279	91.0	83226	7415	91.1	5479	629	88.5	2153	26	98.8	10879	941	91.3	857	268	68.7
2007	103549	8699	91.6	84270	7023	91.7	5440	596	89.1	2225	24	98.9	10971	875	92.0	643	181	71.8
2008	104483	8383	92.0	85397	6796	92.0	5019	566	88.7	2290	24	99.0	11138	841	92.4	638	157	75.4
2009	103307	8054	92.2	84751	6608	92.2	4523	481	89.4	2334	21	99.1	11090	812	92.7	608	131	78.5
2010	103333	7696	92.6	84917	6379	92.5	4189	400	90.4	2372	21	99.1	11197	779	93.0	658	117	82.2
2011	102225	7232	92.9	84368	6034	92.8	3767	352	90.7	2467	20	99.2	11204	725	93.5	419	100	76.0

注:a. 表中各项不包含东京特别区的数据;
　b. 固定资产税包含道府县税中的固定资产税(特例)。
数据来源:日本地方财政统计年报 2003、2011 年版,经笔者计算、整理。

三、固定资产税征收绩效及其过征收问题

鉴于固定资产税对地方税中财产税的重要性,本小节从固定资产税的构成入手,深入分析固定资产税各相应部分的征收状况,对长期以来固定资产税的滞纳状况进行归因,并在充分了解固定资产税涉及的过征收状况的基础上,对地方政府的政策取向加以建言。

(一) 固定资产税征收绩效分析

前文已多次提及,固定资产税主要由市町村负责征收,这在表

8—12 中可以一目了然,由道府县征收的固定资产税(特例)最高占
比也未超过总固定资产税的 0.5%。市町村征收的固定资产税又分
为纯固定资产税和交付金。纯固定资产税就是前面章节中所说的一
般意义上的固定资产税,即对土地、房屋和折旧资产课征的税。而交
付金是指中央政府或都道府县等地方公共团体基于其所拥有的固定
资产,向财产所在的市町村缴纳的类似民间固定资产税的税金。从
征收率角度分析,我们更关注纯固定资产方面,因为无论道府县征收
的特例部分还是市町村征收的交付金部分,不仅所占比重小而且征
收率基本为 100%。在纯固定资产征收方面,土地、房屋和资产折旧
三者的比重大致为 2∶2∶1,其中以房屋类所占比重最大,如果按同
年度比较的话,其征收率也是最低的。三者之中,折旧资产的征收状
况是最好的,但从统计数据来看,其征收率由 1993 年的 96.6% 曾一
度下滑至 2004 年的 91.1%,之后略有回升,2011 年已增至 92.5%。
同样的状况也出现在了土地和房屋的固定资产税的征收上,不过,土
地方面的最低征收率出现在 1999 年,低至 83.7%;房屋方面的最低
征收率为 2003 年的 87.7%。

表 8—12　固定资产税的构成及征收概况　(单位:亿日元,%)

年度	固定资产税总额			道府县征收部分			市町村征收部分			市町村征收部分细目									
										(1)纯固定资产部分		(1.1)土地		(1.2)房屋		(1.3)折旧资产		(2)交付金	
	应缴额	实缴额	征收率	应缴额	征收率	占总额比	应缴额	征收率	占总额比	应缴额	征收率	占纯比	征收率	占纯比	征收率	占纯比	征收率	应缴额	征收率
1993	5464.3	5192.5	95.0	7.7	100.0	0.1	5456.6	95.0	99.9	5411.6	95.0	35.6	94.7	41.5	94.3	23.0	96.6	44.9	100.0
1994	5773.2	5456.9	94.5	13.4	100.0	0.2	5759.8	94.5	99.8	5711.8	94.5	37.1	94.1	40.5	93.8	22.4	96.3	48.0	100.0
1995	6120.1	5761.5	94.1	10.0	99.9	0.2	6110.1	94.1	99.8	6060.3	94.1	37.5	93.7	40.8	93.4	21.6	96.0	49.8	100.0
1996	5960.2	5582.4	93.7	7.1	99.9	0.1	5953.1	93.7	99.9	5903.5	93.6	36.9	93.2	41.8	92.9	21.3	95.7	49.7	100.0
1997	5900.3	5481.3	92.9	8.3	99.9	0.2	5892.0	92.9	99.8	5842.9	92.8	37.9	92.4	40.3	90.0	21.8	95.1	49.1	100.0
1998	6079.8	5609.3	92.3	21.9	99.9	0.4	6057.9	92.2	99.6	6006.6	92.2	37.5	91.7	41.1	91.4	21.4	94.5	51.3	100.0
1999	6189.6	5666.8	91.6	13.6	99.9	0.2	6176.0	91.5	99.8	6211.0	91.5	40.5	83.7	41.9	90.6	20.8	93.9	54.0	100.0

续表

年度	固定资产税总额			道府县征收部分		市町村征收部分			市町村征收部分细目									
									(1)纯固定资产部分		(1.1)土地		(1.2)房屋		(1.3)折旧资产		(2)交付金	
	应缴额	实缴额	征收率	应缴额	征收率	应缴额	征收率	占总额比	应缴额	征收率	占纯比	征收率	占纯比	征收率	占纯比	征收率	应缴额	征收率
2000	5853.8	5307.8	90.7	11.2	99.8	0.2	5842.6	90.5	99.8	5786.1	90.6	38.5	90.1	40.3	89.6	21.2	93.2	56.6	100.0
2001	5512.9	4970.7	90.2	7.9	99.7	0.2	5505.0	90.2	99.8	5451.3	90.1	37.3	89.7	41.7	89.1	21.1	92.6	53.7	100.0
2002	5410.9	4851.4	89.7	9.5	99.8	0.2	5401.4	89.6	99.8	5348.3	89.5	36.3	89.2	43.0	88.8	20.7	92.0	53.1	100.0
2003	4955.2	4407.8	89.0	15.5	99.9	0.4	4939.7	88.9	99.6	4887.6	88.8	37.1	88.6	41.4	87.7	21.5	91.3	52.1	100.0
2004	4934.7	4390.6	89.0	16.5	99.9	0.4	4918.2	88.9	99.6	4862.0	88.8	36.4	88.6	42.7	87.9	20.9	91.1	56.2	100.0
2005	4842.8	4325.9	89.3	16.4	99.9	0.3	4826.4	89.2	99.8	4765.6	89.2	35.5	89.0	43.9	88.3	20.7	91.1	60.8	100.0
2006	4649.2	4162.2	89.5	10.0	100.0	0.2	4639.2	89.5	99.8	4579.4	89.4	36.7	89.3	41.5	88.4	21.8	91.5	59.8	100.0
2007	4634.6	4175.7	90.1	14.3	100.0	0.3	4620.3	90.1	99.7	4560.9	89.9	36.1	88.9	42.1	89.0	21.7	91.9	59.4	100.0
2008	4627.6	4188.5	90.5	17.6	100.0	0.4	4610.0	90.5	99.6	4554.8	90.4	35.5	90.3	42.7	89.5	21.9	92.6	55.2	100.0
2009	4542.3	4116.4	90.6	18.6	100.0	0.4	4523.7	90.6	99.5	4468.2	90.5	35.9	90.5	42.0	89.6	22.1	92.4	55.5	100.0
2010	4530.4	4117.3	90.9	5.2	100.0	0.1	4525.2	90.9	99.9	4469.2	90.8	35.5	90.8	43.0	89.7	21.5	92.4	56.0	100.0
2011	4480.5	4087.1	91.2	3.1	100.0	0.1	4477.4	91.2	99.9	4420.9	91.1	34.9	91.2	44.0	90.4	21.0	92.5	56.4	100.0

注:a.占纯比指的是各分项(土地、房屋及折旧资产)占纯固定资产的比重。

　　b.本表各项未包含东京特别区的数据。

　　c.由于四舍五入的原因,相应构成部分的百分比相加有时不等于100%。

数据来源:日本地方财政统计年报2003、2011年版,经笔者计算、整理。

　　图8-5显示了1975—2011年地方税的滞纳额的构成情况。由图不难看出,地方税的滞纳额中,来自个人居民税和固定资产税的滞纳占据了大半。在地方税滞纳最严重的2002年,23468亿日元的滞纳额中有8986亿日元缘于固定资产税的滞纳。从整体来看,固定资产税的滞纳部分所占比重变动较大,从1975年的14.8%攀升至2005年的40.4%,尤其是1993年至2002年期间,固定资产税的滞纳占地方税滞纳的比重增加幅度较大。究其原因,不外乎是90年代初期日本经济泡沫的破裂以及后来1997年发生的亚洲金融危机的双重打击,日本经济出现了严重萧条,房地产产业的崩盘和国民收入水平的下降。2005年之后,固定资产税滞纳部分所占比率有所下

降,2011 年的比重为 32.3%。从绝对额来看,固定资产的滞纳情况依然很严重,2011 年的滞纳额为 6179 亿日元。

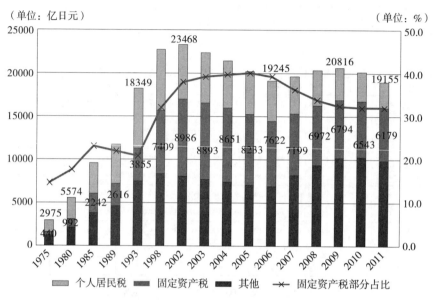

图 8-5 地方税征收中滞纳额的构成变化一览

注:本图所示滞纳额包含执行停止中以及督促前的,但不包含延滞金和加算金。

资料来源:总务省官方网站,见 http://www.soumu.go.jp/main_sosiki/jichi_zeisei/czaisei/czaisei_seido/ichiran02.html。

(二) 固定资产税的过征收问题

一般来说,地方政府有两种课税自主权,一种是根据地方政府条例新设税种的权利。新设的税种被称为法定外税,可细分为法定外普通税和法定外目的税。另一种是过征收权利。

过征收是指地方政府以超过标准税率但在浮动上限范围内征税的行为,标准税率指依《地方税法》设定的地方政府在课税时通常应该采用的税率。目前各地方政府施行过征收的税种包括个人居民税、法人居民税、法人事业税、汽车税、固定资产税、小排量汽车和摩托车税、矿产税、温泉浴税九种,其中属财产税类的仅固定资产税一种。

据总务省自治税务局的资料显示,2012 年有 1000 余个地方政府施行了过征收,其税收规模高达 5018.8 亿日元,但主要来自地方法人二税,即法人居民税和法人事业税,所占比重为 88.2%。同年度,有 158 个地方政府对固定资产税施行了过征收,增收税额为 341.3 亿日元。图 8-6 描绘了 1965—2012 年间过征收总额以及固定资产税过征收的占比情况。就整体税收而言,过征收税额从 1965 年的 209.8 亿日元急速增长至 1990 年的 8026.8 亿日元以后,经历了迅速减少、缓慢增长、再次减少及更加缓慢增长的过程。一个值得关注的现象就是,固定资产税过征收额在过征收总额中的比重,从 1970 年的 37.4%骤减为 1980 年的 5.6%后,其变动过程基本呈现出与过征收总额变化相反的趋势,即总额增加,但其占比减少,总额减少其占比增加。如过征收总额最高(8026.8 亿日元)的 1990 年,固定资产税部分占比降至其间最低的 4.4%,而当过征收总额降至其间最低的 4008.6 亿日元时(2003 年),固定资产税部分所占比重为 1980 年后最高的 10.4%。此后的 2007 年、2009 年以及 2012 年也出现了类似明显的对比。这主要是因为,对于固定资产税的过征收,税额相对稳定,而对其他税种,尤其是地方法人二税的过征收税额起伏较大。

尽管日本拥有高效的征管机构、健全而缜密的征管法律体系以及创新的征管制度,其对税收滞纳的处理也惩戒性十足,但从本节的统计分析中可以了解到,无论是国税还是地方税,或者细化至它们所包含的财产税类税种,单就结果而言并不理想,征税效率虽不能称之为低下,但还存在很大的提升空间。而征税效率的提高,不能仅仅在机构管理、制度完善、惩罚措施等方面做文章,更重要的是要从宏观的角度去分析、求证影响税收征管效率的因素。

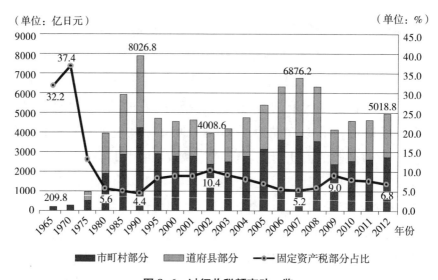

图 8-6　过征收税额变动一览

注：1985 年（含）以前的市町村部分合计额中含有木材交易税的税额。

资料来源：http://www.soumu.go.jp/main_sosiki/jichi_zeisei/czaisei/czaisei_seido/ichiran06_h25.html。

第四节　影响日本财产税征收效率的因素分析

　　虽然日本国税和地方税的征收效率并不低，但财产税的征收效率存在很大差异，本节将通过实证分析说明影响税收征收效率的主要因素。鉴于财产税体系的复杂性，为保持统计口径的统一，进而增强实证结果的可信度，本节实证分析的对象仅限于地方税中的财产税类税种。

一、征税效率的一般含义

　　由于近些年来日本经济状况的持续低迷，地方公共团体的财政收支情况也日趋严峻。无论对都道府县政府还是市町村政府而言，确保税收收入和削减征税成本已成为重要的课题。而征税成本的削减和征收率的提高，都是征收效率方面的问题。

衡量征税效率最常用的指标就是费税比,即完成一定税收所需征税费用的比例。如 2012 年日本都道府县税的税收总额为 157341 亿日元,而为其征收所花费用约为 4072 亿日元,费税比为 2.59%。根据市町村公布的数据显示,征税费用一般由工资、差旅费、耗材费和奖金等几部分组成。其中工资占征税成本的 50%—70%。[①]

在确保税收方面,一是提高当期税收决算额的征收率;二是加强滞纳结转部分的征收,尤其是后者应当引起足够重视。[②] 一些税收统计中,往往仅列出了决算额和实际税收,未做进一步的细分,而通过细分却可以为提高征收率带来新的思路。表 8-13 给出了北海道 2012 年地方税中各财产税的征收状况,表中分别将决算额和实际税收划分为当年课税额和滞纳结转额。从表中可以看出,北海道 2012 年地方税中财产税当年课税部分的征收率高达 98.2%,只是因为前期滞纳结转部分的征收率过低(仅为 18.8%),才将财产税的总体征收率拉低至 91.8%,这种现象普遍存在于在财产税类各细分税种中。由此可见,如何减少滞纳以及提高滞纳结转部分的征收率是提高总体征收率的关键。

表 8-13　北海道 2012 年财产税(地方税部分)征收细目表

(单位:百万日元)

	决算额			实际税收			征收率(%)		
	当年课税	滞纳结转	合计	当年课税	滞纳结转	合计	(D)/(A) ×100	(E)/(B) ×100	(F)/(C) ×100
	(A)	(B)	(C)	(D)	(E)	(F)			
财产税总额	336246	29440	365686	330258	5535	335793	98.2	18.8	91.8
固定资产税	278330	23861	302191	273464	4402	277866	98.3	18.4	92.0

①　[日]壁谷顺之、伊多波良雄:《地方税の徴税効率性とその変動要因分析》,同志社政策研究(同志社大学)2008 年第 10 卷第 1 号,第 15 页。

②　[日]伊藤敏安:《都道府県別にみた地方税の徴収·不納欠損·滞納繰越の状況》,地域经济研究 2011 年第 22 号,第 41 页。

续表

	决算额			实际税收			征收率(%)		
	当年课税	滞纳结转	合计	当年课税	滞纳结转	合计	(D)/(A)	(E)/(B)	(F)/(C)
	(A)	(B)	(C)	(D)	(E)	(F)	×100	×100	×100
道府县部分	1413	0	1413	1413	0	1413	100.0	—	100.0
市町村部分	276917	23861	300778	272051	402	276453	98.2	18.4	91.9
不动产取得税	14110	1196	15306	13843	319	14163	98.1	26.7	92.5
特别土地保有税	24	394	418	0	2	2	0.0	0.5	0.5
城市规划税	43782	3989	47771	42950	812	43762	98.1	20.4	91.6

资料来源:日本总务省官网。

　　关于租税征收效率的研究,近年来出现了不少应用各种计量手法的研究成果。獭口浩一(2010)对近些年地方税征收效率方面的研究成果做了全面的总结:西川(2006)、梅村和小川(2006)、林(2009)对影响征收率高低的要因进行了探究,将当年课税和滞纳结转部分进行了区分并分别进行了实证检验,这些研究的共同特征是重点研究了滞纳和欠缴致损对征税效率的影响;林(2006)以人口规模、征收率和征税职员数的相关性为中心,对征税效率和税务行政的实际状况做了描述性统计分析;壁谷和伊多波(2008)用数据包络分析(DEA)对地方税征收进行了评价,并尝试了非效率性的要因分析。[①] 獭口浩一(2010)揭示了在非裁量因素调整后地方税征收效率差异,探讨了地方团体间的效率比较与排序的基准方法,尝试了对征税效率的评价。

　　学者们对征税效率的研究虽然取得了一定的进展,与对租税的中立性、公平性、普遍性以及安定性等方面的研究相比,还处于起步阶段。本节将在上述相关研究成果的基础上,对2009—2012年期间

---

　　① 〔日〕獭口浩一:《地方税微收効率性の数量分析—地方团体间比較可能なベンチマ—ク的手法の检讨と生产性评价》,琉球大学经济研究(同志社大学)2010年第9号,第83页。

日本 47 个行政区（都道府县）地方税中财产税的征收情况,从费税比和征收率两方面做面板数据分析,以期探讨探讨影响租税效率的因素。

二、实证分析

（一）变量的解释与分析

表 8-14 给定了实证分析中所有的变量及其相应的描述性统计值。因变量中,费税比(FSB)定义与上文所解释的一致[1],而另两个因变量 ZZS(财产税总体征收率)和 BZS(财产税当期决算的征收率)的计算方法可以参考表 8-13。自变量中,ZNB(总体征收决算额中上期滞纳结转额所占比例)是一个比较重要的变量,因为滞纳结转比例的攀升常常意味着费税比的提高和征收率的下降,这需要在实证分析中验证;各行政区域的 RJS(人均收入)及其滞后一期的值 RJS(-1)是衡量各区域经济水平的主要指标,在实证分析中都经过了对数化处理;人口规模的增加和费税比之间的关系主要由 LNRK(人口的对数值)及其平方值 LNRKF 两个指标判定;综合考虑人口规模和面积两方面因素的人口密度 RKM 指标在下文的实证分析中得到了更广泛的运用;老龄化 LLH 指标的引入主要是想求证世界老龄化最严重的国家中,老龄化程度对财产税征收效率的影响;失业率 SYL、财政力指数 CZL[2] 以及物价指数 WJZ 等指标的引入主要想考察地域经济状况及其稳定程度对征税的影响;最后引入的日本首都圈虚拟变量主要想考察日本最大的经济圈的存在对征税的影响。

---

[1]　鉴于通过实际调研获取相应财产税征收费税比数据的难度较大,本书所采用的费税比数据实为各都道府县税征收时的比值。

[2]　该指标是用来衡量地方公共团体的财政水平的,为基准财政收入额除以基准财政需要额所得数值。本实证分析中该指标的 2009 年的数值为过去三年的平均值,其余三年为正常取值。

表 8-14　实证分析中所用变量的描述性统计

变量	变量解释	平均值	最大值	最小值	方差	观测数
FSB	费税比	3.5	6.2	1.5	0.7	188
ZZS	财产税总体征收率	91.3	98.4	86.3	2.6	188
BZS	财产税当期决算的征收率	97.9	99.4	96.7	0.5	188
ZNB	总体征收决算额中上期滞纳结转额所占比率	8.3	13.4	1.8	2.4	188
RJS	人均收入（对数）	16.3	90.2	14.5	10.8	96
RJS(-1)	上年度人均收入（对数）	15.3	89.1	14.5	6.2	142
LNRK	人口（对数值）	14.5	16.4	13.3	0.8	188
LNRKF	人口对数值的平方	210.4	268.9	176.2	22.5	188
RKM	人口密度	642.3	5827.9	65.9	1132.5	142
LLH	老龄化比率	24.8	30.7	17.3	2.6	188
SYL	失业率	4.5	7.5	2.2	0.9	188
CZL	财政力指数	0.7	1.2	0.2	0.2	188
WJZ	物价指数	99.9	101.5	98.3	0.5	188
DDQ	日本首都圈虚拟变量					188

注:a. 表中的数据是样本数据经 Eviews 8.2 处理后的结果。

　　b. 变量截取的时间范围一般为 2009—2012 年,RJS(-1)与 RJS 除外(RJS(-1)为 2008—2010
　　年、RJS 为 2009—2010 年、RKM 为 2009—2011 年)。

　　c. 日本首都圈指"一都七县",即东京都、邻近三县(埼玉、神奈川和千叶)以及北关东四县(茨
　　城、群马、山梨和栃木县)。

数据来源:根据日本总务省与财务省官方网站的数据整理计算。

（二）基于费税比角度的分析

表 8-15 给出了以费税比(FSB)为因变量的面板数据分析结果。
首先从修正后的决定系数的数值来看,各模型的拟合优度相当高。
其次,根据考察的重点不同取舍相应的自变量,从而得到了[1]—
[4]列所示的不同结果。不难看出,大多数指标的系数均在 1%水准
上显著。第[1]列中主要考察了财产税的征收率、人口规模以及县
民收入等指标对费税比的影响,结果显示,总体征收率与费税比呈负
相关,即征收率降低将导致费税比的增加;而随着人口规模的增加费

税比将降低,但达到一定规模以后费税比将增加,总体表现出 U 字形,这个结果和獭口浩一(2010)的结果一致;县民收入指标的系数为负,意味着县民收入的增加将降低费税比,而且,从滞后期指标系数的绝对值大于当期指标系数这一点来看,也很符合宏观经济规律。第[2]列是用 BZS 指标替换了第[1]列中的 ZZS 重新得出的实证结果。BZS 指标的系数为正,意味着剔除了滞纳结转部分的影响,费税比和征收率呈现出同向相关的关系。第[3]列则在第[1]列的基础上对自变量做了较大的调整,首先是用人口密度替代了人口规模;其次是在人均收入指标上只采用了滞后期指标;最后是新增了几个代表经济环境及其稳定性的变量。其中,社会老龄化程度的加重和物价指数的上升会降低费税比,而失业率的增加和财政力指数的上升则会提高费税比。① 第[4]列是在第[3]列的基础上增加了日本首都圈的虚拟变量 DDQ,仅从这一变量的系数而言,首都圈的存在对费税比有正向的影响,但随着这个变量的引入也使其他一些变量的系数符号发生了变化。

表 8-15 实证分析结果(一)

	[1]	[2]	[3]	[4]
Constant	43. 1251***	48. 4735***	16. 0132***	−14. 7337***
ZZS	−0. 0555***		−0. 0517***	0. 0191***
BZS		0. 0611***		
LNRK	−9. 7885***	−9. 2379***		
LNRKF	0. 5106***	0. 4207***		
RKM			−0. 0022**	−0. 0001***
RJS	−0. 0016***	−0. 0016***		

① 2007 年,大多数的"团块一代"退出社会中坚舞台,迎来退休后的年金生活。本书实证分析所选取的区间正是在这之后,这一代的老龄化对实证分析结果可能会产生影响。

续表

	[1]	[2]	[3]	[4]
RJS(-1)	-0.0049***	-0.0050***	-0.0199***	-0.0067***
LLH			-0.1662***	0.0005
SYL			0.0966***	0.0915***
CZL			0.2617**	-2.3511***
WJZ			-0.0257**	0.1732***
DDQ				0.2464***
观测数	96	96	142	142
修正后的决定系数	0.9997	0.9971	0.9879	0.8580
F 统计值	6552.2070	650.1088	218.1298	107.5444

注:a. **和***分别表示在95%与99%置信区间下的显著水平。

b. 为了消除异方差的影响,借助 Eviews 软件采用了 FGLS 估计模型。

c. [1]—[3]均选择了截面固定效应,并通过了相应检验。

(三) 基于征收率角度的分析

表8-16 分别给出了以总体征收率 ZZS 和本年度征收率 BZS 为因变量的实证结果。这也是为了比较各要素对不同因变量影响效果的异同。首先对比基本式[1]与[3]:除费税比 FSB 以外,其余各变量系数的符号均相同,这也对应了表8-15 相应的结果,即 FSB 与 ZZS 逆相关以及与 BZS 正相关;除常数项以外,第[1]列各系数的绝对值均大于第[3]列,尤其需要注意的是总体决算额中结转部分所占比重(ZNB)对总体征收率的负面影响要远高于本年度征收率,说明滞纳结转额的存在严重影响了总体征收率;人均收入对征收率的影响与预期方向一致,即收入越高则征收率越高,特别是收入对征收率的滞后影响在相应的系数上得以体现。其次,对比扩展式[2]与[4]:在第[4]列中,ZNB 的系数即便在 10%水平上依然不显著,可见,滞纳结转额几乎不影响本年度部分的征收率,却会影响总体征收率;费税比系数的符号与基本式中保持一致;新引入的变量中,人口

密度、老龄化程度和财政力指数显示出对征收率的正向影响,而失业率和物价指数则对征收率产生负向影响。值得关注的是老龄化程度与预期相反的实证结果,说明当前社会的老龄化程度还没有到达影响税收效率的严重地步。

表8-16 实证分析结果(二)

自变量	因变量			
	总体征收率(ZZS)		本年度征收率(BZS)	
	[1]	[2]	[3]	[4]
Constant	98.8794***	95.4841***	97.9227***	88.5391***
ZNB	−0.9160***	−0.6847***	−0.1217***	0.0048
FSB	−0.0932***	−0.0671***	0.2209***	0.0365***
RJS	0.0072***		0.0017***	
RJS(−1)	0.0053***	0.0633***	0.0034***	0.0568***
RKM		0.0071***		0.0074***
LLH		0.2481***		0.2473***
SYL		−0.0880***		−0.0875***
CZL		0.2592**		0.9034***
WJZ		−0.0967***		−0.0256**
观测数	96	142	96	142
修正后的决定系数	0.9997	0.9995	0.9979	0.9915
F统计值	7045.1960	5721.7550	920.8693	307.0285

注:a. **和***分别表示在95%与99%置信区间下的显著水平。

　　b. 为了消除异方差的影响,借助Eviews采用了FGLS估计模型。

　　c. [1]—[4]均选择了截面固定效应,并通过了相应检验。

三、结论

财产税的征收对地方政府的财政收支影响巨大,如何确保这方面的收入对于长期处于经济低迷的日本政府而言至关重要。综合本章的描述性分析与实证分析,首先可以明确滞纳结转的存在降低了日本的征税效率。滞纳结转的存在抬高了费税比,造成了大量人力、物力以及财力上的浪费,同时因滞纳结转而发生的欠缴致损降低了税收收入。其次,在影响税收效率的因素中,各行政区域的人均收入水平以及区域的财政力的状况对征税效率有较大影响。长期的萧条和财政状况的恶化使得日本在宏观经济政策的短期目标和长期目标之间左右为难。再次,剔除人口规模、老龄化等难以控制的因素外,平稳健康的经济大环境与良好有序的纳税小环境也很重要。

第九章　对中国房产税改革的启示

"文为时而著"。在本书进行日本财产税改革问题研究的过程中,我国在财产税方面的改革进展加快,主要表现在 2011 年上海、重庆的房产税改革试点和全国范围内房产税的蓄势而发,新国五条中 20%房产转让所得税的强化,证券交易印花税的提升和下降,利息税的下降和终止,不动产登记制度的展开等,这些措施均显示出财产税改革即将拉开序幕。本章基于上海、重庆的房地产改革试点,分析中国房产税改革的政策目标,通过对日本固定资产税的相关立法及配套法律的分析,研究了中国房产税改革中法律法规建设的重要性,最后对我国房产税的制度设计提出了一些思考。

第一节　中国财产税改革势在必行

中国税制改革主要集中在所得税和流转税方面,财产税改革还在探索中。

改革开放以来,我国税制经历了四次重大改革,前三次主要集中在所得税和流转税改革方面,财产税的改革相对滞后。

第一次是改革开放初期的涉外税制和各类所得税改革。1980年 9 月第五届全国人民代表大会第三次会议通过《中外合资经营企业所得税法》《外国企业所得税法》和《中华人民共和国个人所得税法》。前两个法律建立了相对完整的涉外税收制度,中外合资企业和外国企业必须缴纳工商所得税、城市房地产税和车船使用牌照税等税收,1991年这两个法律合并为《外商投资企业和外国企业所得税法》。虽然公布了个人所得税法,其实在这一时期改革主要集中在企业所得税方面,1984年9月,国务院颁布了《中华人民共和国国营企业所得税条例(草案)》和《国营企业调节税征收办法》,对国营企业全面征收所得税。这是1983年和1984年开展的国营企业"利改税"改革的主要内容,将国营企业向国家缴纳利润的制度改为向国家缴纳企业所得税。1986年《中华人民共和国房产税暂行条例》公布,房产税的征收对象仅限于城镇的经营性房屋,产权所有人、经营管理单位、承典人、房产代管人或者使用人为房产税的纳税义务人,按照房产原值做一定扣除后的余值计算税收,对于出租房屋,以房产租金收入为房产税的计税依据,对于个人所有非营业用的房产,国家机关、人民团体和军队的房产、国家财政拨付事业经费的自用住房和宗教寺庙、名胜古迹等的房产免征房产税。

同期内还形成了集体企业所得税、私营企业所得税、城乡个体工商业户所得税、个人收入调节税、城市维护建设税、印花税、房产税、车船使用税、特别消费税等37个税种,共分为流转税、所得税、财产和行为税、资源税、特定目的税、涉外税、农业税七个大类。

第二次大规模的税制改革是1994年,这是全面改革流转税的阶段。这次改革改变了过去按产品分设税目、分税目制定流转税差别税率的做法,确定了在生产和批发零售商业全面实行增值税制度,在此基础上选择一些消费品再征收消费税,对提供劳务、转让无形资产和销售不动产继续征收营业税,改革后的流转税由增值税、消费税和营业税组成。

这一时期的一个典型特征是合并、撤销和开征了一些税种,如对内资企业实行统一的企业所得税,取消了国营企业所得税、集体企业所得税和私营企业所得税,统一个人所得税,取消个人收入调节税、城乡个体工商户所得税,调整资源税、城市维护建设税和城镇土地使用税,开征土地增值税、证券交易印花税、消费税等,改革后的税制由原来的 37 个税种减少到 23 个,初步实现了税制的简化与规范。

第三次是 2000 年以后的税制改革,坚持"简税制、宽税基、低税率、严征管"的原则,主要集中在费改税改革和规范所得税方面。费改税的改革主要集中在财产税领域和农村费税改革。2000 年国务院颁布了《中华人民共和国车船购置税暂行条例》,取消了车船购置附加费,改为车船购置税,同时还将车船使用税与车船使用牌照税合并为车船税,修改城镇土地使用税暂行条例和耕地占用税暂行条例,将对内征收的城镇土地使用税和耕地占用税分别改为内外统一征收,取消城市房地产税,将对内征收的房产税改为国内外统一征收;基于"减轻、规范和稳定"的原则,2000 年开展的农村费税改革规定,5 年内取消农业税,2006 年第十届全国人大第四次会议上通过决议,在全国范围内彻底取消农业税。规范所得税的改革主要是打破内资外资企业税负差异,统一企业税收制度,包括统一纳税人的认定标准、税基的确定标准、税率、优惠政策等多方面的内容;在个人所得税制度方面,实行综合与分类相结合的个人所得税制度,明确税前扣除项目和扣除标准。截止到 2007 年年底,我国现行税制中的税种进一步减少到 18 个,税收大类随着涉外税收的取消,由原来的 7 类减少到 6 类。

第四次税制改革开始于 2008 年,除继续完善增值税和所得税改革外,一个重要的内容就是财产税改革。在过去的税制改革中,虽然每次都触及一些财产税内容,但没有形成完整的财产税体系。

在中国现行的 18 个税种中,归为财产和行为税类的只有房产税、车船购置税、车船使用税、城镇土地使用税、土地增值税以及契税、证券交易印花税等,主要集中在财产取得阶段,如证券交易印花税、车船购置税等。而对于国外较为普遍征收的遗产税,我国还在探

索阶段,2004 年发布了《中华人民共和国遗产税暂行条例(草案)》,
2010 年发布了《中华人民共和国遗产税暂行条例(2010 年新版草
案)》,至今还没有开征遗产税。在财产取得阶段对民众影响较大的
是印花税。自 1990 年中国证券市场成立以来,一直将印花税作为调
节股市价格波动的工具,即在股市价格低迷时降低印花税率,在股市
价格下降时提高印花税率。从印花税的变动和股票市值变化看,却
没有表现出明显的规律性,印花税的下降或上升,有时促进和抑制了
股市的繁荣,有时却迟迟不能产生预期效果。如 1990 年当初深圳市
对证券买卖双向各征收 6‰印花税,股市陷入低谷,1991 年深圳市的
印花税降至 3‰,上海市对证券买卖双方征收 3‰印花税,股市进入
上升通道,1997 年提高到 5‰,股市再次进入下降通道,此后进入了
三次调低,1998 年 4‰,2001 年 2‰和 2005 年 1‰,但股市价格没有
出现相应的提升,2007 年股市价格飙升之时提高印花税至 3‰,股市
价格经过 5 个月的上升达到了历史高峰,此后虽然采取了降低印花
税(1‰)和单边征收制度的改革,仍然没有改变股市的颓势。

财产保有阶段的税种主要是房产税和城镇土地使用税,而根据
1986 年发布的房产税暂行条例,免税范围非常广,尤其是对国外普
遍征收的个人居住用房(非经营性)免税,背离了房产税的一般规律
性。2011 年作为房地产调控政策的一环,重庆、上海实施了房产税
改革试点,意在调节收入分配、调控住房消费和配置房地产资源等,
而坊间更加期待房产税能够抑制越调控越上涨的房产价格。事实
上,重庆市是对个人拥有的独栋商品住房、个人新购的高档住房及无
户籍、无工作、无企业的个人新购第二套以上(含第二套)住房征税,
上海的征税对象是对上海居民新购第二套及以上住房和非上海居民
的新购住房,计税依据是购房时的交易价格,正如第九章分析的那
样,两市的房产税改革并非规范的房产税,首先,以交易价格为计税
依据,类似于商品税;其次,只对新增房产征税,不对存量住房征税,

不能有效发挥房产税的收入调节效应，尤其是没有产生明显的抑制房价效应。

在财产转让阶段，对于住房和股权转让所得税，也进行了一些探索。《中华人民共和国个人所得税法》的规定，个人转让住房收入减除财产原值和合理费用后的余额应该缴纳财产转让所得税，1999年，《财政部、国家税务总局、建设部关于个人出售住房所得征收个人所得税有关问题的通知》（财税字［1999］278号）对个人转让住房所得税应纳税额等问题做了具体规定。2006年，国家税务总局发布《关于个人住房转让所得征收个人所得税有关问题的通知》（国税发［2006］108号），对于纳税人不能提供完整、准确的房屋原值凭证，不能正确计算房屋原值和应纳税额的，税务机关可根据《中华人民共和国税收征收管理法》第三十五条的规定，对其实行核定征税，即按纳税人住房转让收入的一定比例核定应纳个人所得税额，一般为住房转让收入的1%—3%。在2013年国务院发布的调控房地产价格的国五条中，明确提出"税务、住房城乡建设部门要密切配合，对出售自有住房按规定应征收的个人所得税，通过税收征管、房屋登记等历史信息能核实房屋原值的，应依法严格按转让所得的20%计征"；2011年，国家税务总局发布了《关于切实加强高收入者个人所得税征管的通知》（国税发［2011］50号），以非劳动所得为重点，对财产转让所得征管作出了具体的规定，包括股权转让所得、房产转让所得等。由于房产转让所得税征收均以房产原值为基础，税务机关难以确定交易房产的"原值"，特别是一些年代较为久远、交易背景比较复杂的房屋，由于没有完整的交易信息记录，现实执行中存在很大难度。在股权转让所得税征收中，不仅需要完整的记录股权转让的交易价格和税费等情况的信息，还必须要明确股权投资损失的抵补方式和时间，这样才能保障资本利得税的正常运行。

虽然财产税改革已经箭在弦上，但还有很多技术问题没有解决，系统研究和分析国外财产税改革的经验教训,评价和梳理财产税的经济效应,尤其是明确财产税变革与资产价格之间的关系至关重要,具体来讲,就是强化证券税制是否可以抑制证券市场的投机？征收房产税是否可以抑制房地产价格的上涨？这些都是财产税改革中的重要理论问题,明确了这些问题,有助于我国制定科学合理的财产税体系,实现财产税改革的健康和可持续发展。

第二节　上海、重庆的房地产税试点与中国房产税的政策目标

上海市和重庆市的房地产试点的共性政策目标是调节收入分配、引导住房消费,上海市提出了有效配置房地产资源,目标的设定是否合理,试点是否达到了政策目标,是本节分析的出发点,目的在于明确我国房产税的政策目标。

一、上海、重庆房产税政策目标评析

关于房产税的政策目标,在上海市和重庆市房产税改革试点中均有涉及,如《上海市开展对部分个人住房征收房产税试点的暂行办法》提出的是"为进一步完善房产税制度,合理调节居民收入分配,正确引导住房消费,有效配置房地产资源,根据国务院第 136 次常务会议有关精神,市政府决定开展对部分个人住房征收房产税试点";《重庆市关于开展对部分个人住房征收房产税改革试点的暂行办法》中明确"为调节收入分配,引导个人合理住房消费,根据国务院第 136 次常务会议有关精神,重庆市人民政府决定在部分区域开展对部分个人住房征收房产税改革试点"。两个城市开展房产税改革试点的目标均提到"调节收入分配""引导住房消费",上海市还提到了"有效配置房地产资源"。下面分析房产税改革试点是否实现了上述政策目标。

（一）房产税改革与调节收入分配问题

党的十八大的报告要求,要坚持简税制、宽税基、低税率、严征管的原则,充分发挥税收调控经济和调节收入分配的职能作用。从理论上来讲,发挥调节收入分配作用的主要是直接税,包括所得税和财产税,前者是对收入的流量征税,后者是对收入的存量征税,二者相互配合使用,才能有效调节收入分配;从国外的实践来看,要使房产税发挥收入调节功能,必须要坚持两个原则:一是受益原则,即将房产税看作是对于辖区或地方政府提供公共服务的"缴费",缴费越多,得到的公共服务越多;二是支付能力原则,要求根据纳税人的经济负担能力分担税收,即在给定的税收总收入下,每个纳税人应根据其支付能力纳税,一般来说,一个人拥有的房产越多意味着其支付能力就越强。而两地的试点改革中,一是没有体现受益原则,如重庆市提出的税收用途是"公共租赁房的建设和维护",上海市提出的税收用途是"保障性住房建设等方面的支出"。这两种说法均是通过转移支付的方式将高收入者缴纳的房产税用于改善低收入者家庭的住房环境,虽说"取之于民、用之于民",但"取"的民和"用"的民并不一致,二是没有体现支付能力原则,上海是对第二套及以上购房纳税,重庆是对高档住房和第二套以上的购房纳税,并不是针对存量,存量房产多的纳税人并没有缴纳更多的税收,也不能起到调节财富分布不均和收入分配的作用。

（二）房产税改革与引导住房消费问题

对于这个问题,需要从理论上明确两个问题,一是引导消费需求的税收一般是商品流转阶段的间接税,如消费税调节消费需求的效果最为明显,二是作为财产税的房产税一般不会产生引导消费性住房需求的效果,特别是征收房产税不会对刚性需求产生任何影响,只会对投资性需求产生一定影响,如征收房产税增大了投资性住房的住宅持有成本,产生抑制投资需求的效果。两市的试点改革之所以将引导住房消费作为政策目标,实际上是将房产税作为调控楼市的手段,这也是舆论界所理解的征收房产税降低房价的逻辑。

将调控楼市价格作为房产税的政策目标,是当前市民对于房产税的期待,也是国民接纳房产税的一种心理安慰。而众多专家学者在评价上海、重庆的改革试点效果时,一个比较一致的观点是征收房产税没有起到降低房价的效果。对于房产税是否会抑制房屋价格上升问题,理论界已经对此进行了广泛的研究,结论莫衷一是,一种观点认为征收房产税会提升辖区的房屋价格,这是由于征收房产税意味着辖区公共服务水平的提高,相应会推高辖区内的房屋价格,即财产税资本化到财产价格当中。另一种观点认为征收房产税不会带来辖区房产价格的上升,反而会起到抑制房价的效果,即希望通过房屋持有成本的增加降低对房屋的需求,达到降低价格的目的。这是许多国家房产税政策制定者的美好愿望。张德勇(2011)曾断言,纵观许多国家房产征税的历史,几乎没有哪个国家的房产税是以抑制房价为初衷的,也很少有国家因开征房产税而达到了抑制房价的目的。① 日本是在发达国家中唯一试图通过土地税制调控房地产市场、抑制房地产价格上升的国家之一。需要明确的是,正像第二章分析的那样,日本土地税制是指不动产领域中的所有税制,既包括土地取得税,也包括土地保有税,还包括土地转让所得税,我国所说的房产税只是相当于日本土地保有税中的固定资产税。在日本的土地税制改革实践中,由于日本固定资产税的税率偏低,日本政府并没有期望增加固定资产税率达到抑制地价和房价的目标,反而是频繁变革土地取得税中的遗产税和赠与税以及土地转让所得税,以达到降低房价和地价的目标,即在经济繁荣时期(地价上升)强化土地税制,而在经济萧条时期(地价下降)弱化土地税制,不幸的是,这些政策

---

① 张德勇:《进一步完善房产税的几个问题》,《税务研究》2011年第4期。

都成了应景之举,现实是在地价上升通道中,土地税的提高进一步抬高地价和房价,而在地价下降通道中,土地税的缓和并没有阻止地价房价的下降速度。本书第三章进行的实证分析也证实,日本土地税与地价、房价存在长期稳定的关系,土地税对地价的影响程度大于其对房价的影响程度,具体而言,短期内土地税的强化抑制了地价上涨,长期中土地税的抑制作用则逐渐减弱;短期内土地税的强化在一定程度上也抑制了房价的上升,但在长期中效果并不明显。

汲取日本土地税改革的教训,我国的房产税改革不应该将抑制房价作为政策目标。这是由于房价的决定因素是多方面的,垄断性的住房供应和刚性需求、保障性需求与投机性需求并存,是中国房价上升的主要原因[1],不改变房地产市场供求状况,难以扭转房价的上升态势。

(三) 房产税改革与有效配置房地产资源问题

利用房产税配置房地产资源是许多国家开征房产税的原因,即通过土地税收政策的变化,引导土地和房屋的利用方向,提高房地产的利用效率。如第三章所分析的那样,很多国家都是根据不同的土地用途制定不同的税率,对于鼓励用途的土地实施轻税或免税,对于不鼓励用途的土地施以重税。征税的压力会促使土地经营者改变土地利用方向,还可以促使经营者更有效、更集约地利用土地,从而提高土地资源的利用效率。

日本自新世纪以来,改变了战后以来根据地价房价态势改革土地税的惯性思路,土地税制改革的中心从调控土地市场转向提高土地流动性和土地使用效率方面,回归了财产税的中性原则。

对中国现阶段来说,通过房产税配置房地产资源应该从两个途

---

① 安体富等:《关于房产税改革的若干问题探讨——基于重庆、上海房产税试点的启示》,《经济研究参考》2012 年第 45 期。

径,一是减少空置房,抑制过度的房地产投机性需求,二是改变住房的供给结构,减少高档住房或独栋商品房的供应,增加适合大众消费需求的住房供应。由于上海房产税试点改革的时间较短,这个效应还没有显现出来。

二、中国征收房产税的政策目标

(一) 增加地方财政收入、建立规范的地方财政体系

1994 年的分税制改革对中央预算的集中效应十分明显的,中央政府收入从原来的 20%左右提高到 50%以上,2009 年中央财政收入占比达到 52.4%。与此相对应的是,地方政府的财政支出负担却由 1994 年的 69.7%上升到 2009 年的 80%。[1] 中央政府财政收入的集权化和原有地方支出责任的保留使地方财政捉襟见肘。为了满足地方居民对公共产品和服务的需求,地方政府不得不进一步寻找可支配的财政收入来源,"土地财政"应运而生,各种费税项目繁多。根据有关部门的详细调查表明,目前各城市房地产开发项目在从前期筹备、动迁、建设到验收的整个过程中,税费项目多达 60—180 余项。[2] 尤其是土地出让金的问题越来越严重。土地出让金是指各级政府土地管理部门将土地使用权出让给土地使用者,按规定向使用者收取的土地出让的全部价款。根据国务院发展研究中心的一份调研报告显示,目前土地出让金净收入占一些地方政府预算外收入的 60%以上。土地出让金收入影响了代际之间的公平性,将未来 50—70 年的土地收益一次性收取,本届政府使用,实际是本届政府对未来土地收益的"透支",扭曲了利益分配机制,巨额土地财政收益又引发了一些地方政府的土地寻租行为,由于权力的监督机制缺失,势必导致权力和利益在幅度上、范围上的随意性,导致各类腐败案件的

---

[1] 谷成:《房产税改革的再思考》,《财经问题研究》2011 年第 4 期。
[2] 安体富、王海勇:《重构我国的房地产税制:理论分析与政策探讨》,《公共经济评论》2004 年第 6 期。

生成,同时,"土地财政"的诱惑对于耕地资源的保护也产生了重大影响。当务之急是建立一个稳定的具有可持续性的地方政府税收体系,保证地方政府的正常运行。

基于我国的房地产建设历程和存量状况,一个设计合理的房产税应该可以缓解地方政府的财政问题。根据《中国统计摘要》(2011)、《中国房地产统计年鉴》(2002—2010)和《中国第三产业统计年鉴》(2002—2011)的统计,改革开放以来 30 年间,即"六五"到"十一五"期间的全国房屋竣工面积 501 亿平方米,其中"九五"时期以来的别墅、高档公寓竣工面积为 2.7 亿平方米[①]。如果按照 REICO 工作室[②]发布的 2011 年度 REICO 市场报告统计,2010 年全国住房的平均市场价位 3907 元/平方米,35 个大中城市的平均市场价为 5175 元/平方米,假定房产税税基(评估价值)为市场价格的 50%,其税收额也是相当可观的。

(二)　抑制过度的投机需求,促进资源的合理分配和利用

针对中国房地产市场供求状况,至今没有一个官方的令人信服的统计数据。根据第六次人口普查的数据,2010 年全国城镇住房存量为 203 亿平方米,人均住房建筑面积 30.33 平方米。东欧国家的人均住房面积一般为 24—29 平方米,2010 年新加坡的人均住房面积为 27 平方米,韩国为 33 平方米,从国际比较看,中国的人均住房建筑面积并不低,达到了中等收入国家的平均水平。中国家庭金融调查与研究中心[③]发布的信息,我国家庭的住房拥有率已达 90.8%,其中城镇为 87%,农村家庭为 95.8%。从总量统计来看,我

---

①　安体富等:《关于房地产改革的若干问题探讨》,《经济研究参考》2012 年第 45 期。

②　REICO:由全国工商联房地产商会、中国城市房地产开发商策略联盟(中城联盟)共同支持建立的机构。

③　中国家庭金融调查与研究中心:西南财经大学与央行金融研究所共同成立的学术调查研究机构。

国的住房状况比较乐观。

而一个不可忽视的问题是住房资源分布不均衡。根据 REICO 发布的《2011 年中国房地产市场报告》,2010 年中国不同收入组之间的住房状况差距很大。最低 10%收入组和最高 10%收入组家庭平均住房建筑面积分别为 69 平方米和 108 平方米,后者是前者的 1.56 倍;最低 10%收入组和最高 10%收入组家庭住房市场价值差距更大,分别为 14 万元和 70 万元,后者是前者 5 倍,拥有第二套住房的比例提高到 13.7%,比 2009 年提高 1.4 个百分点。[①] 根据北京大学中国社会科学调查中心的数据,拥有两套以上住房的家庭达到 19.1%。

房屋资源分布不平衡带来房屋资源的闲置。衡量房屋资源利用效率的一般使用商品住房的空置率,即空置住房面积在总建筑面积中的比例,国际上一般公认的空置率合理区间是 5%—10%之间。我国至今没有一个官方的房屋空置率的定义和统计数据。许多研究机构提供了一些房屋空置的信息,如中国家庭金融调查与研究中心发布的《城镇住房空置率及住房市场发展趋势 2014》报告认为,2003 年空房率高达 22.4%。

特别是在近年来披露的一些腐败案件中,频频曝光的"房叔""房姐""房嫂""房爷""房奶"等房氏家族,更暴露了房产资源分布中存在的严重不平衡问题。

针对当前住房存量的分布现状,征收房屋持有阶段的房产税可以有效抑制过度投机行为,实现住房资源的合理分配和利用。这是由于征收房产税可以增加房屋的持有成本,自然增加了投资成本,会促使房屋拥有者出售房屋,增加住房供给,缓解供求之间的不平衡。这意味着使创造收入能力差的人出让财产,让那些创造能力强的人

---

① 参见 http://wenku.baidu.com/view/3fd805274b35eefdc8d3330e.html。

占有财产,提高资源的利用效率。

(三) 调节收入分配,缩小贫富差距

根据国家统计局公布的数据,我国居民收入的基尼系数 2003 年为 0.479,2008 年达到最高点 0.491,之后有些下降,2014 年的基尼系数是 0.469。这是一个比较高的水平,主要发达国家的基尼系数一般都在 0.24 到 0.36 之间。与收入差距扩大并存的是财产或财富差距的扩大,过去 10 年间,人均财富增长率达到 22%,特别是房产价值的增长率达到了 25%,而中国的财产差距扩大速度超过收入差距,根据北京大学中国社会科学调查中心发布的《中国民生发展报告 2014》[1]显示,1995 年财产的基尼系数为 0.45,2002 年为 0.55,2012 年达到 0.73。由于近年来房产价格的不断增长,持有房产的收益不断增加,据中国家庭金融调查与研究中心的统计,家庭第一套住房的平均收益率在 300%以上,说明房产价值的高低在家庭财产中的重要作用。因此,有观点认为,中国的收入差距已经外化为房产持有的差距。

面对如此严重的贫富差距,我国的税收发挥了哪些作用? 从 2009 年的全国税收收入格局来看,在 18 个税种构成的现行税制体系中,包括增值税、营业税和消费税在内的各种流转税收入占总税收的比重在 70%以上,纳入直接税体系的只有企业所得税和个人所得税,分别占 21%和 7%[2],企业所得税虽然具有调节作用,但主要调节行业或企业,能够调节个人收入分配的只有 7%的个人所得税,从国际比较看,在 1965 年至 2006 年间,美国个人所得税占中央级预算收入的比重在 31.9%—41.9%之间,挪威在 20.7%—39.6%之间,德国在 23.3%—30%之间,韩国在 8.5%—21.1%之间。[3] 过低的个人所

---

① 参见 http://cen.ce.cn/more/201407/25/t20140725_3232048.shtml。

② 高培勇:《解决收入分配问题重在建机制增渠道》,《人民日报》2010 年 10 月 13 日。

③ 贾康、梁季:《关于个人所得税改革的国际经验借鉴及引发的思考》,《中国总会计师》2011 年第 5 期。

得税占比和分类计征所得税模式均阻碍了收入分配效应的发挥。

另一个值得期待的调节收入分配的税种就是财产税,最典型的就是房产税。前提是只有将房产税的征税范围扩大到所有存量住房,才能真正发挥调节财产或财富分配的效果,同时还要彻底贯彻收益原则和支付能力原则,严格做到房产税收入的专款专用,同时,既要使拥有更多房产者缴纳更多税收,又要设计各种优惠措施,保障贫困者的住房权益。

第三节　中国房产税改革需法律先行

日本在固定资产税改革的历程中,始终重视法规和法令的建设与修订,尤其是不动产登记和评估法等配套法规的完善和修订,为固定资产税征收奠定了坚实的基础,我国需要借鉴日本经验,建立房地产税相关的法律体系。

一、日本固定资产税法律及其修订

(一) 地方税法中固定资产税的法律及其修订

日本财产税分布于国税和地方税,相关的税法也是分别制定的,如国税中相应的实体税法包括《遗产税法》《印花税法》《登记许可税法》《地价税法》《有价证券交易税法》和《交易所税法》。地方税中的财产税则没有单独的实体税法,固定资产税等的相关内容全部包含在《地方税法》中。第三章第二节是固定资产税的相关内容,包括通则、核定及征收、督促与滞纳处分、固定资产台账、固定资产评估与评估价值的确定、固定资产评估价格的不服审查、罚则 7 项内容。根据日本总务省官网公布的《夏普税制以来税法修订历程(地方税)》①的统计,在地方税法中,有关固定资产税的改革共进行了 11

---

① 参见 http://www.soumu.go.jp/main_content/000309901.pdf。

次,1950 年改革是将原来的地租和房屋税改为固定资产税,由市町村级政府征收。此后固定资产税法的修订主要是在固定资产评估和固定资产评估中税收负担的调整方面。如 1997 年至 2012 年间,共进行了 6 次固定资产税法的修订,全都集中在税收负担调整方面。

(二) 固定资产税相关的税收征管法及其修订

在日本,国税中财产税征收有相当严密的立法,如《国税征收法》《国税通则法》《国税犯则取缔法》《租税特别措施法》《行政不服审查法》《国税不服审判所组织章程》《税理士法》等。除立法外,还有一系列的法令、规则作为辅助保障,如《国税征收法实施细则》《国税征收法实施令》《国税通则法实施令》《滞纳处分及强制执行时手续调整的法令》。涉及固定资产税征收管理的,除国税中财产税的相关立法之外,还有《地方税法》《地方税法实施令》《地方税法实施细则》,在地方税法的修订中,涉及固定资产税征收的内容的修订主要在 20 世纪 90 年代之后,主要集中在固定资产税征收的特例等方面,强化固定资产税收的优惠措施。

(三) 不动产登记法及其修订

日本现行的《不动产登记法》开始于 1899 年(明治 32 年),规定了不动产登记的组织、登记程序、内容等具体事项。根据第七章的分析,日本《不动产登记法》重要修订有三次,第一次是 1947 年的修订中,改变了登记事务的管辖机关,由法院改为法务省负责,即不动产的登记工作由法务局、地方法务局和派出所组成登记所进行,每个登记所内有数量不等的登记官,对于登记官有严格的选拔和监督程序;第二次是 1960 年的修订,将不动产登记账簿合二为一。根据原来的不动产登记法,固定资产台账为国家征税土地税提供数据,不动产登记簿是为保护财产私有权力而设立,1960 年的修订将二者合一,简化了不动产登记信息;最近一次为 2004 年的修正,设立了电子登记申请,引进了登记识别信息制度。除此之外,日本还颁布了《不动产登记法实施令》和《国土调查法》(1951 年)等相关法律法规配套执行,使日本的不动产登记制度更加完善。

(四) 不动产评估法及其修订

日本有关不动产评估的法律是 1963 年出台的《不动产鉴定评估法》,简称不动产鉴定法。第一章《总则》规定了不动产鉴定评估的目的和各项定义;第二章的《不动产鉴定师》规定了不动产鉴定师的资格考试和登记两部分,日本土地鉴定委员会组织每年一次以上的考试,日本不动产鉴定师的考试内容按照司法考试的程序,包括基本内容的考试和法律知识的考试,基本内容的考试是针对不动产领域的行政法规和不动产鉴定评估的相关理论,法律知识的考试是对于基本内容考试合格者进行的有关民法、经济学、会计学及不动产鉴定评估相关的理论问题;第三章《不动产鉴定业》规定,欲经营不动产鉴定业者应向国土厅或者都道府县登记,登记的有效期间为 3 年,期满后如继续营业则需要重新登记,每个鉴定事业所必须有一名以上的专任不动产鉴定师;第四章《监督》规定了对不动产鉴定师和不动产鉴定业者的监督处分行为;第五章《杂则》规定了土地鉴定委员会内设考试委员会组织考试事务的事项;第六章《罚则》针对不动产鉴定师或不动产鉴定业者的不当行为,规定了各种不同程度的拘役或罚款等处罚。日本对于不动产鉴定法的修订集中在附则上。在日本的法律体系中,包括本则和附则,附则主要是针对该法律附属事项的规定,据统计,日本共发布了 22 次附则,最近的一次是 2011 年 6 月 3 日的法律第 61 号。附则的修订主要是法律生效日、处罚、不动产鉴定师考试等方面。这些修订适应了不动产评估鉴定工作的进展,进一步规范了日本不动产评估鉴定工作。

二、中国房产税改革的立法建设

中国房产税改革过程中急需加快法律法规的建设,尤其是两市的房地产改革试点已经引起了广泛的法律质疑。这是由于上海、重庆两市进行改革试点的依据分别是《上海市开展对部分个人住房征收房产税试点的暂行办法》及《重庆市人民政府关于进行对部分个人住房征收房产税改革试点的暂行办法》,在试点开始之前,专家及社会各界对《暂行办法》立法正当性进行了激烈争论。因为根据现行的《中华人民共和国房产税暂行条例实施细则》(〔1986〕155 号)规定,对于个人非经营性房产免征房产税,因此,两市的房产税试点与现有的房产税法律是否冲突? 另外,两市的暂行办法中使用的"根据国务院第 136 次常务会议有关精神",这种说法是否符合《中华人民共和国税收征收管理法》和《中华人民共和国立法法》的有关规定? 在依法治国、依法执政的今天,应该加快房产税改革的法律法规建设。

(一) 完善实体法,修订《中华人民共和国房产税暂行条例》

首先,要修订 1986 年发布房产税暂行条例,取消"个人所有非营业用的房产"免交房产税的规定;其次,要将房产原值的计税依据改为评估价值,并明确房产税的纳税人、课税对象、税基、税率、税收优惠和滞纳处理等规定,尤其是课税对象的确定,是房产税制度的关键,这是由于房产税的征收不像其他税收,不是对已有的收入流征税,与纳税人的税收支付能力没有直接关系,如果设计不当,可能会伤害到老人或低收入群体的利益。所以,房产税法的修订既要考虑到调节收入分配差距,又要坚持最小侵害原则或禁止过度原则,做到对低收入纳税人的财产侵害最小;既要从长远角度符合国家税收制度改革方向,又要有利于调控房地产投机需求,既要保障筹集财政资金,又要将房产税征收与地方政府的公共服务水平结合起来,真正做到房产税的取之于民、用之于民,提高房产税的遵从度。

(二) 健全征收法,修订《中华人民共和国税收征管法》

房产税的征收一般采用核定征收方式,即税务机关根据房屋的评估价值核定应纳税额,然后通知纳税人在约定时间内缴税。财产税征收是难度最大的税收,从国际比较看,发达国家财产税的征收率较高,基本在80%以上,而发展中国家的财产税征收率普遍较低,一般在40%—80%。日本的地方税收中财产税征收率是比较高的,根据表8-11的统计,1993年以来,除2002年和2003年征收率低于90%以外,其余年份均在90%以上,固定资产税征收率基本与财产税持平,或者略高于财产税征收率。我国现行的税收征管主要是围绕间接税征收而展开的,主要税种是增值税和营业税,主要纳税人是企业或单位;尽管从理论上来说,房产税和个人所得税都是直接面向个人的直接税,而在实践中,对于以工薪为主要收入来源的个人而言,其所得税是从工资中预扣,并由雇主代为缴纳,征收是相对容易的。而财产税并不是以既存的收入流为基础,"裸收"或"强收"征收方式在我国的税收征管法中还属空白,需要修订和完善《中华人民共和国税收征管法》,建立与房产税征收相适应的税收征管体系,既要考虑到征税成本,也要考虑到征税效果,既要考虑增加财政收入的政策目标,更要考虑到居民的税收支付能力,实现整个社会的和谐可持续发展。

(三)依法推进不动产登记工作,为房产税的征收创造条件

2014年11月24日,国务院签署第656次《中华人民共和国国务院令》,公布《不动产登记暂行条例》,自2015年3月1日起施行,这是基于《中华人民共和国物权法》而开展的一项活动,虽然《不动产登记暂行条例》中并没有明确不动产登记行为与房产税征收的关系,但它客观上为未来的房产税征收提供了一个必要的条件。在上海、重庆的两市试点评价中,很多学者质疑以交易价格为税基的房产是不是真正意义上的房产税。实际上,在我国现行房产的"家底不清"和"价值不清"等背景下,这种选择是不得已而为之的,因为,我国迄今还没有一个完整的不动产信息登记制度,没有一个值得信赖的公认的统计数据。长期以来,我国不动产登记信息分散在住建、农业、林业、国土等部门,多部门登记导致不动产权利归属不明确,增加了当事人的负担和交易成本,降低了行政效率。同时,不动产登记的法律依据众多,除物权法外,房屋登记有城市房地产管理法,土地登记有土地法,林地登记有森林法,草原登记有草原法,农村承包土地登记有农村土地承包法,水面、滩涂的养殖使用权登记有渔业法,此次的改革将登记的申请、受理、审核等统一到一个部门,从源头上消除登记信息不一致的风险,进一步提高不动产登记的行政效率和公信效力,将对维护权利人的合法权益和市场的良好秩序起到促进作用。

(四)　加快讨论和出台不动产评估法律法规建设,使之成为房产税征收的基础

规范的房产税征收均是以科学合理的不动产评估为基础的。我国现有的资产评估是在 20 世纪 80 年代后期成立的,是为了防止国有资产的流失以及确定产权转让公允价值的需要而设立的。经过 20 多年的发展,资产评估行业已初具规模,但存在的问题也很多,如资产评估政出多门,包括资产评估、房地产估价、土地估价、矿产权评估、旧机动车鉴定估价和保险估价六大类评估,隶属于财政部、住建部、国土资源部、商务部和保监会五个部门管理,各自执行各自的标准,造成了基本准则不统一、评估方法不一致、报告格式不相同等弊端,同时,评估的违法追责难度很大,这不仅增大了评估成本,也加重了政府监管的成本和企业的负担,影响了评估的准确性和合理性。而资产评估领域最大的问题是相关法律法规建设的严重滞后。有关评估行业的规范,过去散见于《公司法》《证券法》等法律,而唯一较系统的规定是国务院 1991 年制定的《国有资产评估管理办法》,这是专门针对国有资产评估而制定的,目前已远不能适应各种不同性质经济体的资产评估行为。2012 年第十一届全国人大常委会第二十五次会议首次审议了《中华人民共和国资产评估法(草案)》,并向社会广泛征求意见,截止日期是 2012 年 3 月 31 日,但至今该法案仍没有发布。因此,我国应该加快评估法的立法进程,使之成为指导评估业的标准大法。

第四节　中国房产税改革的制度设计

规范的房产税是以评估价格计税,评估机构的设立和评估价格体系的制定是房产税制度改革的第一步,应该从中国房产的存量结构特征设定房产税的课税范围,基于调节收入分配目标,采取房产税的累进税率。

一、建立不动产评估机构,完善房产评估价格的形成机制

纵观国外房产税制的实践,以房产评估价值作为计税依据已经是一种趋势。日本在长期的不动产评估实践中,积累了丰富的经验,首先,相互联系的不动产价格体系,服务于不同的征税需求。国土交通厅发布的公示价格是所有价格的定价基础,都道府县在此基础上制定基准地价,不动产市场上供求决定交易价格,国税厅制定的路线价格,评估距离基准地块远近的土地价格,成为征收遗产税和赠与税的基准,路线价格通常为公示价格的 80%,固定资产评估额用于征收固定资产税收,约为公示价格的 70%;其次,固定资产定价基准保证了全国固定资产评估的统一性和一致性。固定资产定价基准是总务大臣参考不动产市场价格制定的,在政府公报上公布,为全国各市町村长和固定资产评估员开展评估事务时提供参考;第三是日本固定资产评估中的负担调整机制,保障了纳税人不会由于评估价值的上升而增加税收负担。

我国要建立适应房产税征收需求的评估体系,需要解决以下三个问题:一是如何确保房产评估的独立、客观和公正,二是如何降低房产评估带来的过高征税成本问题,三是如何应对评估价值的过大波动。

要解决第一个问题,需要建立独立的房产评估机构,2003 年以来,我国已经进行了模拟评估试点,2010 年评估试点也已经扩大到全国各省市,国家税务总局还在各个试点举办了房地产评估业务培训班,介绍房地产评估理论及方法。鉴于我国现存评估机构的现状,我国应该成立一个独立的第三方评估机构或委托社会中介机构按照市场规则对房地产现值进行评估,保证评估结果的客观和公正;要解决第二个问题就是要科学合理设计评估的频次,日本是每三年进行一次评估,如果其间有较大的价值变动,可以进行一定的微调。我国的评估周期可以采取由各个地方政府自由确定,对于房屋价值波动较小的地区,可以适当延长评估周期,对于房屋价值变动较大的地区,可以设定较短的评估周期,在非评估的年份,均可以进行一些微调;对于第三个问题,是要建立适应中国现实的房产税负担调整机制,避免房产价值上升带来的税收负担的增加。

二、从房产的存量结构设定房产税的课税范围

日本固定资产税的课税范围是以土地、住宅及折旧资产,纳税义务人是在课赋期日拥有上述财产的持有人和在固定资产台账上登记的持有人,对于存续 100 年以上的土地,质权者或地上建筑物所有者为纳税义务人,因震灾、火灾等自然灾害引起的固定资产所有者去向不明时,将使用者视为所有者登记到固定资产台账,使用者便成为纳税义务人。这意味着在日本所有的土地和房产均要缴纳固定资产税,体现了税基宽的特征,同时,日本固定资产税收存在许多税收优惠,居民住宅用地面积在 200 平方米以下的小规模住宅用地按照评估价格的六分之一征税,一般住宅用地按照评估价格的三分之一征税。同一纳税人名下土地价值不足 30 万日元,房屋价格不足 20 万日元予以免征。[①] 还有一些针对老人、残疾人等拥有房屋的税收优

---

① 孙德轩、宋艳梅:《日本房地产税之经验及借鉴》,《税务研究》2011 年第 11 期,第 91 页。

惠措施,另对政府、皇室、邮政部门、自然资源机构、宗教法人、墓地、公路水路、国立公园和国家风景保护区、国家重点文化历史名胜、重点传统建筑群保护单位、学校法人、社会福利及公益设施以及城市规划更新取得的土地等均为免税对象。

中国房产税的课税范围应该基于中国现有住房存量的产权结构特征而确定。REICO 将我国住房存量的产权结构划分为以下三类:第一类是租赁房,包括租赁公房和私房,租赁公房是指公房所有人或管理人将国家所有或集体所有房屋交给承租人使用,承租人交付租金的法律行为;租赁私房是以市场价格租赁私人的房屋。第二类是私房,包括原有私房和房改私房两类,原有私房是个人或家庭建造和使用的住房。房改私房也称为已购公房,指居民将现住公房以标准价或成本价(旧住宅还要扣除房屋折算)购买的公房。第三类是商品房,这是指在市场经济条件下,具有经营资格的房地产开发公司通过出让方式取得土地使用权后经营的住宅,均按市场价出售的住房。20 世纪 90 年代以来,商品房在住房存量中的比重上升,1998 年房地产开发住宅竣工面积占城镇住宅竣工面积比重不足 30%,2010 年提高到 73%。根据 2011—2012 年度 REICO 市场报告统计,2010 年不同产权结构在住房存量中的比重分别为:租赁公房 6.8%;租赁私房 3.3%;原有私房 10%;房改私房 40.5%;商品房 37.7%;其他 1.8%。在不同产权的住房存量中,一般将商品房和租赁私房划分为市场化住房供给,2010 年,市场化住房供给在住房存量中所占比重为 41.0%,比 2009 年提高 0.8 个百分点。

基于这种存量房产结构,建议房产税的课税客体是商品房和租赁私房,课税主体限定在工薪阶层或 60 岁以下的其他有收入者。对于商品房和租赁私房的第一套住房免税,征税仅限于二套及以上住房;对于原有私房,大多集中在农村或城中村,可以暂缓征收房产税;对于 2010 年占比最高的房改私房来说,有必要进行更深入的分析,中国进行了两次房改,1981 年和 1990 年。虽然目前没有准确的房改私房业主年龄和职业等的统计数据,但可以推论,享受房改住房的一般是原有大中型企业或事业机构职工,相当部分职工已经是靠退休金生活,难以支付房产税的支出。希望在不动产登记工作基本完成之后,根据各种住房信息制定房产税的征税范围,既要让多套住房拥有者缴纳更多的税收,又要保障低收入者和老年人的住房权益。

三、从调节收入分配政策目标看累进税率的选择

日本固定资产税率经历了长期的探索过程,1951 年日本执行标准税率和限制税率两种,标准税率是 1.6%,限制税率为 3%,即各地方政府执行的税率不能超过限制税率。1954 年固定资产税率分别降为 1.5% 和 2.5%,1955 年标准税率降为 1.4%,1959 年限制税率降为 2.1%,2004 年取消了限制税率,全国执行统一的比例税率为1.4%。从国际比较看,房产税一般执行比例税率,鲜有实行累进税率。实际上,累进税率最有助于纠正纵向公平,即经济能力和纳税能力不同的人应该缴纳不同的税收,高收入者应该缴纳更多的税收。

鉴于我国房产税改革中调节收入分配政策目标,在设计房产税税率时,应该本着公平性和实事求是的原则,充分考虑到收入水平的高低和房屋拥有量的多寡,让高收入群体承担更高比例的房产税,而中等收入及以下群体可以免税或征收较低税赋,因此,我国房产税税率应该实施累进税率,根据住房拥有的套数或面积制定不同的税率,如第一套住房免税,第二套住房税率执行评估价值的 1%,第三套住房税率为评估价值的 3%,第四套及以上住房税率为评估价值的5%。这种制度安排,既可以保障低收入阶层的住房权益,又加大高收入阶层的房屋持有负担,有助于降低投机需求和不当收益,缩小财富的贫富差距。

总之,我国房产税改革是一个系统工程,房产税的制度设计是关

键,房产登记制度是条件,房产评估制度是基础,房产税的征收制度是保障,只有上述条件都具备,才能成功推进我国房产税的改革进程。

参考文献

1. AC Harberger,"The Incidence of the Corporation Income Tax", *Journal of Political Economy*,1962.

2. Allen B.Atkins and Edward A.Dyl,"Stock Price Volatility,Transaction Costs and Securities Transactions Taxes", *Managerial and Decision Economics*, 1997 (12),pp.709-718.

3. Auerbach,Alan J.,"Taxes,Firm Financial Policy and the Cost of Capita:An Empirical Analysis", *NBER Working Papers*,1984(8).

4. Bluestone,B.and Billingham,C.,"The Property Tax and the Fortunes of Older Industrial Cities", *Lincoln Institute of Land Policy*,2008.

5. Bw,Hamilton,"The Effects of Property Taxes and Local Public Spending on Property Values:A Theoretical Comment", *Journal of Political Economy*,Vol.84,No. 3(Jun.,1976),pp.647-650.

6. D. Netzer, "Economics of the Property Tax", *Washington: Blockings Inst.*,1966.

7. David Martin, "Economic Effects of the Capital Gains Tax", *American Economic Review*,1964(4).

8. Helen F. Ladd and Julie Wilson, "Why voters support tax limitations: evidence from Massachusetts' proposition", *National Tax Journal*,1982.

9. Holt,C.C.and J.P. Shelton,"The Locking Effect of Capital Gains Tax", *National Tax Journal*,1962(15),pp.337-352.

10. Jackson P. and O'Donnell A., "The Effects of Stamp Duty on Equity Transactions and Prices in the UK Stock Exchange", *Bank of England Discussion Paper*,1985(25),pp.60-68.

11. James M. Poterba and Lawrence H. Summers, "The Economic Effects of Dividend Taxation", *NBER working paper*, 1984(12).

12. John F. McDonald, "Incidence of the Property Tax on Commercial Real Estate: The Case of Downtown Chicago", *National Tax Journal*, 1993, 46(2), pp. 109-120.

13. Lawrence H. Summers and Victoria P. Summers, "When Financial Markets Work Too Well: A Cautious Case for a Securities Transactions Tax", *Journal of Financial Services Research*, 1989, Vol.3, pp.25-60.

14. Lindgren R. and Westland A., 1990, "How did Transaction Costs on the Stockholm Stock Exchange Influence Trade and Price Volatility?", *Skandinaviska Enskilda Banken Quarterly Review*, 1990(2).

15. Martin Feldstein, Joel Slemrod and Shlomo Yitzhaki, "The Effects of Taxation on the Selling of Corporate Stock and the Realization of Capital Gains", *The Quarterly Journal of Economics*, 1980(4).

16. Noguchi Yukio, "Land Prices and House Prices in Japan", *Housing Markets in the US and Japan*, 1994.

17. Oates, Wallace E., "The Effects of Property Taxes and Local Public Spending on Property Values: An Empirical Study of Tax Capitalization and the Tiebout Hypothesis", *Journal of Political Economy*, 1969(77), pp.957-971.

18. Prat J., "Transaction Costs, Liquidity and Stock Dynamics in Latin America", *University of California: Los Angeles Working Paper*, 2001.

19. Rober S. Ford, "Property Taxation in Relation to Investment in Urban Area: Discussion", *The Journal of Finance*, 1951, 6(2).

20. Rolf A. Weil, "Review Works: Housing Taxation by Walter A. Morton", *The Journal of Political Economy*, 1956, 64(3), p.269.

21. Shing-Yang Hu, "The Effects of the Stock Transaction Tax on the Stock Market – Experiences from Asian Markets", *Pacific – Basin Finance Journal*, 1998 (6).

22. Thomas A. Gihring, "Incentive Property Taxation: A Potential Tool for Urban Growth Management", *Journal of The American Planning Association*, 1999, 65(1), pp.62-79.

23. Tiebout,CM,"A Pure Theory of Local Expenditures",*Journal of Political Economy*,1965(64),pp.416-424.

24. Turvey R.,"Equity and a Capital Gains Tax",*Oxford Economic Papers*, New Series,1960(11).

25. Umlauf S.,"Transaction Taxes and the Behavior of the Swedish Stock Market",*Journal of Financial Economics*,1993(33),pp.230-238.

26. [日]壁谷顺之、伊多波良雄:《地方税の徴税効率性とその変動要因分析》,同志社政策研究(同志社大学)2008 年第 10 卷第 1 号。

27. [日]金子宏:《日本税法原理》,刘多田等译,中国财政经济出版社 1989 年版。

28. [日]金子宏:《日本税法》,战宪斌、郑林根等译,法律出版社 2004 年版。

29. [日]橘木俊诏:《日本的贫富差距——从收入与资产进行分析》,丁红卫译,商务印书馆 2003 年版。

30. [日]前田高志:《高齢社会における固定資産税の負担構造と課題》, 经济学論究,2011—03—25,64(4):21—44。

31. [日]日本証券経済研究所:《詳説現代日本の証券市場》2004 年版,第 259 页。

32. [日]山崎福寿:《土地税制と地価の変動》,池尾和人编《不良債権と金融危機》,慶应大学出版社 2009 年版。

33. [日]社团法人日本租税研究会:《战后的税制与租研(作者注:租税研究协会)的活动》,明文印刷社 1958 年版。

34. [日]獺口浩一:《地方税徴収効率性の数量分析—地方団体間比較可能なベンチマーク的手法の検討と生産性評価》,琉球大学经济研究(同志社大学)2010 年第 9 号。

35. [日]尾崎护:《日本等工业化国家的税制》,中国税务出版社 1995 年版。

36. [日]香西泰、白川方明、翁邦雄:《バブルと金融政策:日本の経験と教訓》,日本経済新聞社 2001 年版。

37. [日]伊藤敏安:《都道府県別にみた地方税の徴収・不納欠損・滞納繰越の状況》,地域経済研究 2011 年第 22 号。

38. ［日］中山片桐:《日本の家庭金融資産の選択行動》,1999 年日銀調査月報 11 月号。

39. ［日］猪木正道:《吉田茂的执政生涯》,中国对外翻译公司 1986 年版。

40. 安体富、王海勇:《重构我国的房地产税制:理论分析与政策探讨》,《公共经济评论》2004 年第 6 期。

41. 安体富等:《关于房产税改革的若干问题探讨——基于重庆、上海房产税试点的启示》,《经济研究参考》2012 年第 45 期。

42. 白武钰:《日本不动产评估师考试制度分析及对我国的借鉴》,《中国资产评估》2009 年第 8 期。

43. 曾亚敏、张俊生:《股利所得税削减对权益资产价格的影响——以财税［2005］102 为背景的事件研究》,《经济科学》2005 年第 6 期。

44. 陈新田:《日本明治维新时期土地制度改革初探》,《赤峰学院学报》2005 年第 1 期。

45. 董裕平、宣晓影:《日本的房地产税收制度与调控效应及启示》,《金融评论》2011 年第 3 期。

46. 范南、王礼平:《我国印花税变动对证券市场波动性影响实证研究》,《金融研究》2003 年第 6 期。

47. 高培勇:《解决收入分配问题重在建机制增渠道》,《人民日报》2010 年 10 月 13 日。

48. 高强、项怀诚:《日本税制》,中国财政经济出版社 2000 年版。

49. 高宇:《导致日本股市泡沫的主要因素分析》,《日本学刊》2007 年第 6 期。

50. 谷成:《房产税改革的再思考》,《财经问题研究》2011 年第 4 期。

51. 韩晓琴:《遗产税赠与税开征的效应分析》,《扬州大学税务学院学报》2001 年第 2 期。

52. 胡洪曙:《财产税理论的演进历程——回顾、辨正及启示》,《中南财经政法大学学报》2010 年第 5 期。

53. 黄正吉:《日本证券税制改革及对我们的启示》,《税务》2002 年第 12 期。

54. 贾康、梁季:《关于个人所得税改革的国际经验借鉴及引发的思考》,《中国总会计师》2011 年第 5 期。

55.雷根强、沈峰:《证券税制的比较及启示》,《扬州大学税务学院学报》2005 年第 4 期。

56.李泰来:《日本不动产估价制度概述》,《北京房地产》1995 年第 11 期。

57.梁劲锐:《证券交易印花税调整与股市波动性关系的统计分析》,《市场论坛》2010 年第 7 期。

58.林丹虹:《基于遗赠动机的遗产税经济效应问题研究》,《商情》2014 年第 1 期。

59.刘峰:《日本明治初年地税征收制度改革研究——以大藏省租税司的施政为中心》,经济科学出版社 2014 年版。

60.刘凤平、陈仓柱:《中日财政体制比较研究》,《经济研究导刊》2009 年第 32 期。

61.刘瑞:《资产价格泡沫与货币政策有效性分析——日本的经验、教训及其启示》,《2009 年日本经济蓝皮书——日本经济与中日经贸关系年度报告》,社会科学文献出版社 2009 年版。

62.刘佐:《OECD 成员国征收遗产和赠与税简况》,《涉外税务》2003 年第 9 期。

63.茆晓颖:《证券发行环节课税的国际比较》,《经济论坛》2003 年第 11 期。

64.裴桂芬、马文秀:《战后日本的资产税改革与泡沫经济形成》,《日本学刊》2007 年第 2 期。

65.裴桂芬、闫屹:《战后日本证券税制沿革及其评价》,《河北大学学报》2008 年第 2 期。

66.裴桂芬:《美国财产税由盛转衰的原因及其启示》,文章载于中国美国经济学会丛书——《后金融危机时期:美国经济走势与中美经贸关系》,上海社会科学院出版社 2012 年版。

67.邵学峰:《日本"泡沫经济"破灭后的税收政策评析》,《现代日本经济》2007 年第 1 期。

68.石子印:《美国财产税限制理论研究综述》,《税务研究》2009 年第 10 期。

69.宋山:《日本税收现状》,《日本问题研究》1994 年第 2 期。

70.苏迪:《日本地价考察》,《中国国土资源报》2002 年 10 月 18 日。

71. 孙德轩、宋艳梅:《日本房地产税之经验及借鉴》,《税务研究》2011 年第 11 期。

72. 孙执中:《战后日本税制》,世界知识出版社 1995 年版。

73. 谭纵波:《日本的地价高涨与城市规划——对中国的启示》,《国外城市规划》1994 年第 2 期。

74. 童菲:《证券交易税与市场波动性:来自中国股市的证据》,《统计与决策》2005 年第 10 期。

75. 王金利、林海清:《资本利得税的内涵和效应:台湾经验的启示》,《西部金融》2007 年第 9 期。

76. 王志强:《税收影响我国上市公司股利政策的实证研究》,《税务研究》2004 年第 7 期。

77. 徐思远:《日本不动产估价制度概述》,《价格月刊》1994 年第 5 期。

78. 姚涛、杨欣彦:《证券交易印花税调整对股价波动性的效应评估》,《财经科学》2008 年第 11 期。

79. 叶宝珠:《日本的证券税收》,《税务与经济》1999 年第 4 期。

80. 张德勇:《进一步完善房产税的几个问题》,《税务研究》2011 年第 4 期。

后　记

　　2008 年,《战后日本财产税改革及其对我国的启示》(08JA810006)获得了教育部人文社会科学研究一般项目资助,当时的出发点是中国财产税改革即将启动,而日本在长期的财产税制改革中积累了一些经验和教训,这对我国的财产税改革会提供有益的借鉴,为此设计的主要内容包括日本税制体系特征及其财产税结构,20 世纪 90 年代前后的土地税制和证券税制改革及其效果,日本财产税改革的经验、教训及其对中国的启示。随着对日本财产税问题研究的深入,进一步扩展了研究的深度与广度,后由于健康的原因,该课题没有按期结项,在 2013 年 10 月提出的《教育部人文社会科学研究项目重要事项变更申请表》中,提出了延期、人员变更和研究内容的变更申请,2013 年 11 月,获得了教育部社科司的批复。具体研究内容变更如下:

　　首先,进一步丰富了财产税体系。在原有的土地税制和证券税制之外,增加了遗产税和赠与税的内容,并按照土地税制和证券税制的分析模式研究了日本遗产税和赠与税改革历程和效应,发现了日本遗产税和赠与税改革中存在的一些问题及其发展趋势。

　　其次,增加了不动产登记和评估制度的内容。众所周知,规范的财产税都是根据评估价值确定的,不动产评估体系及其制度建设一般都是财产税的重要组成部分,而在不动产评估问题的研究中,发现完善的不动产登记制度成为日本征收财产税的重要前提条件,正值我国全面开展不动产登记之际,研究日本不动产登记制度的沿革及其特征,具有较强的现实意义,研究发现,日本规范的不动产登记制度和科学的不动产评估制度保障了财产税的顺利运行。

第三,增加了财产税征收管理的内容。财产税的征收不同于所得税和消费税,不是对一定的收入流或资金流征税,而是对于存量征税,纳税人对于财产税的税收遵从度较低,成为最难征收的税收,美国纳税人曾将财产税称为"最坏的税收",因此,研究日本财产税问题不能脱离财产税的征收管理,这是财产税运行的关键环节,研究发现,日本财产税征收效率较高,得益于健全而缜密的征管法律体系、高效的征管机构、创新的征管制度。

根据 2013 年的变更申请,适当调整了参加人员与分工:裴桂芬负责全书的策划和协调工作,王曼、刘苗苗负责全书的文字、图表等的完善和补充工作。裴桂芬:导言、第一章、第九章;刘继荣:第二章;刘继荣、苏畅:第三章;王曼:第四章;王曼、许海超:第五章;刘苗苗:第六章;杨诺:第七章;尹凤宝:第八章。

"学必期于用,用必适于地"。对于日本问题研究的终极目标是指导中国的实践。限于本书的篇幅问题,第九章只对于中国房产税改革提出了一些思路,并没有涉及证券税制、遗产税等的改革内容,对于财产登记、评估和财产税征收问题也只是从征收房产税的角度进行了肤浅的介绍,并没有进行更深入的分析。本课题组将围绕证券转让所得税的改革、遗产税改革、不动产评估制度建设和财产税征收等问题进行深入研究,以期全面推动我国财产税改革的历程。

在本课题的研究过程中,得到了许多专家学者的支持和帮助,财政部财政科学研究所研究员马衍伟、河北省地税局副局长左晓龙、河北省地税局财产和行为处的领导及职员为本课题的设计提供了许多有益的建议,在此表示感谢! 人民出版社经济与管理编辑部副主任郑海燕女士为本书申报选题申请、编辑和出版等付出了辛勤的劳动，在此表示衷心的感谢！

裴桂芬

2015 年 3 月于河北大学